序

党的二十大报告中提出，加快转变超大特大城市发展方式，实施城市更新行动，加强城市基础设施建设，打造宜居、韧性、智慧城市。

2023 年，上海市委、市政府密集调研城市更新工作，将其作为践行“人民城市”重要理念、以中国式现代化推进旧城复兴的重要举措，围绕上海城市更新可持续发展模式创新研究，深入开展城市更新主题调研，不断厘清思路，研究破题办法，为形成系统化、体系化的城市更新方案打下坚实基础。在主题教育调研活动推动下，一年来，上海城市更新工作不断打开新局面、展现新气象。各级部门和相关机构、企业围绕城市更新的体制机制建设、法规政策完善、目标任务明确、各方力量参与、各类实践行动等相关工作，在社会和市民的支持、理解、帮助下，不断创新突破，不断付诸实践，不断取得成效。

在今年第一个工作日（1 月 2 日）召开的全市城市更新推进大会上，陈吉宁书记强调要加强更新任务、更新模式、更新资源、更新政策、更新力量的统筹，全力推进城市更新工作取得新的更大进展。在 2 月 22 日召开的全市城市更新领导小组会议上，龚正市长部署今年城市更新工作，强调形成工作合力，强化担当作为，突出实干实绩。市委、市政府主要领导的牵头部署，明确了城市更新新的定位、新的要求，展现了上海打好新一轮城市更新攻坚战的坚定决心。

所有上述工作，需要不断记录、总结。同时，也需要以正式、规范、权威的形式，将不断完善的政策、重点项目的实施、专家学者的观点、社会主体的参与呈现出来，以营造良好氛围，体现上海特点，展示行业风采。

为此，在上海市城市更新领导小组办公室、上海市“两旧一村”改造工作专班、上海市住房和城乡建设管理委员会、上海市规划和自然资源局、上海市城市更新中心等部门指导下，上海社会科学院、上海市城市更新促进会组织开展“上海城市更新蓝皮书”《上海城市更新发展报告（2024）》编写工作，力求全景式呈现上海城市更新总体发展情况。

本书从政府、企业、社会等多个视角，从成效、做法、经验等多个维度，整理汇总 2023 年及近期上海城市更新工作情况，力求全面、客观、准确。同时，还附加了一些专题和素材，分享给市民与社会。期待大家通过翻阅这一工具书式的研究成果，进一步了解上海城市更新发展情况，找到自身所需要的内容，并在此基础上为“实施城市更新行动”取得更大成绩作出更多贡献。也期待大家多对本书提出宝贵意见，进一步为今后更好开展编写工作营造有利条件。

上海市城市更新促进会理事长　冯经明

2024 年 6 月 30 日

编写说明

近年来，上海稳步推进城市更新进程。2020年上海市城市更新中心成立，2021年《上海市城市更新条例》颁布，2022年成片旧改收官和“两旧一村”改造启动，2023年城市更新三年行动方案确定、“上海城市更新可持续发展模式创新研究”主题教育调研开展、市委实施意见等“1 + 10 + X”文件发布、“三师联创”试点项目推进，以及2024年全市城市更新推进大会召开，是上海城市更新进程中具有里程碑意义的重要事件，上海城市更新逐渐进入新阶段。

在上述背景下，我们组织编写了“上海城市更新蓝皮书”《上海城市更新发展报告（2024）》，围绕上海2023年一年来的城市更新六类行动，客观梳理与总结上海城市更新相关决策部署、组织推进、政策完善、机制创新、模式探索、行动实践及取得的各方面成效，力求全景式呈现上海城市更新各方面工作，为政府、企业和社会提供一本工具书式的研究成果，以供在相关工作中了解与参考。

为更好展现上海城市更新的各项工作情况，上海社会科学院、上海市城市更新促进会在2023年合作编写《上海城市更新发展报告（2023）》的基础上，继续编写《上海城市更新发展报告（2024）》，重点对2023年上海城市更新的总体情况进行总结和呈现（部分工作延续到2024年前期），既概要地进行工作内容的描述、成效的总结和创新举措的提炼，也有生动的典型案例分析，还有对重要观点、重要课题、更新联盟、信息系统等的专题总结和呈现，并附录了2023年的主要政策、优秀案例和大事记等内容。

本书主体内容共为八章，另包括四个专题、两篇附录和大事记：

第一章“概述”，总结了2023年上海城市更新工作的主要内容及其特点，提纲挈领地呈现了上海2023年城市更新工作的概况，并精炼出其“凝聚共识，形成良好社会氛围”“创新突破，探索新模式新机制”“加强统筹，深入构建更新体系”“典型带动，试点项目先行先试”四个主要特点，为读者展开上海当年城市更新发展情况的总体图景。

第二章“城市更新主题教育联动调研”，系统梳理了“上海城市更新可持续发展模式研究”课题调研的过程与成果，主要包括市委城市更新主题调研过程、相关部门城市更新主题调研成果、主题教育调研成果的主要应用、主题教育调研背景下的城市更新“五个统筹”等相关内容。

从第三章到第八章，按照上海城市更新六大行动，对2023年上海城市更新工作进行分类梳理、总结和呈现，分别就居住类、产业类、商业商务类、公共空间设施类、风貌类和综合区域类等城市更新工作，梳理了主要成效，分析了各项举措，遴选了一些代表性案例：

第三章“居住类城市更新”，主要梳理了零星旧里改造、旧住房成套改造、城中村改造、老旧小区改造等人居环境品质提升工作。2023年，上海为完成“两旧一村”改造目标任务，坚持人民情怀、党建引领和群众路线，不断加大组织推进力度，不断完善各项配套政策，不断探索创新更新模式。

第四章“产业类城市更新”，主要梳理了上海通过存量产业用地的转型升级，推动产业园区提质增效的城市更新工作。2023年，上海通过摸清存量用地底数，加强存量用地管理，推进存量用地盘活，完善产业更新政策，创新产业更新资金筹措，实施“工业上楼”、打造“智造空间”，为产业园区提质增效而努力。

第五章“商业商务类城市更新”，主要梳理了上海针对商业综合体、商业街、商圈、商务区、商务楼宇等空间载体和功能业态的更新、提升。2023年，上海通过规划引领、形成方案，围绕项目、差异推动，多元协同、统筹推进，政策跟进、服务保障，资金扶持、综合施策等，不断焕发商业商务活力。

第六章“公共空间设施类城市更新”，主要梳理了上海公共空间环境提升、公共服务设施优化、“15分钟社区生活圈”建设、绿色节能改造和海绵城市建设等城市更新工作。2023年，上海坚持人民性、公共性、系统性等工作导向，以多个行动方案为引领，通过多元主体联动，共同推进公共空间设施优化。

第七章“风貌类城市更新”，主要梳理了上海市推动历史风貌魅力重塑的城市更新工作。2023 年，上海市持续加强风貌保护和文化传承，促进人文遗产活化利用，强化风貌保护与人民城市建设的有机结合，愿景更加明确，分工更加清晰，策略更加精准，重点更加突出，保障更加细化，机制更加多元。

第八章“区域类城市更新”，主要梳理了上海在综合区域城市更新项目中的工作成效、主要做法以及具体案例。2023 年，上海明确区域更新战略牵引作用，以空间规划为引领，以优化组织机制为保障，以整合区域资源为依托，以新质产业导入为赋能，以流程优化为条件，以模式转型为目标，不断推动综合区域更新。

专题部分包含四项内容：专题摘编了城市更新重要观点和重要课题，并专题介绍了城市更新开拓者联盟和城市更新信息系统，另呈现了 2023 年主要政策文件、优秀案例、重要事件等，为上海城市更新提供系统、完整的描述框架：一是“上海城市更新开拓者联盟”，介绍了联盟定位、口号、宗旨、角色、作用、组织架构以及成立以来所密集开展的各项工作。二是“城市更新课题研究”，简单引介了多部门组织开展的城市更新重要课题。三是“城市更新观点摘编”，对上海城市更新领域的一些重要观点和论述进行了梳理，呈现了部分专家学者对城市更新工作的深刻认识和思考。四是“上海市城市更新信息系统介绍”，以图文形式介绍了项目背景、系统框架和建设内容。此外，还在附录中分别呈现了 2023 年上海城市更新重要政策清单和 2023 年度上海城市更新优秀案例名录。最后，还整理了 2023 年上海城市更新领域大事记。

感谢上观、文汇、新民、澎湃等媒体的图片支持。由于编写团队工作能力有限，疏漏在所难免，敬请读者提出宝贵意见，编写组将在今后工作中加以改进。

目　录

第一章　概　述

2023年，上海认真学习贯彻党的二十大精神和习近平总书记考察上海重要讲话精神，按照市委、市政府关于深入实施城市更新行动的总体部署，不断完善城市更新推进新机制，探索城市更新可持续发展新模式，城市更新工作打开新局面。

一、2023年城市更新主要工作

（一）完成既定目标任务

居住类城市更新中，“两旧一村”改造提前1个月完成年度目标任务，其中，零星旧改完成12.3万平方米、4084户，旧住房成套改造完成29.6万平方米（含小梁薄板约13.1万平方米），城中村改造启动10个项目。产业类城市更新中，全市共有“工业上楼”项目115个，建筑面积达1019万平方米，实施产调项目489项。商业商务类城市更新中，长宁区、普陀区等8个区入选国家级“一刻钟便民生活圈”试点，全市共遴选产生三批80个“一刻钟便民生活圈”示范社区建设试点单位，全市完成39家示范性智慧菜场建设。公共空间设施类城市更新中，全年新增黄浦江岸线公共空间贯通开放8公里，新增绿地1044公顷、绿道231公里、立体绿化43万平方米，新增各类公园120座。

（二）创新可持续更新模式

探索城市更新新模式，是贯穿2023年上海全年城市更新工作的一条主线。在居住类更新项目中，正在实施的蕃瓜弄、瑞康里、青云路、凤南一村、长桥新村、小湾村、红旗村、召稼楼等众多项目，都在不同程度上进行了探索，形成了旧住房成套改造项目“综合改”、零星项目“优化改”、特殊项目“公益改”等三种新模式，城中村改造形成了整体改造（拆除新建或拆整结合）、规划拔点、整治提升等多种方式，老旧小区改造形成了分类实施、内外兼修、区域协同等多种形式。在非居住类城市更新中，重点产业区域城市更新通过遴选区域统筹主体，探索集体经济参与更新、更新基金参与更新、统筹主体主导更新等多种模式。国资国企相关城市更新探索平台发力、赋能发展，区企合作、打造典型，国企联手、各方共赢，民企协同、优势互补，产业融合、功能更新等一系列模式。外滩“第二立面”区域城市更新探索由传统的、单一的征收方式，转变为征收更新、统筹更新、划转更新、自主更新、保留更新五种方式，调动产权人共同参与城市更新积极性，有效控制成本，共赢共享共生。

（三）推动落实重点任务

强化城市更新的项目化运作：一是推进城市更新六大行动重点任务。2023 年，市政府办公厅印发《关于实施上海市城市更新行动方案（2023—2025 年）》的通知，提出大力推进实施城市更新“六大行动”，以项目化形式加以推进，基本形成“更新项目入库—行动计划编制—更新方案制订—城市更新实施”的项目化工作流程。二是建立并定期更新产业园区城市更新项目库。涵盖园区整体规划升级、产业项目原地转型、低效用地盘活后再利用等多个类型，每半年更新一次，截至 2023 年底共有项目 558 个，涉及面积 53745 亩。三是聚焦为民办实事项目和民心工程。2023 年，在 10 条民生实事项目中，除第六条外，其他九条基本上都是公共设施类更新任务；在 19 项上海市新一轮民心工程（2023—2025）任务中，建设交通行业承担了 8 项。四是打造丰富多彩的特色商业街区。发掘商业街区功能定位、业态特色、历史风貌、人文底蕴，推动街区商产旅文体深度融合，在全市打造 82 个主题鲜明、内涵丰富、生态优美、管理先进的特色商业街区。另外，各区也纷纷明确重点任务，以项目为载体加以推进。

（四）强化规划引领新做法

按照“要把城市更新工作作为落实城市总规的重要抓手”的要求，

城市更新工作严格按城市总体规划明确的目标，提高规划落实的严肃性、权威性和执行力，着眼强化城市功能和核心竞争力，坚持“留改拆”并举，坚决防止大拆大建，以规划理念和方法创新推动城市更新模式创新。2023 年，上海城市更新工作在算好总量账、人口账、结构账的基础上，组织开展“三师”联创，强调让专业的人干专业的事，通过前瞻性谋划、专业性策划、合理性评估、陪伴式服务，贯穿策划、规划、建设、管理的全过程。通过在 10 个重点更新单元试方案、试模式、试制度，充分发挥责任规划师在城市更新谋划、协调、统筹中的重要作用，责任建筑师在强化设计赋能、破解技术瓶颈中的主导作用，责任评估师在城市更新“强资信、明期权、可持续”模式中的支撑作用，实现资源、资信、资产、资金贯通，推动实现城市更新的综合成本平衡、区域发展平衡、近远衔接平衡，进而带动整个地区的品质提升、品牌打造、价值彰显。

（五）探索资金平衡新机制

城市更新项目能否顺利实施的关键，是成本受益是否能够平衡。无论是在调研决策中，还是在政策完善中，抑或是在行动实践中，均强化资金平衡目标，走可持续发展之路。一是在总的“1 + 10 + X”的政策体系中，有多个政策文件聚焦资金平衡议题，强调降本增效，强化金融和财税支持。二是探索引入社会资本参与城市更新，除 2020 年设立 800 亿元“上海市城市更新基金”外，临港集团联合相关主体共同发起设立“上海园区高质量发展基金”，募资规模 100 亿，并成立徐汇、嘉定等子基金；国盛集团发起设立规模 100 亿的上海国有存量资产盘活投资母基金，推动部分资产通过 REITs 方式实现证券化。三是鼓励市属金融企业设立专项产品支持城市更新、“工业上楼”项目，浦发银行、中国建设银行、上海农商银行、上海银行、国家开发银行等银行均推出了“智造空间”相关金融产品，已发放贷款 6 亿元以上。四是出台《关于系统企业支持服务重大工程、旧区改造等城市建设征收收储工作的补贴分配办法》，聚焦考核引导，激励市属国有企业按照更高标准更高效地完成旧改和城市更新任务目标。另外，各区也设立专项资金，如长宁区落实资金补贴办法撬动社会资本投入，2023 年共计 5 个更新项目申请到资金补贴，撬动社会资本投入 4 亿余元。

（六）建构配套政策体系

在 2023 年 3 月 16 日印发的《上海市城市更新行动方案（2023—2025 年）》附件中，除了列明重点推进任务清单之外，还列举了三年内要深化完善的两项工作：一是“上海市城市更新政策清单”，共计 25 项，包括体制机制类政策 5 项、规划土地类政策 2 项、建设管理类政策 9 项、金融财税类政策 4 项、综合类政策 5 项。二是“上海市城市更新标准清单”，共计 21 项，包括居住更新标准 6 项，公共空间和公共设施标准 12 项以及产业园区标准、商业商办标准和历史风貌保护标准各 1 项。以上两个清单中，分别有 23 项政策制定任务（占 92%）、14 项标准制订任务（占 67%）被列入 2023 年底前要完成的工作清单。经过一年的努力，结合主题教育调研，各部门针对不同城市更新对象，细化完善配套政策，初步形成了“1 + 10 + X”的政策体系；围绕重点产业区域城市更新，构建了“1 + X + 1”更新体系；围绕国资国企不动产租赁管理体系的完善，搭建了“1 + 1 + X”不动产租赁管理体系，等等。总体而言，上海初步建构了适应于城市更新的政策体系。

（七）充分发挥专业力量

一是积极推进了城市更新专家委员会组建工作，已形成由两院院士领衔的，来自规划、房屋、土地、产业、建筑、交通、生态、安全、文史、社会、经济和法律 12 个专业领域的 40 余名专家名单，并制定印发《上海市城市更新专家委员会工作规程》，明确各方专家在城市更新创新模式全过程、各环节的作用。二是汇集国内外优秀团队进行“三师”联创，经多轮修改完善，形成 10 个试点更新单元规划实施方案稳定成果，相应设计方案视野开阔、构思新颖、各有特色，充分体现设计赋能。三是大力推进社会各方力量参与城市更新行动，积极推动成立上海城市更新开拓者联盟。经市更新促进会、市规划院等若干专业机构的倡议，已得到涵盖地产开发、金融投资、各类咨询等行业领域的 100 余家企业机构的积极响应。

（八）深化组织推进制度

一是深化决策领导机制。2023 年 5 月，市住房城乡建设管理委成立城市更新处，落实专职人员聘任，负责市城市更新领导小组办公室日常事务，统筹推进相关工作。除已成立市级层面城市更新领导小组及其办公室（简称市更新办）外，2023 年，全市 16 个区均成立辖区城市更新领导小组及其办公室，建立工作例会制度，编制年度工作计划。二是成立组织协调机构。加快搭建“市、区、街镇、项目实施主体”四级工作网络，推动市、区更新办实体化运转。市级组织协调机构包括“两旧一村”改造工作专班和“四个一批”（更新、减量、收储、保留一批）存量土地资源盘活工作专班等，并建立主任办公会议、专题工作会议等议事制度。各区也相应成立城市更新工作专班或指挥部，统筹实施本区域城市更新各项工作。三是建立区企合作机制。上海市城市更新中心作为城市更新平台机构，先后与黄浦区、虹口区、杨浦区、静安区、徐汇区等区开展合作，探索“市区联手、政企合作”机制。另外，在具体工作中，上海还完善城市体检与城市更新的联动机制，搭建全市统一的城市更新信息系统，建立城市更新专家委员会管理和运行机制，建立考核评估体系，加强城市更新普法宣传，引导全社会支持参与城市更新。

二、2023 年城市更新工作特点

（一）凝聚共识，形成良好社会氛围

围绕城市更新的模式创新，首要的工作是统一思想、凝聚共识，需要加大宣传力度，促进认识和观念的统一，营造良好的社会氛围。2023 年，市委开展的城市更新主题调研，就是一次凝聚共识的过程，在如何看待从传统发展模式向城市更新转型这件事情上，进行了一次全

面的思想动员。市领导多次调研、座谈，有效促进了新时期城市更新共识的形成。同时，结合城市更新试点项目，促进居民观念的调整、现行政策的完善、工作人员传统路径的打破，也有利于城市有机更新观念的建立与形成。过程中，上海围绕城市更新试点项目，开展了大量的社会动员，虹口区瑞康里、静安区蕃瓜弄、徐汇区田林路 65 弄等众多项目开展之前，均进行了一系列主题教育、业务培训、政策宣贯等工作，共同营造了良好的城市更新氛围。

（二）创新突破，探索新模式新机制

探索新模式、新机制、新路径是新时期城市更新主题调研和行动实践的关键词。2023 年，按照市委、市政府的决策部署，上海努力完善配套政策和技术标准，在一系列行动实践中探索创新“三师联创”“三跨平衡”“四资贯通”等新机制，试点申请式腾退、原拆原建等新模式，产生了一系列积极效果，涌现了一系列经典案例。如蕃瓜弄试点发行政府专项债券，建立多渠道筹集、跨周期平衡的长效机制；瑞康里试点探索置换腾退、异地安置、原地回购、原地回租等多样选择，实现资金平衡、新老共生；外滩“第二立面”从传统征收改造转向征收更新、统筹更新、划转更新、自主更新、保留更新“五个更新”的分类施策；康健路 341 弄争取产权主体支持，打通系统公房改造路径；保屯路 211 弄结合回搬与抽户两种形式，实现了迁留并举、品质提升等。

（三）加强统筹，深入构建更新体系

城市更新是一项复杂程度很高的系统工程。市委强调“要把技术逻辑、市场逻辑、治理逻辑有机统一起来，形成系统化、体系化方案设计”，“坚持系统集成、统筹推进”。为此，上海特别注重城市更新工作的体系建构：一是注重建构面向实操的行动体系，发布城市更新三年行动方案，全面实施城市更新“六大行动”，各部门也制定《存量盘活三年行动方案》《“15 分钟社区生活圈”行动方案》《“一刻钟便民生活圈”示范社区建设试点方案》（注：两个生活圈概念有所不同：“15 分钟社

区生活圈”是通过优化资源配置，确保居民在15分钟步行距离内能够享受到基本的生活服务和社会服务的概念；“一刻钟便民生活圈”是15分钟步行距离内以满足居民日常生活基本消费和品质消费等为目标，通过多业态集聚形成的社区商圈）等一系列专项行动方案。二是注重建构多元融汇的目标体系，无论是在城市更新的六大行动中，还是在具体项目中，上海强调“保民生”“促发展”“彰人文”“提品质”等多元目标融汇的指导思想，既体现在愚园路街区等综合区域更新中，也体现在瑞康里等单个项目更新愿景的总体描绘中。三是注重建构系统性的政策体系，如市更新办“1 + 10 + X”的政策框架，市规划资源局“1 + N”系列规划资源政策文件，市经济信息化委“1 + X + 1”更新政策体系，市国资委“1 + 1 + X”不动产租赁管理体系，市商务委“4 + X + 2”商业空间布局体系等。

（四）典型带动，试点项目先行先试

2023年，市委主题教育调研课题“上海城市更新可持续发展模式创新研究”，将静安区青云路宝昌路项目、静安区蕃瓜弄小区项目、虹口区瑞康里项目、闵行区召稼楼项目、外滩区域166-167-168街坊项目、吴淞创新城先行启动区项目等，作为试点项目进行实转。与此同时，各部门也遴选了一系列重点项目，结合主题教育调研，在实证研究基础上加以总结、思考和提高。有关部门还针对不同更新类型，选取黄浦区外滩“第二立面”、徐汇衡复地区、静安东斯文里、虹口嘉兴地区、宝山大吴淞地区等10个试点更新单元，开展“三师”联创，高质量推进实施。通过一段时间的努力，上述试点项目均取得了阶段性成果。

第二章　城市更新主题教育联动调研

上海城市更新面临着新形势、新任务和新要求。随着新发展理念的深入践行，城市更新的内涵发生深刻变化，需要统筹兼顾核心功能增强、生产函数优化、人居环境改善、历史文脉延续等多重目标的实现。随着成片旧改收官，城市更新的重点转向零星二级旧里以下房屋、不成套职工住宅、不成套里弄（含公寓、花园住宅）和城中村等，过去大规模征收的经验难以照搬，需要探索可持续的城市更新新模式。

一、市委城市更新主题调研过程

2023 年，按照中央和市委关于开展学习贯彻习近平新时代中国特色社会主义思想主题教育和大兴调查研究相关部署，市委书记陈吉宁牵头开展“上海城市更新可持续发展模式创新研究”调研。调研过程中，陈吉宁深入开展实地走访，认真摸清底数、梳理问题、研究对策，组织社区蹲点、解剖典型案例，聚焦难点祼节、创新思路办法，召集跨层级联动会商、推动“同题共答”，在总结上海已有实践成果和借鉴国内外城市更新经验的基础上，形成今后一个时期推动上海城市更新可持续发展的思路举措。

4 月初，按照市委主题教育部署，启动“上海城市更新可持续发展模式创新研究”课题调研。4 月 17 日，陈吉宁在徐汇区老旧小区调查研究时指出，要认真学习贯彻习近平总书记关于建设人民城市的重要理念，坚持走好新时代党的群众路线，深入基层一线大兴调查研究，把解决群众急难愁盼问题作为落实“学思想、强党性、重实践、建新功”总要求的具体行动，用心用情、真抓实干，举一反三、建章立制，让人民群众有更多获得感、幸福感、安全感。对于人民群众关心的事，要增强解决问题的紧迫感，结合民心工程、民生实事的实施推进，下大力气加快“两旧一村”改造，抓实抓好城市更新工作。坚持依法依规，创新方式方法，细化深化方案，加快改善群众居住条件。要把调查研究融入日常、做在经常，注重前瞻思考、系统谋划和整体考量，在直插一线、深入基层与群众面对面打交道、察民情中把群众工作做得更实，更好解民忧、纾民困。

4 月 23 日，陈吉宁用一整天时间专题调研城市更新工作，深入闵行、静安、黄浦、浦东等区的旧住房小区、老城厢地块以及城中村，察看居民群众居住生活现状和公共服务设施配套情况，认真倾听居民群众、居村干部关于加大城市更新力度、改善居住生活环境的意见建议。在主持召开座谈会时，要求进一步深化对城市更新工作的认识，准确把握城市发展的规律和趋势，把城市更新作为落实城市总规的过程，作为推动高质量发展的重要途径，作为现代化建设的重要载体，作为拓展城市空间、强化城市功能、提升城市品质、增进民生福祉的重要抓手，深入探索新形势下城市更新的新路子。坚持以人民为中心，深化模式创新，加强政策供给，充分调动发挥各方面积极性，解决今天问题的办法要为明天的发展腾出空间。要加强统筹，完善上下协同、条块结合、精准高效的工作机制，确保城市更新各项工作有力有序推进，为城市高质量发展、高品质生活、高效能治理提供支撑保障。

为开展主题教育活动，除调研课题总报告外，还设立了 16 个子课题。其中，指向明确为住房民生类城市更新的子课题有 6 个，包括市房管局的《全力以赴推进住房民生领域城市更新》，市更新中心的《以虹口区瑞康里项目改造为试点探索我市城市更新新模式和资金平衡新机制》，徐房集团的《立足民生改善、强化规划引领、创新更新模式，着力破解风貌区城市更新的难点堵点》，静安区政府的《关于推进我区“两旧”改造，深入探索城市更新新模式的若干思考》，嘉定区政府的《加快推进“两旧一村”改造，持续改善城乡居住品质，助力城市更新高质量发展》，嘉定区马陆镇的《聚焦马东“城中村”改造难点，探索超大城市郊区城市更新可行路径》等。其他子课题中还有 6 个子课题包含居住类更新议题，包括市规划资源局面上课题，以及黄浦区外滩区域更新、徐汇区“衡东十二坊”更新、徐汇区天平街道建新片区更新、长宁区愚园路更新、虹口区山阴路历史风貌保护区更新等。另外，还有多个子课题涉及产业园区发展，综合区域更新、风貌保护等议题。（详见表 2-1）。

表 2-1　2023 年城市更新主题教育联动调研课题清单

总报告	
上海市可持续城市更新创新模式研究	
分课题	
市住房城乡建设管理委	引逼结合，有效激发市场主体参与低效产业用地城市更新活力的机制研究
市规划资源局	城市更新规划资源实施路径研究
市房管局	全力以赴推进住房民生领域城市更新
市更新中心	以虹口区瑞康里项目改造为试点探索我市城市更新新模式和资金平衡新机制
上实集团	参与吴淞创新城城市更新和整体转型的机制和实施路径研究
市更新公司	以外滩区域更新为例，探索城市更新资金平衡新方式
东岸集团	提质增能，实现东岸城市更新
浦东新区陆家嘴街道	探索整体化推进城市更新展示璀璨陆家嘴形象魅力
徐汇区委	加快城市更新、强化城区功能——以“衡东十二坊”城市更新项目为例
徐汇区天平街道	统筹推进城市更新，提升片区空间品质——以天平街道建新片区为例
徐房集团	立足民生改善、强化规划引领、创新更新模式，着力破解风貌区城市更新的难点堵点
长宁区规划资源局	愚园路城市更新评估及展望
静安区政府	关于推进我区“两旧”改造，深入探索城市更新新模式的若干思考
虹口区四川北路街道	统筹风貌保护、城市更新、文脉传承，绘出山阴路历史风貌保护区焕发新活力的图景
嘉定区政府	加快推进“两旧一村”改造，持续改善城乡居住品质，助力城市更新高质量发展
嘉定区马陆镇	聚焦马东“城中村”改造难点，探索超大城市郊区城市更新可行路径

二、相关部门城市更新主题调研成果

市城市更新工作领导小组办公室在市委主题教育办的指导下，牵头16家课题联动单位和14家课题研究单位，构建“围绕市委课题的一级联动、解决祖节问题的二级联动和资源整合的三级联动”的联动会商组织体系，发挥市、区、街镇多级联动优势，聚焦7大类55个问题分组开展联动调研会商，着力做好“同题共答”大文章，形成包含21条、46项任务措施的预期成果清单。

（一）住房民生类更新

1. 零星旧区改造

作为市委主题教育调研实证试点项目，瑞康里采取了一系列举措：在前期方案编制阶段，市城市更新中心主任到基地上党课，就为什么要开展城市更新、怎样才是可持续更新、如何开展城市更新等重要命题，与工作人员展开讨论，还多次牵头开展调查研究，反复斟酌，现场会商，形成课题报告，在模式、政策、机制等各方面形成了一系列创新。过程中，市委主题教育办、市更新办、市“两旧一村”专班以及市住房城乡建设管理委、市规划资源局、市房管局、市财政局、市税务局等多部门联手调研、同题共答，推动主题教育做深做实，深入项目基地，凝聚思想共识，并在具体政策完善、制度创新中给予试点项目一系列指导。

2. 旧住房成套改造

旧住房改造是一项复杂的系统工程，所涉部门多、层级多、区域广，必须坚持全市一盘棋、心往一处想、劲往一处使。市房管局联合规划、财政等部门，持续加大部门工作的协同力，着力提升政策供给的精准性，通过组团服务、联手指导，给基层以路径、以导则、以资源。对一些重点特殊项目，通过政策组合、系统集成，推动实现跨类别协同、跨主体联动、跨周期平衡，推动区域整体提升，放大改造效应。在“联”的做法推动下，黄浦区保屯路211弄、徐汇区田林路65弄等一批重点项目相继启动生效，形成了推进有借鉴、面上可复制、居民能感知的成功案例，重点项目的示范引领效应初步形成。推进过程中形成的“旧住房改建八法”、“五级工作网格”、司法提前介入机制等一批可复制、可推广的好经验、好方法，为同类项目提供了借鉴。

3. 城中村改造

全市共有约705个城中村点位、11.2万户村（居）民的改造任务，民生压力可谓巨大。主题教育期间，市房管局将《提速扩容、控本增效，全力推进城中村改造可持续发展》作为重点调研课题，以破解当前城中村改造推进中面临的瓶颈难题，共计组织开展29次调研。通过调研，产生了工作成效：将浦东新区航头镇城中村改造项目中的航东村定为基层联系点，两次赴航头镇实地调研，充分听取基层干部和人民群众的意愿想法，实现航头项目全面提速；结合改造项目认定会审，召开7次座谈会，助推年度目标任务高质量提前完成；召开环境综合整治、合作改造实施主体、改造方案编制、信息系统建设、指导意见、金融机构支持政策、专项债、前期成本结算、范围调整9次专题座谈会，帮助解决改造过程中的堵点难点问题；结合项目预审和工作推进，组织13次实地踏勘，涉及华漕、浦江、航头、唐镇、华新、马陆、七宝、南桥、徐泾、重固、江桥等城中村改造项目。

（二）产业类更新

城市更新主题教育课题的16个子报告中，第一个题目即为“引逼结合，有效激发市场主体参与低效产业用地城市更新活力的机制研究”，对产业用地更新中如何激发市场主体的参与问题进行了深度的调研，并提出了相关的政策建议。

各区通过开展主题教育联组学习，加强对市级政策方向的理解，促进各部门之间的交流合作，推动产业园区高质量发展。2023年10月19日，金山区经济工作党委、金山区投资促进办党组、金山区规划资源局党组开展了聚焦固本兴新、着力推动产业园区高质量发展主题教育读书班暨理论学习中心组联组学习会暨双月讲坛。学习会上，市经济信息化委产业园区和结构调整处作题为《上海市产业园区转型发展政策》的专题讲座，围绕产业园区土地资源保障，产业园区城市更新、二次发展，《上海市特色产业园区高质量发展行动方案（2024—2026 年）》，“智造空间”四个方面进行了解读，为金山区今后的工作开展提供了指导。金山区经济工作党委、金山区投资促进办党组、金山区规划资源局党组就“南北转型”、园区转型、企业服务等问题展开研讨，为后续工作提供了引领。

（三）风貌类更新

在 2023 年市委主题教育调研活动中，文脉传承和风貌保护等相关议题受到关注。6 月 15 日，陈吉宁一行调研上海辞书出版社旧址附属绿地项目。这一区域正在加快推进开放共享工作，将拆除围墙，让坐落于此的百年历史建筑与街边开放花园交相辉映，充分展现街区深厚文脉，推动人与自然和谐相处。陈吉宁察看历史保护建筑修缮情况，叮嘱同步做好历史建筑保护和绿地开放共享的大文章，讲好文化故事，传承城市记忆。6 月 17 日和 8 月 4 日，市委副书记、市长龚正分别专题调研文旅产业和提升城市文化软实力工作，走进思南公馆和中国左翼作家联盟会址纪念馆，了解相关工作情况，指出要坚持以文塑旅、以旅彰文，传承历史文脉，重塑老建筑功能，打造市民游客喜爱的打卡点。在传承历史文脉中激发创造力，让文化渗透城市肌理、融入群众生活、赋能城市发展，更好展现上海国际文化大都市的独特魅力，持续增强城市的竞争力、影响力和吸引力。

在市委主题教育调研课题开展中，除“创新上海可持续城市更新模式研究”总课题探讨了风貌类更新外，在 16 个子课题中，指向明确为风貌保护类城市更新的子课题有 7 个，包括市更新中心的《以虹口区瑞康里项目改造为试点探索我市城市更新新模式和资金平衡新机制》，市更新公司的《以外滩区域更新为例，探索城市更新资金平衡新方式》，徐汇区委的《加快城市更新、强化城区功能——以“衡东十二坊”城市更新项目为例》，徐汇区天平街道的《统筹推进城市更新，提升片区空间品质——以天平街道建新片区为例》，徐房集团的《立足民生改善、强化规划引领、创新更新模式，着力破解风貌区城市更新的难点堵点》，长宁区规划资源局的《愚园路城市更新评估及展望》，虹口区四川北路街道的《统筹风貌保护、城市更新、文脉传承，绘出山阴路历史风貌保护区焕发新活力的图景》等。这些主题教育课题的开展，对于今后风貌保护类城市更新工作，起到了凝聚共识、捋清思路、加大保障力度的作用。

三、主题教育调研成果的主要应用

（一）确立指导思想

主题教育调研最终形成《关于深化实施城市更新行动加快推动高质量发展的意见》。文件指出，新时期城市更新工作要以实施上海城市总体规划为统领，以提升城市功能为核心，以转变超大城市发展方式为牵引，进一步探索完善城市更新模式，优化空间布局、改善人居环境、增强安全韧性、激发城市活力，为上海打造创新之城、人文之城、生态之城，加快建设具有世界影响力的社会主义现代化国际大都市提供有力支撑。

未来城市更新工作将坚持五个基本原则：一是坚持规划引领。严格按照上海城市总体规划明确的目标要求，提高规划落实的严肃性、权威性和执行力，着眼强化城市功能和核心竞争力，坚持“留改拆”并举，坚决防止大拆大建，以规划理念和方法的创新推动城市更新模式的创新。二是坚持民生优先。树牢造福人民的政绩观，把改善群众住房条件和提供良好公共服务作为城市更新首要任务，解决群众急难愁盼问题，完善城市更新群众参与机制，不断提升环境品质、促进宜居安居，增强群众的获得感、幸福感、安全感。三是坚持文脉传承。坚持城市风貌整体性和文脉延续性相统一，以保留保护为主，推动城市风貌保护和有机更新相衔接，促进历史文化资源活化利用，在保护中发展、在发展中保护，更好推动上海国际文化大都市和国家历史文化名城建设。四是坚持分类施策。统筹考虑城市功能、民生保障、房屋质量、风貌保护等因素，根据不同类型、区域，建立具有针对性的政策工具箱，因地制宜创新群众满意、综合效益好、财政可承受的更新模式，全面提升城市更新效能。五是坚持系统观念。强化中心城区更新与五个新城、上海大都市圈建设协同联动，推动规划建设、制度法规、流程机制等各环节充分贯通，完善政府引导、市场运作、群众参与的城市更新格局，科学把握更新节奏，合理安排更新计划。

（二）明确目标任务

城市更新是一个长周期的过程，要把当前和长远更好结合起来，统筹建设和运营、推动更新项目高效管理，准确把握更新节奏、科学安排更新计划，强化弹性适应、合理确定战略留白，加强当前和长远的统筹考量。确保今天的更新为明天的发展留出空间、提供助力。上海城市更新任务重、体量大，未来将坚持既尽力而为又量力而行，兼顾近中远期，把财政可承受能力、社会稳定能力、房地产市场消化能力统筹起来考虑，系统设计，有序推进。

2024 年，城市更新中的重中之重的工作是打好“两旧一村”改造攻坚战，完成 12 万平方米零星旧改、31 万平方米不成套旧住房改造，启动 10 个城中村改造项目，同时持续推动一批老旧工业区、商业商务区、风貌保护区更新改造，分类施策，打造样板，进一步提升城市品质。其次，坚持问题导向，破解裉节瓶颈难题。持续完善城市更新政策体系，着力破解成本管控、资金平衡、标准规范等难点、堵点、痛点问题，努力走出一条可持续发展的更新之路。其三，坚持系统治理，统筹多元力量。充分调动社会、群众、专业力量参与城市更新的积极性，形成政府引导、市场运作、公众参与的城市更新格局。

2025 年底前，全面完成中心城区零星二级旧里以下房屋改造，基本完成小梁薄板房屋改造，实施 3000 万平方米各类旧住房更高水平改造更新，完成既有多层住宅加装电梯 9000 台，中心城区周边城中村改造项目全面启动，创建 1000 个新时代“美丽家园”特色小区、100 个示范小区；重点开展 10 个以上综合性区域更新项目，重点推进“一江一河”沿岸地区、外滩“第二立面”等区域更新；加快补齐公共服务短板，盘活存量用地、用房用于各类公共设施建设，中心城各街镇以及主城片区、新城、核心镇、中心镇的居住地区全面推进“15 分钟社区生活圈”行动；完成3个以上历史风貌保护区、风貌保护街坊、风貌保护道路项目，推进3个以上历史古镇保护修缮和更新利用示范项目，打造15个以上历史建筑保护修缮和活化利用示范项目，推进山阴路风貌保护区城市更新等项目；推进3个以上重点产业集聚区提质增效，盘活产业用地3万亩；推动3个以上市、区级传统商圈改造升级，打造6个国家级“一刻钟便民生活圈”和100个市级“一刻钟便民生活圈”，完成5个以上商务楼宇改造升级或转化利用项目。

到2027年，中心城区零星二级旧里以下房屋、小梁薄板房屋、中心城区周边城中村改造项目全面完成，不成套里弄、公寓、花园住宅改造有力推进，老旧工业区、商业商务区和风貌保护区域更新加快步伐，形成一批高水平的城市更新项目和街区社区，城市布局结构不断优化，能级和品质明显提升，城市更新体制机制、政策体系更加健全，超大城市发展方式转型取得积极成效。

（三）推进重点工作

紧紧围绕“高质量发展”和“可持续更新”，把宜居安居放在首位，注重解决好安全、居住、公共服务和职住平衡等群众反映突出的问题，推动城市在存量更新、功能提升、布局优化、公共服务健全完善以及新老城区联动协同等方面实现新突破，以城市更新的有效推进为城市未来发展腾出空间。根据不同类型对象，因地制宜、多措并举推进城市更新：

一是大力推进住房民生领域城市更新工作，包括灵活采用征收、拆除重建、内部设施改造升级等方式集中推进零星旧改；以拆除重建为主加快推进不成套职工住宅改造，支持改造新增房源作为保障性租赁住房、保障性住房、人才公寓和商品住房等；积极探索通过申请式腾退、协议置换、趸租、征收等方式推动不成套里弄、公寓、花园住宅更新；统筹安排城中村改造的土地用途，优先布局优质产业。

二是继续深入各重点产业区域指导和跟踪，将城市更新与保持制造业比重、“智造空间”建设等工作相结合，统筹各项资源形成合力，持续优化产业结构和产业生态，加快推进产业园区二次开发、提质增效，进一步提升单位土地产出，实现资源高效率利用。

三是全力做好商业设施城市更新，打造消费地标，聚焦国际级消费集聚区建设，按照近期有项目、远期有规划的原则，滚动形成五年国际消费集聚区的重点项目清单，并加强对国际消费集聚区的推广力度，集聚优质企业，形成一批中长期项目储备。在服务保障民生方面，结合“一刻钟便民生活圈”建设和居民生活物资保障工作，做大做强居民日常消费基本盘。

四是促进国资国企深度参与城市更新，严格规范不动产租赁、持续开展存量不动产确权补证、持续推进市属企业“四个一批”存量土地盘活、有序实施“工业上楼”项目，继续发挥好市属国企在本市城市更新工作中的压舱石、稳定器作用，有力推进本市城市高质量发展。

五是注重传承城市文脉，弘扬红色文化，强化文物和历史建筑保护利用，打造城市文化载体，同时坚持以用促保，加强保护传承，探索文物和历史建筑保护利用的资金支持、政策扶持、审批优化等针对性保障措施，推进调查评估、建筑师负责制和向公众开放等工作。

（四）完善制度设计

发挥市更新办统筹协调作用，优化项目全周期管理流程，提高审批效率。强化专家支持力量，组建由规划、房屋、土地、产业、经济等 12 个领域专业人士共同组成的城市更新专家委员会，统筹规资、经信、商务等部门建立相应专业领域的专家委员会，在城市更新行动全流程中进行咨询评议，保障城市更新行动高质量、可持续。强化社会力量参与，依托城市更新开拓者联盟，统一搭建工作平台，系统推进试点跟踪保障、专项金融支持、更新项目谋划推介等行动。建立全市层面的城市更新项目库，强化重点项目的储备和组织实施。完善考核评估，着力抓好项目推进。强化信息基础数据建设，加强新技术应用，把数字赋能用得更好。

强化品质提升，按照高标准引领、多系统整合、全流程保障的总体要求，紧盯试点更新单元和试点项目，全流程落实“三师”联创，实现优布局、强功能、提品质，尽快出成效、树典型、强示范，同时对照

《实施意见》明确的七大类重点对象，做好系统谋划，全面保障城市更新行动的品质质量。过程中，还要创新空间资源混合、复合配置方式，探索跨时空、跨业态、跨主体、跨地域等价值空间置换，提高资源配置效率；加强对示范项目总结复盘，以点带面深化可持续模式创新，总结可复制可推广的模式。

全面梳理综合效益较低的存量建设用地，通过引入现代产业、培育新型业态，促进产业园区提质增效、商业商务活力再造，做好盘活再开发。完善低效用地退出机制，强化空间综合支持政策，建立全市层面统一规划、统筹使用、跨区联动的资源池和匹配搭桥机制。激发市场活力，挖掘开发潜力，调整功能布局，推动城市发展从增量依赖向存量挖潜转变，为促进内涵式、集约型、绿色化高质量发展提供制度机制保障。

四、主题教育调研背景下的城市更新“五个统筹”

2024 年新年伊始，在上海市召开的全市城市更新推进大会上，以城市更新为牵引、为突破，激发新活力、展现新气象，加快推动全年各项任务落地落实。会议提出加强更新任务、更新模式、更新资源、更新政策、更新力量的统筹，全力推动城市更新工作取得新的更大进展。

（一）着眼三大工程，统筹好目标任务

一是把城市更新与推进中央部署的保障性住房建设、“平急两用”公共基础设施建设、城中村改造等“三大工程”结合起来。二是把城市更新作为实施城市总规的重要举措，优化空间布局、改善人居环境、增强安全韧性、激发城市活力，算好总量账、算好结构账。三是把城市更新与保民生、促发展、提品质、彰人文等多个向度的具体工作结合起来，统筹实施人居环境品质提升、产业园区提质增效、商业商务活力再造、公共空间设施优化、历史风貌魅力重塑和综合区域整体焕新城市更新六大行动，重点关注零星旧里、不成套职工住宅、不成套里弄 / 公寓 / 花园住宅、城中村、老旧工业区、老旧商业商务区和风貌保护区域等更

新改造关键对象，深度聚焦“两旧一村”改造等重点民生工程。四是把城市更新与海绵城市、韧性城市、智慧城市、公园城市建设结合起来，与打造适老化宜居环境和儿童友好型城市结合起来，提高防灾减灾能力。五是把城市更新与完善公共服务和“15分钟社区生活圈”建设结合起来，与提升基层治理效能结合起来，打通服务群众的“最后一公里”。六是把城市更新与长三角一体化发展、上海大都市圈建设结合起来，更好形成一体化的通勤圈、梯次配套的产业圈和便利共享的生活圈。

（二）着眼成本管控，统筹好各类模式

一是贯通资源、资信、资产、资金，减少城市更新项目的交易成本、时间成本、商务成本，统筹考虑投资成本、运营效益、收益分配、公益性贡献和实施路径，构建政府和市场“成本共担、利益共享”的综合成本收益平衡模式。二是针对人群特征和建成环境现状，分析人群的留与迁、房屋的留与拆、功能的变与不变、产权的调整与不调整等关键要素，因势利导、因地制宜、因情施策、因物施用。三是按照“留改拆”的优先顺序，以“保护优先、少拆多改”为原则，研究确定保护、保留、整治、改建、拆除、重建（含复建和新建）等更新措施，灵活运用疏解、腾挪、置换、租赁等更新路径。四是分类施策开展好住房民生领域城市更新：零星旧里改造可灵活采用征收、拆除重建、内部设施改造升级等方式。不成套职工住宅改造主要采用拆除重建等方式。城中村改造可统筹推进项目整体改造、实施规划拔点、环境综合整治。不成套里弄、公寓、花园住宅更新可采用申请式腾退、协议置换、趸租、征收等方式，提升居民居住品质。五是老旧工业区更新可综合运用政府收储、自主更新、联合更新等方式，鼓励产业园区“二转二”，推进“工业上楼”。六是老旧商业商务区更新可通过产权和使用权归集进行自主更新，或引入高水平经营主体开展合作更新。

（三）着眼全市一盘棋，统筹好诸多资源

一是拓展资金渠道。坚持开源节流、降本增效，加大城市更新项目

财政支持力度，支持金融机构依法开展多样化金融产品和服务创新，鼓励社会资本参与更新，探索与城市更新高质量发展模式相适应的税收配套政策。二是优配土地资源。以节约集约利用土地为导向，构建与“收储供”并行的土地资源配置方式。建立土地资源池，对口解决重点地区、重大战略、历史保护和重要民生工程等突出的城市更新瓶颈和难题，重点困难项目可与资源地块捆绑实施统筹开发。三是复合空间资源。创新空间资源混合、复合配置方式，探索跨时空、跨业态、跨主体、跨地域等价值空间置换路径，开展建筑量的统筹布局、精准投放。统筹公建空间、滨水空间、道路空间、绿化空间、地下空间五大公共空间资源，提高利用效率。充分开发利用地下空间资源，地上地下空间统筹建设、复合利用。四是用好房屋资源。不成套职工住宅拆除重建后的新增房屋可用作保障性住房、人才公寓和商品住房，不成套里弄、公寓、花园住宅更新中采取申请式腾退、协议置换时可使用征收安置住房，城中村改造中适当配置保障性住房，利用趸租等方式优化配置存量房屋房源。五是高效配置人才、技术、数据等要素资源。尊重城市更新规律，充分发挥专家委员会及责任规划师、责任建筑师和责任评估师等专业技术力量的作用。坚持集成创新，强化专业技术保障和科技支撑。六是对接区域资源。通过区区统筹，推动新城支持中心城区城市更新，在大居建设管理、公共服务配套、创新成果转移转化等方面建立双赢机制。

（四）着眼突破祖节难题，统筹好支持政策

一是针对城市更新不同类型工作，完善城市更新体制机制，加强系统性、集成性政策创新，建立规划、土地、房屋、财政、税收、金融等联动支持政策体系，完善审批流程和标准规范，形成务实管用的操作经验，建立城市更新政策工具箱。二是增强规划管理适应性，科学论证用地性质转变、跨街坊平衡建筑量、与周边零星地块整合开发等的可行性，探索功能复合和用途弹性转换新模式，创新融合用地政策。三是通过土地政策创新，降低城市更新土地交易成本，把盘活土地资源、提升资产价值、提高企业资信、便利资金融通结合起来，更好促进城市更新

项目实现收益平衡。四是完善房屋管理机制，规范公有房屋租赁管理、差价交换、承租权归集，探索以趸租方式改善中心城区老旧小区老年人家庭居住条件，增加租赁住房供给。五是推动城市更新技术标准创新，注重加强行业管理部门综合协同，推动适应城市更新的消防、抗震、绿化、交通、文保、绿色、智能、数字等专业技术论证机制和标准创新。六是建立项目快速审批流程，推动多环节并联实施，压缩审批时间。更新方案编制中同步开展图则更新、意见征询、公示等相关工作。七是强化保护传承，压实文物建筑和历史建筑所有者、管理者、使用者的保护修缮责任。坚持以用促保，探索活化利用的方式路径。八是强化金融和财税支持。研究通过资金补助、项目贴息、资本金注入等多种方式支持城市更新项目，支持城市更新主体综合运用债券、基金、银团贷款等多种方式融资，创新居民利用住房公积金购买更新改造房屋，深化细化与城市更新相适应的税费政策操作指引。

（五）着眼系统治理，统筹好多元力量

一是加强党对城市更新工作的领导。政府部门加强计划编制、政策完善、规划实施和组织协调，搞好服务保障。加强人大、政协对城市更新工作的监督，推动工作更加公开透明、规范有序。建立健全相关利害关系人、社会公众、专家、媒体的参与监督机制。二是支持各权利人就产权归集进行协商，鼓励促进相邻相近项目联合更新。统筹开展以股权收购、作价出资（入股）、腾退等多种方式实施的产权归集。三是发动群众一起积极参与更新。在城市更新中要广泛听取意见建议，探索更多适应于城市更新的群众工作方法，践行全过程人民民主，开展“阳光更新”。四是鼓励社会资本参与更新。更好引入具有开发运营经验、产业发展资源的优质企业。畅通经营主体参与城市更新渠道，支持经营主体通过与物业权利人股权合作、委托经营、协议转让等方式参与更新。五是充分发挥国企重要作用。推进市区两级城市更新统筹平台深化合作，充分发挥平台在资金筹措、建设运营、市场推广中的作用。六是建立专业技术团队负责制，强化专业技术力量保障，发挥全流程统筹支撑作

用，贯穿策划、规划、建设、管理、运维的全周期。

表 2-2　主题教育调研背景下形成的城市更新政策体系清单

（一）“1”个实施意见：
《关于深化实施城市更新行动加快推动高质量发展的意见》
（二）“10”类政策文件（发文部门及文号详见附录一）：
《关于建立“三师”联创工作机制　推进城市更新高质量发展的指导意见（试行）》
《不成套职工住宅改造（拆除重建）改善型房型设计指引》
《关于旧住房成套改造项目范围内产权房屋登记和税收等事宜的通知》
《旧住房成套改造协议置换税收等事宜操作指引》
《关于推动“工业上楼”打造“智造空间”的若干措施》
《智造空间专项转移支付资金管理办法》
《关于加强上海市产业用地综合绩效评估促进节约集约用地的实施意见》
《上海市产业用地综合绩效评估和分类处置行动工作方案》《上海市产业用地综合绩效评估指标体系（试行）》
《市属国企积极推动“工业上楼”打造“智造空间”三年行动方案》
《上海国资国企支持参与本市城市更新的实施意见》
（三）“X”类文件（发文部门及文号详见附录一）：
《上海市城市更新行动方案（2023—2025 年）》
《上海市城市更新领导小组议事和工作规则》
《上海市城市更新领导小组办公室工作职能方案》
《上海市城市更新项目库管理办法》
《关于加快转变发展方式集中推进本市城市更新高质量发展的规划资源实施意见（试行）》
《关于本市全面推进土地资源高质量利用的若干意见》
《关于促进城市功能融合发展　创新规划土地弹性管理的实施意见（试行）》
《关于本市住房公积金支持城市更新有关政策的通知》
《〈关于本市住房公积金支持城市更新有关政策的通知〉操作细则》
《上海市旧住房成套改造和拆除重建实施管理办法（试行）》
《本市郊区小梁薄板房屋改造市级支持资金实施办法》
《关于旧住房改造增量房源统筹平衡商品住房项目配建指标的通知》
《关于本市城市更新项目人民防空工程规划建设的管理规定》
《关于促进张江科学城科技创新和产业融合发展规划土地管理试点意见》

第三章　居住类城市更新

2023年，上海结合主题教育活动，积极贯彻落实党中央、国务院有关“三大工程”建设的决策部署，以解决群众急难愁盼为己任，扎实推进“两旧一村”改造等居住类城市更新工作。过程中，加大力度推进项目改造，加快探索分类施策推进的新模式，明确强化全过程监管的新要求，研究出台一系列政策标准，探索实践一大批有借鉴性的示范项目案例，居住类更新工作呈现出良好的发展态势。

一、以人为本，持续改善住房民生条件

截至12月31日，2023年“两旧一村”改造工作圆满完成，相关事迹入选上海市2023年度十大新闻。

（一）零星旧里改造

全年完成零星旧改任务12.3万平方米，受益居民4084户，零星旧改任务比较集中的黄浦、静安、虹口三区，均顺利完成年度目标任务。其中：

黄浦区完成零星旧改任务3万平方米，受益居民1039户。黄浦区规模最大的“两旧”改造项目蓬莱路北侧地块高比例生效；外滩“第二立面”166/167/168街坊（一期）、773街坊通过一轮意愿征询，并核发征收决定，2024年一季度启动二轮签约征询；186街坊（一期）顺利通过一轮意愿征询。

静安区完成零星旧改任务5.6万平方米，受益居民1742户，占全市年度任务量的四成多。全年启动9幅地块二轮征询签约，其中8幅零星地块签约率均迅速达到100%，提前超额完成旧改任务。

虹口区完成零星旧改3.8万平方米，受益居民1303户。瑞康里11月18日启动签约，签约期内签约率98.63%，居民陆续搬迁交房。

140街坊于11月28日作出征收决定，12月12日启动签约，月底签约率达99.73%。

表3-1　2023年全市和各区零星旧区改造累计完成情况一览表

类　　型		面积（万平方米）	户数（户）
合计	全年计划	12	4000
	完成情况	12.33	4084
	占全年计划比例	102.8%	102.1%
黄浦区	全年计划	3	1000
	完成情况	3	1039
	占全年计划比例	100%	104%
静安区	全年计划	5.5	1700
	完成情况	5.58	1742
	占全年计划比例	101%	102%
虹口区	全年计划	3.5	1300
	完成情况	3.75	1303
	占全年计划比例	107%	100%

（二）旧住房成套改造

全年完成旧住房成套改造29.58万平方米、8790户（含小梁薄板房屋13.07万平方米、4233户），超额完成年度目标任务。其中：

黄浦区全年受益居民超过2500户的旧住房成套改造任务目标圆满超额完成。其中，保屯路211弄实现居民参与度、推进速度、100%签约速度、100%搬离速度以及签约生效至开工时间速度上的5个“全市第一”。普育东路101弄项目同步启动，并在二轮签约首日实现100%高比例生效。静安区蕃瓜弄是全市体量最大、户数最多的小梁薄板改造项目，被选为市委主要领导主题教育联系点。全区连续奋战49天，不仅签约首日98.6%高比例生效，还提前计划节点12天实现100%签约，签约生效后30天内完成搬场，之后80天内开工。徐汇区长桥新村作为参照零星旧改模式的试点项目，15年来曾两次征询未通过，居民改造意愿强烈，经过市、区紧密协作，用心用情做好群众工作，7 天即以 99.93% 高比例签约生效，圆了群众几十年的“安居梦”。徐汇区协调上海应用技术大学等产权主体，打通康健路 341 弄等系统公房的改造路径。田林路 65 弄是 2023 年全区最大成套改造项目，1044 证居民，实现 100% 签约。杨浦区加压推进占全市体量近 30% 的东郸小区、凤南一村等两个拆除重建项目，共 7.4 万平方米，涉及居民 2483 户。东郸小区拆除重建项目已完成 100% 腾房搬迁，走出了一条改造方案从有到优、从传统贴扩建到彻底拆除重建的独特路径。凤南一村拆除重建项目仅用 29 天完成，二轮 100% 签约，36 天完成 100% 自主腾房搬迁。控江路 501—515 号项目是全市首个原址改建 + 协议置换项目，一轮征询已实现 100% 同意。普陀区截至 2023 年 11 月底，已实现 4.88 万平方米旧住房成套改造项目的完工交付，超额完成年初制定的 2.38 万平方米目标，1431 户顺利回搬新居，另启动甘陵小区、兰溪路 248 弄 2—3 号 2 个项目前期工作，为后续启动项目签约奠定基础。另外，虹口区近三年来，实施完成西宝兴路 949 弄一期等旧住房成套改造项目约 0.64 万平方米，惠及居民

图 3-1 旧住房成套改造效果图
左上：杨浦区凤南一村，右上：黄浦区保屯路 211 弄，
左下：徐汇区田林路 655 弄，右下：徐汇区康健路 341 弄

228 户，并有序实施水电路 261 弄拆除重建项目。宝山区重点推进张庙、吴淞街道旧住房成套改造项目，全年累计开工 12 幢房屋，惠及居民 729 户。闵行区推进莘庄地区小梁薄板改造工作。

在郊区范围内，奉贤区现存旧住房成套改造项目共 13 个点位（小梁薄板房屋 5 处，非成套房屋 8 处），共 291 户，其中小梁薄板房屋改造工作于 2023 年 10 月份开工，采用结构性大修及内部分隔方式，总投资预计 805.75 万元，年底前改造工程基本完成。另外，嘉定区全年启动实施 1.88 万平方米成套改造任务。金山区全年启动 0.2 万平方米小梁薄板房屋改造工作。崇明区启动不成套职工住宅及小梁薄板房屋改造试点。

表 3-2　2023 年全市旧住房成套改造累计完成情况一览表

类　型	职工住宅		其中：小梁薄板	
	面积（万平方米）	户数（户）	面积（万平方米）	户数（户）
全市全年计划	28.00	8515	12.00	3762
全市完成情况	29.58	8790	13.07	4233
占全年计划比例	105.6%	103.2%	108.9%	112.5%

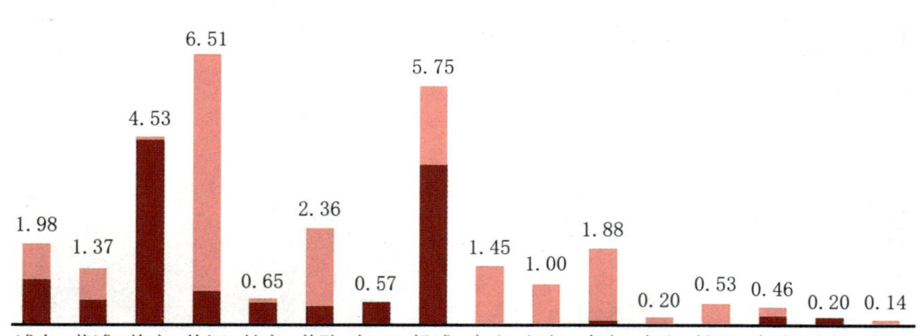

图 3-2　2023 年各区旧住房成套改造完成情况一览表

（三）城中村改造

上海城中村改造工作成效显著：2014—2020年第一轮49个项目，绝大多数项目完成动迁或进入收尾，已动迁居民2.63万户，占总量的98%；动迁安置房规划建设4.8万套，已开工4.6万套，开工率达到95%；规划市政道路92.63公里，已开工54.17公里；规划绿化面积625万平方米，已开工248万平方米；规划公建项目217个（其中学校54个），已开工74个（其中学校30个）；已批项目共涉及经营性供地单元310块，已出让经营性用地166块，27个改造项目已开始销售商品房。

图3-3 自上而下分别为闵行区召稼楼、浦东新区小湾村、宝山区杨行镇、浦东新区张江棚改造效果图

2021—2022年第二轮新批准13个项目，涉及村（居）民9124户，企事业单位814家，已有8个项目启动征收，已签约村（居）民约6358户，占总量的69%，已签约企事业单位516家，占总量的63%，6个项目已处于收尾阶段。

2023年启动10个城中村改造项目。涉及浦东新区唐镇、航头镇，闵行区华漕镇，嘉定区新成路街道，金山区亭林镇，宝山区顾村镇，松江区小昆山镇，奉贤区南桥镇，青浦区徐泾镇等，改造老旧村（居）民房屋 251.78 万平方米，受益村（居）民（户）11683 户。

各区城中村改造有力有序：浦东新区当年在曹路、合庆、康桥等 11 个镇的规划保留村完成综合改造，已累计受益居民 1.5 万户，2023 年认定的唐镇小湾村 848 产居民已启动征收签约。青浦区自 2014 年起，按照“成熟一个推进一个”的原则分批启动，共分为两轮，目前已启动 8 个项目：第一轮 5 个项目中，罗家小区项目已实施完成，徐泾镇蟠龙项目商业“蟠龙天地”已开业，成为上海商旅文化新地标。第二轮第一批 3 个项目，正在推进前期招商及征收动迁。嘉定区江桥幸福、封浜“城中村”首批 9 路 5 河已开工建设，朱桥“城中村”正式启动合作单位遴选工作，新成村“城中村”完成项目认定，黄渡“城中村”获得规划任务书批复并筹备启动项目认定工作。金山区亭林镇东新村“城中村”改造项目获得市住房城乡建设管理委批复，11 月 12 日获得控规调整正式批复，12 月完成合作单位遴选，是全市首个正式在城中村改造实施方案概要中明确与区域内小梁薄板房屋跨项目、跨类型联动改造的城中村项目。松江区 6 个城中村试点改造项目累计实现净地 17 块，共腾出土地 1095 亩，项目内动迁安置房累计开工 2692 套，开工率 65.2%。奉贤区着力开发贝港“城中村”，目前已累计完成 164 户宅基及 20 家企业动迁签约，先后投入资金近 14.5 亿元。闵行区全力推进颛桥中心村、华漕诸翟、浦江杜行等“两旧一村”城中村改造工作。宝山区在新一轮城中村改造中，顾村镇星星村、谭杨村项目获认定批复。

表 3-3　2023 年全市城中村改造项目累计批准数量一览表

类　型	新认定项目（个）	改造老旧村（居）民房屋（万平方米）	受益村（居）民（户）
全市全年计划	10	130	4000
全市完成情况	10	251.78	11683
占全年计划比例	100.00%	193.7%	292.1%

（四）老旧小区改造

2023年，全市共实施老旧小区改造1310万平方米，受益居民约16万户。既有多层住房加装电梯工作作为老旧小区改造中的重要组成部分，2023年完工3001台，累计完工已达7398台。其中：徐汇区全力推进“三旧”变“三新”旧住房改造，计划实施900万平方米，已开竣工三分之一；闵行区大力推进实施新一轮10个小区、100万平方米“美丽家园”建设；金山区2023年开展实施旧住房修缮项目18个，总建筑面积约96万平方米；松江区评选出58个新时代“美丽家园”特色案例和50个松江区优秀示范住宅小区，完成老旧住房修缮改造项目立项14个，总面积约33.2万平方米，改造总投资约1.98亿元；崇明区“补短板”推动人民居住环境改善，全年完成2416平方米直管公房及17941平方米售后公房改造工作，明珠花苑综合整治工程已完成整体形象进度90%；奉贤区大力推进老旧小区综合改造，改善居民居住环境，全年改造面积93万平方米，惠及4个街镇、23个小区、1万户居民。

各区既有多层住宅加装电梯工作也涌现出一些新亮点。黄浦区践行规模化加梯和“1+N”加梯模式，打造了山北小区、蒙西小区、西凌新村等一批综合改造项目，破解“内天井+防空洞”加梯、军产老大楼加梯等技术难关，在项目签约阶段明确物业接管，推出“梯管家”资金托管模式，开展“众人助梯”加梯困难群体帮扶工作。浦东新区首创居委会加梯资金安全监管专户，进一步提升资金安全系数，开立居委监管专户580个；为进一步减轻加梯居民负担、缓解企业资金压力，实行补贴资金“预先拨付、竣工清算”。虹口区全面加强加装电梯行业管理，创新联合执法检查机制，落实整改闭环，提升现场管理水平；严格代建单位考核和准入，试点推行双承诺机制，经过优胜劣汰，提升队伍质量；坚守安全底线，开工项目推行安责险全覆盖，由专业队伍进行巡检，降低安全风险。徐汇区结合“三旧”变“三新”旧住房修缮工作，推动规模化加梯与整小区修缮同步施工，减少施工对居民日常生活的影响，打造片区化亮点，全面提升整小区居民的获得感、幸福感和满意度。

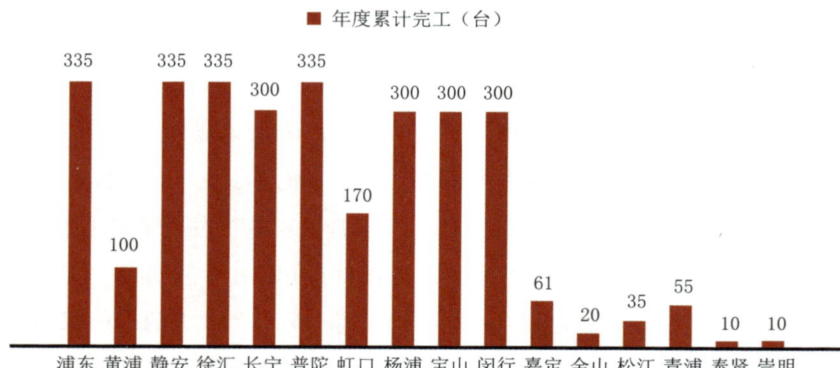

图 3-4　2023 年各区既有多层住宅加装电梯完工情况一览表

二、改革创新，积极探索新模式新机制

（一）聚焦住房民生方向

1. 国家对解决住房民生问题的高度重视与关心

2023 年 11 月，习近平总书记考察上海时指出，“城市不仅要有高度，更要有温度”，“要践行人民城市理念，不断满足人民群众对住房的多样化、多元化需求”。2023 年 7 月 21 日，国务院常务会议审议通过《关于在超大特大城市积极稳步推进城中村改造的指导意见》，要求优先对群众需求迫切、城市安全和社会治理隐患多的城中村进行改造，坚持稳中求进、积极稳妥，成熟一个推进一个，实施一项做成一项。7 月 28 日，在超大特大城市积极稳步推进城中村改造工作部署电视电话会议在京召开，中共中央政治局委员、国务院副总理何立峰出席会议并讲话，指出“积极稳步推进城中村改造，有利于消除城市建设治理短板、改善城乡居民居住环境条件、扩大内需、优化房地产结构”。

11 月上旬，住房和城乡建设部党组书记、部长倪虹带队在上海嘉定、青浦、杨浦、静安等区调研城中村改造、保障房建设、“平急两用”

公共基础设施建设“三大工程”推进情况。倪虹对上海践行人民城市重要理念，加大力度推进旧改等工作给予了充分肯定，指出城中村改造等“三大工程”是改善民生、扩大内需、推动高质量发展的重大举措，一定要切实把思想和行动统一到习近平总书记重要指示批示精神和党中央决策部署上来，把贯彻落实工作抓实抓细抓好。城市更新工作要与时俱进，以人为本，充分考虑城市功能与人的需求相结合。

12 月 18 日，金融监管总局、国家发展改革委、财政部、自然资源部、住房城乡建设部、中国人民银行六部门印发了《超大特大城市城中村改造贷款管理办法（试行）》，加强城中村改造贷款管理，专项用于支持符合条件的城中村改造项目。12 月 27 日，住房城乡建设部、财政部、中国人民银行、金融监管总局四部门印发了《关于通过专项借款支持城中村改造的工作方案》，通过专项借款支持符合条件的城中村改造项目加快推进实施。

2. 上海对住房民生类城市更新的决策部署与协调推进

2022 年 7 月，中心城区成片旧改全面收官，但通过城市更新解决住房民生问题的步伐没有停歇。上海市第十二次党代会指出，要“加快老旧小区、城中村改造，打造现代、宜居、安全的生产生活空间”。市委、市政府坚持以人民为中心，精心部署，打响“两旧一村”改造这一重要民生工程、民心工程的攻坚战。

2023 年 7 月 21 日，上海市第十六届人大常委会第四次会议（扩大）在世博中心举行。会议认为，“两旧一村”改造涉及范围广、任务重，改造的难度甚至高于成片旧改，必须持续推动体制创新、机制创新、管理创新。总的考虑是把握好“1 + 3 + 2”：“1”是咬住一个目标，用两届政府 10 年时间完成“两旧一村”改造；“3”是针对“两旧一村”的三种类型，因地制宜、分类施策，探索更可持续的更新模式，坚持系统性谋划、整体性推进，为老百姓算好综合账、长远账，尤其是品质提升账，完善相关配套政策，找到推动城市更新和群众接受意愿最佳政策平衡点；“2”是强化两大保障，一是强化资金保障，发挥好市城市更新中心的平台作用，强化跨周期、跨区域、跨类别“三跨”平衡，鼓励有实力的国企、民企、外企参与，努力解决资金瓶颈难题；二是强化群众工作保障，践行全过程人民民主理念，积极引导群众转变观念、形成合理预期，争取群众支持，把好事办好、实事办实。

（二）科学设定目标任务

2022 年 10 月 21 日，《关于加快推进旧区改造、旧住房成套改造和“城中村”改造工作的实施意见》出台，提出了明确的“两旧一村”改造工作目标。2023 年 3 月 16 日，《上海市城市更新行动方案（2023—2025 年）》提出人居环境品质提升行动，计划到 2025 年，全面完成中心城区零星二级旧里以下房屋改造，基本完成小梁薄板房屋改造；实施 3000 万平方米各类旧住房更高水平改造更新，完成既有多层住宅加装电梯 9000 台；中心城区周边城中村改造项目全面启动；创建 1000 个新时代“美丽家园”特色小区、100 个新时代“美丽家园”示范小区。

表 3-4 《上海市城市更新行动方案（2023—2025 年）》中居住类更新任务一览表

<table>
<tr><td>旧区改造</td><td>1</td><td>全面完成中心城区零星二级旧里以下房屋改造。重点推进黄浦、静安、虹口等区零星旧改项目。加快推进五个新城、南北转型发展地区、崇明世界级生态岛等区域内以二级旧里以下房屋为主的旧城区改建。</td><td rowspan="7">市住房城乡建设管理委、市房管局、市规划资源局、市民政局、各相关区政府（管委会）</td></tr>
<tr><td rowspan="4">旧住房更新改造</td><td>2</td><td>全面完成非旧改地块无卫生设施旧住房改造。</td></tr>
<tr><td>3</td><td>基本完成小梁薄板房屋改造。</td></tr>
<tr><td>4</td><td>实施 3000 万平方米各类旧住房更高水平改造更新。重点推进：静安彭一住宅小区、蕃瓜弄小区、谈家桥路、杨浦区凤南一村成套改造项目；徐汇襄阳南路 429 弄 1—5 号里弄房屋内部整体改造，普陀曹杨改造示范区市级试点项目。</td></tr>
<tr><td>5</td><td>完成既有多层住宅加装电梯 5000 台。</td></tr>
<tr><td>城中村改造</td><td>6</td><td>中心城区周边城中村改造项目全面启动。重点推进：浦东、宝山、闵行、嘉定、松江、青浦等区。</td></tr>
<tr><td>“美丽家园”建设</td><td>7</td><td>创建 1000 个新时代“美丽家园”特色小区、100 个新时代“美丽家园”示范小区。</td></tr>
</table>

根据前述两个重要文件，上海对“两旧一村”改造工作近期任务进行了细化，市委办公厅、市政府办公厅联合印发《“两旧一村”改造工程三年行动计划（2023—2025年）的通知》，推动改造工作全面实施。全市“两旧一村”改造启动后，相关配套政策陆续出台，形成“1+3+N”政策体系，为改造工作提供有力支撑。

另外，上海还在新一轮民心工程（2023—2025）中，明确了三年内重要目标任务，确定2023年住房民生领域主要任务包括：“两旧一村”改造计划完成12万平方米中心城区零星旧改，完成28万平方米不成套旧住房改造，启动10个城中村改造项目，完成既有多层住宅加装电梯3000台。

（三）加大力度组织推进

1. 居住类城市更新总体推进

市“两旧一村”改造工作专班建立办公会议、专题会议制度，加大推进力度。市城市更新中心抓紧征收基地收尾，对未完成项目，倒排节点，建立专班，挂图作战。各区纷纷设立领导机构和工作专班，在决策与实施两个维度加以大力推进：浦东新区组建区级专班机构，结合“精品城区、现代城镇、美丽乡村”圈层建设，奋力推动人居品质提升。黄浦区成立6个工作组，专门推进旧区改造（房屋征收）、旧住房综合改造、外滩“第二立面”更新、低效存量资源更新、历史遗留项目整合、矛盾化解等重点工作。静安区在蕃瓜弄成套改造项目中，组成8个群众工作组，包干到户、走家串户，最远的跑到了江西，帮居民算好综合账、长远账，做到一户一策。徐汇区成立房屋征收、住房改造、风貌更新等五个“攻坚指挥部”，下设若干项目专班，建立临时党支部，选派骨干力量参与一线攻坚，挂图作战，清单式推进。虹口区城市更新领导小组办公室下设“两专班”“一中心”，分别为旧区改造工作专班、旧住房成套改造工作专班和区城市更新中心，负责城市更新工作的具体实施，并形成城市更新例会制度和联络员制度，全年共召开区级城市更新领导小组例会14次。杨浦区成立了区城市更新领导小组，建立旧区改造、旧住房成套改造及区域更新、零星更新等工作专班。嘉定区筹备成立城中村推进工作组，进一步加强对项目全过程监管。宝山区成立“两旧一村”改造区级工作专班，区委、区政府定期听取工作进展，指导城市更新工作开展。奉贤区第一时间建立由区委书记、区长为双组长的领导小组，并在领导小组办公室下设“两旧一村”改造工作专班。青浦、金山、崇明等区成立区城市更新领导小组，办公室下设“两旧一村”工作专班。

2. 城中村改造组织推进

2023 年，上海进一步健全城中村改造组织推进机制，在以下几个方面发力：

一是强化综合协调，形成强大合力。市“两旧一村”改造工作专班加强综合协调、统筹推进。住房城乡建设、房管、发展改革、财政、规资、农业农村、人社、绿化市容等相关部门主动作为、联手推进。各区作为城中村改造责任主体，广泛开展社会动员，注重一线推动。镇、村做好组织动员、宣传教育等工作。

二是全面调查摸底，制定总体规划和行动计划。通过全市城中村调查摸底，基本摸清城中村数量和空间分布等，建设城中村动态可视化数据库和全生命周期管理信息系统。同时，研究制定城中村改造总体规划和 2023—2025 年行动计划。

三是强化区域更新，提升综合效应。按照有利于区域整体功能塑造和资金平衡的基本原则，原则上以规划确定的整街坊或地块予以划定，支持区域统筹更新。坚持将城中村改造和保障性住房建设、新城建设、乡村振兴、历史文化保护、产业发展等紧密结合，通过全方位、综合性改造，实现居住环境、空间形态、功能开发、社会治理、产业发展、文化传承的综合提升效应。

四是探索组织推进新机制。第一，建立街镇区域推进城中村改造的新机制。市相关部门在开展城中村改造项目认定联合会审时，要求街镇全面梳理本街镇范围内的所有城中村点位；启动城中村项目整体改造时，若有条件的，可将周边规划拔点、环境综合整治的城中村点位纳入改造范围一并实施，若无法纳入城中村改造项目一并实施的，则要明确改造计划；若具备条件，可将本街镇范围的城中村点位统一打包，实施整镇域城中村改造的整体推进。第二，建立城中村改造全过程管理新机制。从组织管理、计划管理、规划管理、认定及实施管理、资金管理、信息公开六大环节明确管理要求，依托城中村改造管理信息系统，建立从项目认定到竣工验收的全过程、精细化管理机制。第三，建立全区域资金统筹的新机制。区政府统筹使用不同镇域范围内的城中村改造项目的土地出让收入，优先用于城中村改造，解决城中村项目的资金平衡问题。第四，带方案认定城中村改造项目。重视城中村改造项目的实施方案，统筹谋划，事先制定，市里在认定城中村项目时，需区里提供实施方案；发挥市场在资源配置中的决定性作用，坚持公开择优原则，实行竞争性准入机制，公开遴选优质社会主体参与城中村改造，选择好人家、打造好作品。第五，规范执行房屋土地征收程序。补偿方案听取村民意见，补偿安置采取原地安置或就近安置方式，改造时序上优先建设动迁安置房，缩短在外过渡时间。

五是注重示范引领，形成一批有借鉴性的城中村项目示范案例。历史文化保护传承案例包括青浦区“蟠龙天地”项目、闵行区召稼楼项目；整镇域改造案例包括嘉定区新成路项目，结合整体改造将周边综合整治点位一并纳入，实施整镇域改造；跨类别统筹案例，包括金山区亭林镇项目，多规划建设征收安置房，用于小梁薄板房屋改造，嘉定区朱桥项目，将改造范围内二幢小梁薄板房屋一并实施征收；助推产业发展案例包括宝山区顾村镇项目、浦东唐镇小湾村项目，改造范围内规划产业用地，助推产业发展。

3. 老旧小区改造组织推进

2023 年，上海将老旧小区改造放在城市更新体系中的突出位置，创新组织推进机制，按照“好房子”到“好小区”再到“好社区”的工作要求，持续改善市民居住品质：

一是强化监督管理，提升质量安全水平。印发《关于进一步加强既有多层住宅加装电梯代建单位管理的通知》，创新建立代建单位承诺和考核制度，明确代建单位的安全质量首要责任，同时通过考核评估，形成黑白名单、优胜劣汰新机制。推进加装电梯项目建管流程统一纳入工程建设项目审批管理平台，统一数据标准，规范建设流程，实现网上办理提质增效。印发《关于进一步加强本市既有多层住宅加装电梯工程质量安全管理的通知》，进一步明确参建各方管理要求，落实关键岗位人员实名制管理和到岗履职要求，加强过程管控，加大违法违规行为惩处力度。推动勘察、设计等一体化实施，形成了勘察设计白名单企业（共10家），由勘察设计行业协会发布，源头提升设计品质。推进诚信体系建设，修订《上海市在沪住宅修缮企业信用评价实施细则》，优化安全生产标准化得分及计算设定，强化企业失信行为惩处，增加既有多层住宅加装电梯项目的综合验收信息、住宅修缮工程市级文明工地评选信息、“上海市房屋修缮技能比武大赛”获奖信息的加分，实现重点工作激励导向。

二是注重建管并举，完善长效管理。持续用力，做实长效管理“最后一公里”。第一，是进一步推进“修缮＋加梯”，放大老旧小区改造在加装电梯中的带动、减负、提效、增质“四个作用”，推动整小区规模化加装电梯。第二，是积极推动区属房管集团等企业主动承担加装电梯项目的代建、施工、运维等工作，引导物业服务企业做好电梯紧急报警装置托底保障，并指导下属物业服务企业加强与加梯企业有效对接，主动承接加装电梯后续管理。第三，是推动第三方专业机构提供资金托管服务，如黄浦区试点由上海市房地产交易资金管理公司（隶属地产集团）与工商银行合作，为居民提供加装电梯后续管理经费统一管理服务，保障管理经费的资金安全。第四，是积极探索“保险＋服务”模式，由保险公司承担电梯交付使用后的运行维护工作。

三是调动社会参与，强化共建共治共享。通过健全“三会制度”（即工程实施前征询会、工程实施中协调会、工程实施后评议会），“十公开制度”（即居民意见征询结果公开，修缮科目和内容公开，施工队伍公开，监理和设计单位公开，主要材料公开，施工周期公开，文明施工相关措施公开，现场接待和投诉电话及地址公开，竣工验收移交结果公开，工程决算结果公开），市民监督员制度等，让工程项目全过程接受居民群众和社会监督，建立起“专业监督、群众监督、社会监督”三位一体的老旧小区更新改造监督机制。另外，扩大改造覆盖面，将军队老旧小区纳入改造范围，以属地管理为原则，强化军地合作，建立完善军队老旧小区改造实施机制，按照军地同等标准的原则实施改造，同步探索建立完善军队老旧小区长效管理机制。

（四）不懈坚持党建引领

围绕党建引领推进“两旧一村”改造等城市更新工作中，各区、各重点项目充分发挥党的组织优势，把党建工作融入城市更新全过程，以党建为引领，以创新的思路、办法破瓶颈、解民忧，把城市更新过程变成密切联系群众、赢得民心拥护的过程，开展了大量动员，有力推动了一些重要试点项目取得预期成效。

例如“加梯”工作，在住房民生类城市更新党建引领中具有代表性。市住房城乡建设管理委立足“系统内资源充分整合、跨部门联动高效协同、问题在基层有效解决、民心在基层高度凝聚”的工作思路，组织制定“比学赶超”服务加装电梯专项实践活动方案，并与市经信、房管、规资、民政、市场监管、财政、通信管理等部门党组织，联合成立“加装电梯党建联盟”，共同建立成员单位会商机制和业务部门党支部协作机制，显著提升了部门间的信息共享、联合攻坚和协同服务效能。

又如虹口区瑞康里城市更新项目，作为全市重点关注的试点项目，坚持党建引领，通过党建联建等形式，统一思想认识，解决卡点、堵点难题：一是在基地成立临时党支部，号召党员争做更新签约的带头人、群众思想的领路人，实现党员100%签约。二是党员干部发挥先锋模范作用，发扬工匠精神，宣讲政策、化解矛盾，既当“前锋”，又当“后卫”。三是在宝兴里“群众工作十法”和虹口旧改“三千精神”等基础上，根据瑞康里特点和城市更新模式要求，更加强化服务意识，以“讲清道理、聚焦目标、算好大账、打磨政策”为工作设想，统筹算好大账和细账。四是通过各种形式体现党对民生工程的关心。包括编制《百问百答》，说清说透政策，运用吹风会、圆桌会等形式，持续深入宣传解读城市更新相关政策和文件精神，面对群众的疑惑和不解当场答复，解决“一分钟”问题。五是通过综合分析城市更新各种模式的特点和优势，结合瑞康里风貌保护的特点，从安置方式的选择和受益入手，让居民的心理预期切实由“征收”转向“更新”，在政策范围内实现利益最大化、真正得到实惠。

图 3-5　瑞康里城市更新试点项目工作人员向居民反复宣传政策、算清细账

（五）始终坚持群众路线

坚持群众路线是上海城市更新工作的重要法宝。2023 年，上海城市更新工作坚持“人民城市人民建、人民城市为人民”重要理念，把城市更新作为践行全过程人民民主的生动实践，让城市治理更具活力。充分发动企业、社会组织和居民群众参与城市更新全过程，营造“为我改”到“我要改”的浓厚范围，促进形成人人都是策划者、参与者和协力者的良好局面。用好人大代表、政协委员基层联络点和社区规划师参与机制，通过“一线工作法”、人民建议征集、设计大赛、大调研等方式，搭建居民议事平台，问需、问计、问效于民，让居民参与城市更新全过程、各环节，有效将居民的想法建议转化为城市更新的行动实践，逐步形成政府引导、市场运作、公众参与的可持续实施模式。

各地区政府和实施主体做实做细群众工作，涌现了很多创新做法。例如黄浦区首创的“群众工作与建设工作并联推进”模式，广泛吸纳群众意见建议，做到“一户一方案”，同时做好征询、设计、签约、搬离、建设、回搬全周期服务保障工作。而体现在具体工作中，静安区蕃瓜弄成套改造和旧住房加梯等群众工作尤其具有代表性：

静安区蕃瓜弄成套改造项目始终坚持群众路线，在全市居住类城市更新中具有代表性。该项目在三个方面突出为民服务理念：一是改善居民居住条件。将原来97种不同面积段的房型归并为8种基本户型，灵活运用设计和增量“双四标准”，确保均衡受益，统筹兼顾。对标新建商品房小区，配置地下车库，增加小区绿化。结合15分钟社区生活圈，新建社区商业、为老服务等约9000平方米的公共服务设施。二是听取居民意见建议。连续召开八场政策宣讲会，在基地设立“一门四站”，充分听取居民意见，及时调整优化改造方案，为居民寻找过渡房源、调处家庭矛盾、解决特殊困难提供帮助。三是充分调动各方力量。有关部门想方设法解决群众关切的税费等问题。街道设立临时党支部，机关事业干部下沉一线。小区内的党员家庭第一时间全部签约，40余名党员骨干自发组建志愿者队伍，区域化党建单位、人大代表、政协委员主动协助开展群众工作。

图 3-6　蕃瓜弄成套改造项目居民搬迁前留影及搬场场景

“加梯”工程也蕴含了大量的群众服务工作。2023年，上海在“加梯”工作中，一是突出问题导向，努力实现政策更实、管理更优目标。围绕“过程监管难、管线迁移难、技术突破难、后续维保难”等基层反响强烈的问题，相关部门合力攻坚，陆续制定出台质量安全监管、加快管线迁移、提升设计标准、加强电梯管理等政策措施，通过“六个一”工程，即编制加梯指引的“一个册子”、出台业主出资的“一项指导”、汇编示范引领的“一本案例”、建成全程管控的“一个系统”、推动前期工作的“一门受理”、提供加梯手续办理的“一站服务”，形成了实施路径清晰、管理服务跨前、过程办理优化、示范带动引领的良好工作格局。二是激活基层治理，推动共识达成、加梯提速。成立加梯工作专班，形成一批推动居民意愿达成，行之有效的好经验、好办法。比如，静安区共和新路街道的“360 工作法”、黄浦区五里桥街道的“四方三会制度法”、虹口区逸仙小区的“支部下沉法”、普陀区风荷苑的“资源统筹法”等，为面上推广提供了有益经验。三是凝聚最大共识，推动提速增效。通过“梯小二”二维码，助力基层社区精准开展加梯意愿征询，做大加装电梯的“蓄水池”。积极复制推广基层在加梯意愿征询中的好经验、好做法，用好街镇、社区、社会等“三支队伍”，依托党建引领协商议事平台，上下协同，促进达成共识。

（六）不断完善配套政策

2023 年，市住房城乡建设管理委、市“两旧一村”改造工作专班会同市相关职能部门，制订完成多个配套文件，形成“1＋3＋N”的细化措施政策体系：一是 2022 年 10 月市委办公厅、市政府办公厅印发的《关于加快推进旧区改造、旧住房成套改造和“城中村”改造工作的实施意见》。二是顶层设计的 3 个文件，包括《上海市城市更新行动方案（2023—2025 年）》《“两旧一村”改造工程三年行动计划（2023—2025 年）的通知》《关于深化实施城市更新行动加快推动高质量发展的意见》。三是相关政策配套文件，其中涉及资金金融管理 5 个文件：《上海市住房公积金个人购买征收安置房住房贷款管理试行办法》《上海市中心城区零星旧改市级专项补贴资金操作细则》《关于本市住房公积金支持城市更新有关政策的通知》《旧住房成套改造协议置换税收等事宜操作指引》《本市郊区小梁薄板房屋改造市级支持资金实施办法》；涉及司法保障 1 个文件：《关于充分发挥律师作用加强“两旧一村”改造工作法治保障工作的方案》；涉及技术规范类 2 个文件：《城乡历史文化保护利用项目规范》《旧改范围内历史建筑分类保留保护技术标准》。

与此同时，上海还针对住房民生类城市更新重点类型，制订一系列政策文件：

1. 零星旧区改造政策

2023 年，上海出台了《关于进一步明确旧改项目土地出让涉及相关建设管理要求的通知》，就土地出让涉及相关建设管理作出了进一步明确。另外，结合瑞康里城市更新试点，有关部门正在探索一系列适应于“申请腾退”和新老共生的配套政策，通过解放思想、凝聚共识，共同寻求突破瓶颈难题的办法和路径。

2. 旧住房成套改造政策

2023 年，涉及旧住房成套改造的有 8 个文件，内容覆盖实施管理办法、房型设计与施工图设计等技术文件、产权登记、税收、资金支持、增量房源统筹、公积金支持等方面政策内容。其中包括：《关于印发〈上海市旧住房成套改造和拆除重建实施管理办法（试行）〉的通知》《上海市旧住房成套改造项目施工图设计文件技术审查要点（拆除重建篇）》《关于印发〈不成套职工住宅改造（拆除重建）改善型房型设计指引〉的通知》《关于旧住房成套改造项目范围内产权房屋登记和税收等事宜的通知》《关于印发〈旧住房成套改造协议置换税收等事宜操作指引〉的通知》《关于印发〈本市郊区小梁薄板房屋改造市级支持资金实施办法〉的通知》《关于旧住房改造增量房源统筹平衡商品住房项目配建指标的通知》《关于本市住房公积金支持城市更新有关政策的通知》《关于印发〈关于本市住房公积金支持城市更新有关政策的通知操作细则〉的通知》。

3. 城中村改造政策

为进一步规范操作、缩短改造周期、降低资金成本，促进城中村改造控本增效和可持续发展，结合主题教育，研究制定了城中村改造项目认定、实施方案备案、合作单位遴选、房屋土地征收、全过程管理、环境综合整治和规划土地管理 7 项工作指引，并明确了已批项目改造范围调整、租赁房配建等操作口径。这 7 个工作指引文件包括：《“城中村”改造项目认定工作指引》《“城中村”改造项目实施方案备案工作指引》《“城中村”改造项目合作单位遴选工作指引》《“城中村”改造项目房屋土地征收工作指引》《“城中村”改造项目全过程管理工作指引》《“城中村”环境综合整治工作指引》《“城中村”改造规划土地管理工作指引》等。

4. 老旧小区改造政策

2023 年，上海完善老旧小区改造政策标准，保障老旧小区改造的有序实施。

一是政策方面，出台《关于加快推进本市旧住房更新改造工作的若干意见》《上海市住宅修缮工程管理办法》等政策文件。针对不同类型的改造方式，形成相应的市级补助资金标准，并按实际情况对各区实行差异化比例补贴。

二是标准方面，出台《上海市成套改造、厨卫等综合改造、屋面及相关设施改造等三类旧住房综合改造项目技术导则》《上海市各类里弄房屋修缮改造技术导则》等文件，把改造内容细化为屋面、外立面、承重构件、公共部位、设备设施、小区附属设施和其他 7 大项 100 余个子目，并分为基础项、完善项、提升项三大类，每个项目的具体实施内容根据房屋本体情况、业主居民意愿和资金筹措情况经设计查勘后确定。

三是管理方面，修订《上海市在沪住宅修缮企业信用评价实施细则》，印发《关于进一步加强既有多层住宅加装电梯代建单位管理的通知》和《关于进一步加强本市既有多层住宅加装电梯工程质量安全管理的通知》，强化诚信体系建设，创新建立代建单位承诺和考核制度，加强质量安全管理。

（七）积极探索更新模式

2023 年，上海通过积极探索，形成了丰富多样的居住类城市更新模式。

1. 零星旧区改造模式探索

静安区加速推进零星旧改，在破解零星旧改地块面积小、户数小，开发价值低、资金筹措难等现实问题中，迎难而上，自我加压，力争做到“三个百分百”。虹口区多措并举加快零星旧改工作，持续深化“市区联手、政企合作、以区为主”模式，积极引导居民自主参与旧改。其中瑞康里作为全市城市更新试点项目，坚持“改善民生、提升品质、保留文脉、传承烟火”的原则，强化党建引领群众参与，推动基层共商共议共建共生。

2. 旧住房成套改造模式探索

2023 年，上海强化多措并举，因地制宜探索创新旧住房成套改造路径。根据三年行动方案的要求，上海全面梳理不成套旧住房空间分布、使用情况、问题症结，逐地块逐项目分析，按照过去的加快实施、现在的优化推进、将来的提前谋划“三个时态”，形成成片项目“综合改”、零星项目“优化改”、特殊项目“公益改”三种改造“新模式”：第一，成片项目“综合改”。对于以不成套房屋为主的地块，坚持整街坊规划，支持项目建筑增量做足、公共服务做齐、配套设施做全。如蕃瓜弄拆除重建中，通过扩大用地扩大改造范围，同步落实社区活动中心建设和保障性租赁房建设，推动区域功能整体提升。第二，零星项目“优化改”。结合协议置换降低使用强度，优化宗地范围克服限制条件，推动原地拆除重建，实现“就地平衡”。如康健路 341 弄的拆多层建高层，既解决原地回搬，还增建保障性租赁房。第三，特殊项目“公益改”。结合周边规划条件，整合区域各类要素，在服务区域整体功能提升导向的基础上，通过公益征收、协议置换，将项目用于公益配套、住房保障等，实现区域功能“补短板”和完整社区建设。在探索三种模式基础上，通过示范引领，形成一个带动一批格局，加快推进静安、徐汇、杨浦等 9 个区近 14 个重点项目，打造一批面上引领的示范亮点，形成推进有借鉴、面上可复制、居民能感知的成功案例，以实际成效凝聚社会共识、汇集推进合力。

3. 城中村改造模式探索

2023 年，上海根据城中村的不同情况，通过项目整体改造、实施规划拔点、环境综合整治等多种方式，分类施策、多措并举改造城中村。一是对可区域更新、经营性用地与公共服务设施可统筹规划建设、资金平衡可能性大、相对集中的城中村，通过城中村项目实施整体改造，以拆除新建为主，涉及历史风貌保护的可拆整结合。二是对农民新村或开发边界外的保留村进行整治提升。三是对规划为公益性项目的城中村点位实施规划拔点，拆除新建。如短期内尚不具备规划实施条件，可先进行整治提升。在具体实施中，各区针对改造模式进行了大量探索与创新，如浦东新区建立城中村改造项目“1＋2＋3”建设、征收、认定滚动推进计划，还在小湾村“城中村”改造中，探索了“一手牵着民生、一手牵着发展”的产城融合、职住平衡式城中村改造，促进生产与生活的有机统一。

4. 老旧小区改造模式探索

根据《关于全面推进城镇老旧小区改造工作的指导意见》和《关于加快推进本市旧住房更新改造工作的若干意见》要求，围绕把老旧小区打造成生活空间宜居适度、生活要素布局合理、传统现代有机交融的美丽家园，上海在三个方面进行了探索：一是分类实施。结合房屋不同类型和改造需求，因地制宜采取屋面设施改造、厨卫改造等方式；对符合改造条件的旧住房实现全覆盖、周期性改造。二是内外兼修。将房屋安全隐患处置、积水点排除、二次供水改造、架空线落地、消防设施改造、截污纳管、环境整治、道路整修、增设电动自行车充电设施等工作有机结合起来，既解决市民群众急难愁盼问题，又提高项目改造“集成度”，最大程度提升房屋立面效果、改善小区环境、完善房屋基本功能。三是区域协同。开展区域评估和改造计划编制工作，以小区、街区、社区为更新单元，统筹做好区域规划、空间优化、功能转化等工作，充分利用老旧小区更新改造资源，深入挖掘和整合小区内及周边各类闲置空地、公有资源、闲置房屋，用于老旧小区环境和公共配套设施、服务设施的建设。

三、优秀案例

（一）静安区蕃瓜弄小区旧住房成套改造项目

蕃瓜弄小区位于大统路以东、铁路沪宁线以南、共和新路以西、天目中路以北，属天目西路街道范围，为北方集团管理的非成套直管公房小区，占地面积约 2.6 万平方米。蕃瓜弄房屋为小梁薄板结构，这类房屋梁体尺寸窄，楼板薄，20 世纪六七十年代比较常见，建设速度快。但存在房屋结构不牢固，房屋稳定性差、地基浅、房屋寿命短等突出问题，不适合长期使用。伴随着社会进步和发展，经历了 60 年风雨的“非成套房屋”，已满足不了现代居住生活的要求。除了结构差、管线老化、屋顶漏水、地面积水等诸多问题，公建配套缺乏，违法建筑多、无处停车等问题也日益凸显。当年令人羡慕的公房，如今却已“硬伤”累累。

2015 年北横通道重大市政工程建设，蕃瓜弄小区约 32% 的房屋完成动迁安置，至 2023 年成套改造前，剩余现状 14 幢非成套住宅楼，总建筑面积约 4.2 万平方米，居民 1122 户（其中产权户 145 户）。2015 年 4 月，市房管局将蕃瓜弄小区列入全市首批拆除重建试点项目之一。2023 年 5 月 15 日启动正式签约，当日完成签约 1106 证（签约率 98.6%），达到生效比例，首日生效。7 月 2 日，蕃瓜弄 1122 户居民 100% 签约，提前原定计划 13 天。本次改造采用拆除重建方式进行，改造后总建筑面积约 12.1 万平方米，其中地上约 8.3 万平方米，地下约 3.8 万平方米，包括 6 幢 7—33 层多高层回迁住宅，同时配建社区公共服务设施、社区商业、菜市场、地下 2 层停车库等设施。

蕃瓜弄小区旧住房成套改造工作具有如下特点：

一是领导重视、形成合力。区领导多次现场调研、指导。分管领导每周召开专题会，部署、协调、推进工作，相关部门共同参加，分析研判居民诉求，解决现实问题。组建“两旧改造”工作领导小组和工作专班，委派专职领导，抽调相关人员实体运行。成立静安区旧住房成套改造联席会议制度，主要负责立项、预算和资金使用监管等综合协调工作。成立由街道书记或主任担任的街道旧住房改造办公室，全面负责居民的宣传、摸底、签约、搬场及居民矛盾化解工作。

二是资金的多元筹措和跨周期平衡。想方设法解决资金来源问题，在市、区两级财力出资之外，还试点发行政府专项债券，建立多渠

图 3-7 蕃瓜弄改造前场景和改造后效果示意图

道筹集、跨周期平衡的长效机制。努力提前落实居民费用，经过多部门协商沟通，将居民的过渡费和奖励费纳入前期费用，以先行审批的方式，保证过渡费按搬场节点及时发放，解决了居民租房的周转资金问题。

三是用心用情做好居民工作。坚持党建引领，发挥好党的政治优势和组织优势，依托“党工委—居民区党总支—党支部—党小组—党员骨干”的五级网络工作架构和项目临时党支部，下情上达，上传下达，做强全链条责任体系。坚持用心用情，按照“把惠民生的事办实、暖民心的事办细、顺民意的事办好”的工作精神，工作人员与居民交朋友，讲清形势、讲透政策、讲细方案，倾心帮助居民解决实际生活中的困难；针对居民一户户做工作、一家家讲政策，让居民充分认识拆除重建的优势和好处，在有“人情味”的政策讲解中实现政情与民情的互通。坚持精细服务，加快资金申请及核拨，按照方案约定和标准提前发放首笔奖励费，实质性解决居民垫资租房过渡周转资金；针对项目生效后居民关心的搬场问题、过渡问题，街道和区房管局、北方集团仔细研究方案、做细工作，通过一问一答、组织中介和搬场公司进小区开展咨询服务等形式，及时回应共性诉求；仔细梳理排摸搬场过渡困难家庭、特殊对象情况，分类做好工作，把困难想在前面，把矛盾解决在萌芽状态。

（二）虹口区瑞康里旧里改造试点项目

瑞康里位于虹口区167街坊，东至哈尔滨路，南至嘉兴路，西至四平路，北至海伦路。共有居民630证，在册户籍2196人。地块内另有企事业单位26家，建筑面积约0.2万平方米。现状房屋面积约22605平方米，其中居住房屋建筑面积20748平方米。居民证均面积33平方米，其中最小建筑面积仅6.78平方米。现状建筑均为一级旧里房屋，属于上海市第一批风貌保护街坊。该地块单元规划为居住用地，可开发土地面积约16000平方米。

2023年，经研究论证，上海选取瑞康里开展城市更新试点，通过多方案产品定位、规划强排、设计创新和数轮次反复模拟演算、比较分析，最终形成试点工作思路和方案，探索新模式、新机制、新路径，为完善可操作、可复制、可推广的城市更新制度打基础。

通过城市更新试点，瑞康里项目初步（或可预期）实现六个方面成效：一是更新模式获得总体认可，一轮征询通过率和二轮签约率均高达95%以上。二是通过调整方式、回购回租、金融创新、优化流程、完善设计、政策扶持等多个路径，初步实现降本增效。三是居住品质可望总体提升，户均面积、居住舒适度都大大增加，资产增值也很明显。四是新老共生达到最初预期，回购回租共计40余证，占原地建设房屋数量的20%左右，加上就近安置居民，在一定程度上实现了居民的新老共生。五是更新成本争取各方共担，回购回租居民承担部分成本，金融机构为民生工程降低金融产品利息。六是人口疏解达到规划效果，更新后的人口规模仅为更新前的约三分之一。

试点过程中，充分发挥市级更新平台重要作用，紧紧围绕“提高城市品质、共担改造成本、新老居民共生、疏解城区人口”工作原则，按照“三均衡、四坚持、五同步”总体设想，同时编制群众工作方案、居民安置方案、规划设计方案、配套政策方案、运作机制方案，并在此基础上进行系统集成，以价值等同、自愿申请为前提，探索多种安置方式，形成了与大拆大建、大规模征收、传统房地产开发模式有区别的城市更新新模式。主要措施包括如下六个方面：

一是开展同题共答，达成思想共识。通过主题教育调研活动，抓好试点，寻求突破。总体上体现了主题教育调研“实”“联”的特点，协同协力、共建共治。市城市更新中心主任到基地给工作人员上党课，统一思想认识；各部门和虹口区领导深入基地调研，给予试点项目一系列指导。

二是注重模式创新，实现范式转换。探索置换腾退、异地安置、原地回购、原地回租四类安置方式，实现多样化选择；探索“一户一价”评估制度，创新预评估、预答疑；探索带设计方案征询制度，实现共同缔造；探索溯源治理制度，实现能动司法。

三是注重凝聚合力，实现系统集成。构建了贯穿市区街居四级力量的协同推进机制，领导集体、实操团队、社会机构、居民等各方力量凝聚共识，形成强大合力。成立临时党支部，党员干部发挥先锋模范作用，坚持“群众工作十法”和“三千精神”，强化群众服务；通过《百问百答》、吹风会、圆桌会等各种形式，强化民生工程属性。

四是注重制度供给，形成保障体系。包括积极完善配套政策，制定专属操作规程，提供托底保障政策，明晰协议生效条件，明确司法保障通道，妥善处理历史事项。具体体现为增加居民安置选择项，评估、设计方案征询群众意见，司法服务“跨前再跨前”，政策宣传做到家喻户晓，“两个评议”促进阳光更新，政策标准一以贯之，工作组织有条不紊。

五是注重降本增效，实现可持续发展。呈现为“1＋X”形式，“1”为项目总体资金平衡大账，“X”为所有居民家庭的小账，即大账小账一起算，既算清大账，也算清小账，大账以小账为基础。注重风貌保护、回归里弄生活，保留“三列六行”建筑肌理，保护街巷尺度、轮廓和建筑界面，打造有历史、有温度、有回忆的里弄街区，留住“烟火气”。同时注重高质量规划设计与建设运营，包括策划先行、精细设计、户型定制、价值增值等。

六是注重解剖麻雀，实现举一反三。通过总结成效、举措、经验，

图 3-8　左：有居民在这间矮小的阁楼里生活了 30 年，
右：居民在楼下做饭，端到楼上吃饭，陡峭简陋的楼梯使生活十分不便

图 3-9　左：瑞康里改造后效果示意，右：瑞康里改造后弄堂内场景示意

从中得到思考与启示，从“解剖一个问题”上升到“解决一类问题”，积极组织开展瑞康里试点项目复盘、评估，努力形成可持续、可复制、可推广的新模式新机制。

（三）普陀区红旗村“城中村”改造项目

红旗村地块曾是上海中心城区最大的城中村，长期以来以违法事件频发、环境污染严重、安全隐患突出，群众反映强烈而闻名沪上。586 亩土地内有远近闻名的果品、水产等 9 个大型初级市场，18 家各类单位以及长征镇红旗村、五星村集体土地，另有宅基地村居民 251 产、户籍人口 1564 人散居其中，旧房面积达 36.2 万平方米，其中 28.6 万平方米为无证建筑，占 79%，常住及流动人口高达 6 万人以上。由于红旗村“城中村”地块内果品批发市场、干货市场、水产市场、农贸市场、铁路货场等长期经营和扩展，单位房屋对外出租情况普遍，大多

图 3-10　红旗村“城中村”改造后新貌（夜景与日景）

数当地村民已移居他处并将老宅出租，群租、转租情况普遍，无证经营、违章搭建等现象非常严重，实际上该地区已成为环境脏乱差、治安状况复杂、“五违”状况严重、消防安全隐患大的城市发展痼疾，必须加快实施改造。

有鉴于此，上海于 2014 年将红旗村列为首批启动城中村改造试点地块。2014 年 10 月 31 日，地块改造正式启动。为啃动这块“硬骨头”，普陀区加强组织领导、力量配备和工作保障，“一盘棋”统筹推进各项工作。采用合作改造及土地收储两种模式，在总占地 586 亩中，470 亩由项目公司中环天地公司（长征镇集体经济组织与中环集团合资设立）改造，116 亩由区土地发展中心收储。

经过一段时间的努力，红旗村“城中村”地块改造取得显著成效，已基本建成兼具商、办、文、居等多业态功能的城市综合体。其中，动迁安置房地块于 2017 年建成交房；商品住宅地块“中海臻如府”项目于 2021 年建成交房，为片区导入 1600 户常住人口；真如境 E3-03 地块 230 米、200 米超高层办公楼已完成结构封顶；2023 年底中海环宇城 MAX 大型市民购物中心开业，为保留红旗村在地文化记忆，围绕 500 年树龄的银杏树将中海环宇城 MAX 建筑主体退界 30 米，打造向市民开放的古银杏广场；建设 9300 平方米文化剧院，配置约 4 万平方米人才公寓和公租房；在“TOD + PARK”综合规划理念之下，利用真如绿廊地下空间引入山姆会员超市，提升片区消费能级。真如境综合体项目整体于 2023 年全面建成并开业，地区社会、经济、文化层次得到全面升级。

在一个又一个精品项目陆续建成的同时，红旗村地区还实现了城市功能和环境品质的整体提升：一是完善基础建设。220 千伏超高压架空线改线如期实施，腾出大量发展空间，最大程度集约节约利用土地；新建市政道路约 2100 米，真华南路、宁川路已投入使用，南北大动脉顺利贯通；道路下方建有城市管廊试点区段，总长约 2085 米，能容纳电力、通信、给水、燃气四类管线。二是优化生态环境。真如港综合治理将 10 米宽臭水浜变身为 30 米宽景观河道，结合亲水平台、生态景观、人行步道的滨河绿带已对外开放；新建 11.3 万平方米真如绿廊生态公园，在中心城区形成大型宜人、优美的环湖景观。三是夯实交通基础。E3 轨交地下保护设施工程在有限的时间窗口内如期建成，极大地提升建筑地下结构与轨交区间的安全性，为构建更高效的立体交通体系打下坚实基础。

红旗村“城中村”改造之所以取得上述成效，至少基于如下举措：

一是规划引领，坚持高标准规划、高起点定位。按照建成卓越城区标准，突出高起点规划编制，高强度产业调整，与区域功能强化紧密结合，实现居住环境、空间形态、功能开发、社会管理、产业发展、历史文化传承的综合提升效应。立足于《上海市真如城市副中心控制性详细规划》和《上海市普陀区石泉社区控制性详细规划》，统筹绿地、河道、高压线路三者之间关系，提高各功能地块之间的协调度，优化区域功能，增加建设用地面积。在不增加容积率、减少建筑总量的前提下，争取提高住宅开发占比，以保证资金收入和支出平衡。

二是以人为本，坚持为百姓造好房、为集体经济护航。改造中，优先改善老百姓居住生活，并建立可持续造血机制。一方面，改造范围内首先划出 47 亩土地，建设 7.8 万平方米具备商品房标准的就地动迁安置房。该安置房于 2015 年 1 月土地出让，2017 年底完成交房，荣获 2017 年度市建设工程“白玉兰”奖，让老百姓实实在在得到了实惠。另一方面，授人以鱼，更授人以渔，在紧邻真如绿廊的核心位置，建设 5 万平方米中海中心 C 座甲级商务办公楼，以成本价提供给农村集体经济组织，为其长远发展提供有力支持及更多就业岗位。

三是优化服务，坚持群众路线、公开透明。城中村改造既是民生工程，更是民心工程。各部门始终充满感情、满怀真情做群众工作，相信群众、依靠群众，与群众同心同德、同情共力、共破难题。做到改造前问需于民，改造中问计于民，改造后问效于民，把以人民为中心的理念贯穿始终。坚持公开公平公正，政策“一把尺”量到底，树立和增强公信力。坚持“支部建在项目上”的组织模式，将党的组织力体现在项目一线、党员模范带头精神弘扬于项目全程，各级党组织充分发挥战斗堡垒作用，将组织优势、组织力量、组织资源转化为推进改造的强大动能，实现同频共振、提质增速。

（四）浦东新区小湾村“城中村”改造项目

小湾村位于唐镇东北和老护塘北部中段，因傍老护塘较小的湾处而得名。自古以来建有许多桥梁，是浦东桥乡，有区公所等历史建筑。因得天独厚的地理环境，此处曾为繁华兴旺的热闹集镇。然而，小湾村历经百年风霜，现有居住建筑大多陈旧、破损，环境卫生状况不尽如人意，群租现象屡禁不止，来沪人员和本村人口数量倒挂，日常管理存在诸多困难。与周边建成区域相比，小湾村更像一处“洼地”，村民纷纷盼望动迁。

自 2022 年下半年以来，随着全市城市更新和“两旧一村”改造的全面提速，像小湾村这样城中村特征明显的区域，受到各方关注和重视。2023 年 8 月，总占地面积约 1467.3 亩、居民共 848 产的小湾村、暮二村等地块城中村改造项目（以下简称“小湾村项目”）获批认定。9 月下旬起，陆续完成 8 个地块征收土地预公告，9 月底张贴征房公告，10 月启动房屋评估，10 月底完成评估结果公示，11 月重点开展人口面积认定和资料内查外调，12 月上旬完成房源调拨、补偿口径制定、选房规则制定，12 月 19 日货币补偿确认单签订（预签约）启动。到 12 月 23 日开始签约，只用了 134 天，小湾项目便实现了“当年批准、当年启动、启动并清盘”和动迁安置房项目“拿地即开工”的目标。

由于小湾村位于张江科学城，与金桥综合保税区仅一路之隔，作为产业社区有着得天独厚的区位优势。有鉴于此，小湾村项目作为全市首个以产业项目为主带动的城中村改造项目，在未来产业布局上，将释放近 100 万平方米产业空间，全面融入金谷智能终端特色产业园区发展，吸引和培育更多产业链上下游的企业，打造智能制造千亿产业集群。未来，包括小湾村区域在内，将形成市级智能终端特色产业社区，并融合唐镇新市镇的居住功能，打造“科、产、城、人”深度融合发展的未来之城，为城市发展拓空间、增动力、添活力。

作为依托产业社区建设的城中村改造项目，小湾村改造初步取得了如下经验：

一是通过功能、品质双提升促进产城融合。小湾村“城中村”改造项目兼具产业和居住属性。规划通过城中村改造，一方面解决卫生条件欠佳、基础配套缺乏等现实问题，全面提升区域内人居环境品质，推动职住平衡，打造产城融合发展新家园；另一方面，也增强与金桥综合保税区的产业关联度，加强汽车零部件、高端机械制造、关键半导体材料研发等核心产业的联动，提升对外向型经济的支撑，同时还进一步承接张江科学城的溢出效应，聚焦前沿产业方向，承担技术研发拓展功能，在产业间形成关联纽带，更好地助力张江科学城扩区提质。由此，通过城中村改造实现城市功能品质双提升，促进城乡经济社会协调发展。

二是在组织推进中探索新模式新机制新路径。在规划上，坚持整体规划、分类编制原则，对开发边界内外进行一体化设计、统筹协调，在城镇开发边界内编制控制性详细规划，城镇开发边界外编制专项规划，两项工作同步启动、相互衔接，确保区域规划全覆盖。在组织上，实施主体为农村集体经济组织，采用农村集体经济组织引入优质市场主体共同改造的模式。在政策上，落实城中村改造项目规划、土地、财税等相关政策。在资金筹措上，由实施主体出资 10%，合作单位上海金桥（集团）有限公司出资 90%。另外，还探索创新“先征缓转”“开发边界内外联动征收”等方式，一方面，经营性地块首次在开发边界外，先行启动征收工作，待开发边界调整后进行农转用工作；另一方面，因开发边界短期内无法调整，为顺利推进项目进度，开发边界内外联动征收，全力保障项目建设，做到统一标准、统一手势、统一进度。

三是安置房源坚持以人为本、品质提升原则。综合解决安全、居住、公共服务和职住平衡等群众关心的问题，选择优质地块规划建设首批征收安置房，提供 2500 余套高标准、高品质安置房源，建筑面积约 22 万平方米。安置房小区由知名设计师担纲设计，按照“开放、共享、绿色、宜居”的设计理念，采用高层住宅塔楼棋盘式错落布局，将公建配套进行集成，形成活力中街，通过架空连廊，上方供居民健身跑步，下面则提供全天候室外活动空间。建筑功能的多元布局，将居住、社交、生活等功能融为一体，满足居民多元需求，提升人居环境品质。

图 3-11　小湾村“城中村”改造前旧貌和改造后新貌（效果图）

（五）徐汇区襄阳南路 429 弄 1—5 号不成套改造项目

襄阳南路 429 弄，这排灰色小楼初建于 1938 年，又称“云水别墅”，名称很美，但居住状况却不尽如人意，80 多岁的老屋已经不堪重负，内部结构非常复杂，公共区域狭小拥挤，也没有独立厨卫空间，居住生活极为不便。斑驳开裂的墙面、杂乱老化的管线、幽暗潮湿的亭子间、又窄又陡的楼梯、遍布房屋角落的蜘蛛网，组成了一幅窘迫不堪的居住场景。最尴尬的是 5 户人家共用厨房，7 户人家共用 2 个卫生间，早上洗漱、上班、上学都要“错峰”。

2021 年 7 月，徐汇区天平街道正式启动襄阳南路 429 弄 1—5 号旧住房成套改造，由徐汇区房屋征收指挥部统筹协调，徐汇区建管委（旧改办）、区房管局、徐房集团和区征收事务所作为支持部门，并由天平街道牵头组织街道管理办、区征收公司等成立工作专班。改造征询工作启动后，获得 32 户所有居民的支持。2023 年底，该项改造基本完工，云水别墅居民陆续回搬。

图 3-12　襄阳南路 429 弄改造前后对比

云水别墅作为衡复历史风貌区内保留历史建筑成套化改造的案例，探索出了居民外迁回搬、落地改造、风貌复原等宝贵经验，实现了“有机更新”：

一是模式创新。考虑到居民的怀旧情结和个性化需求，项目采用内部整体改造的方式，在保留空间肌理和整体风貌的前提下，将原先的泥幔结构推倒重建为现代化的钢筋混凝土结构。房屋各层内部空间重新分隔，并调整楼梯位置，使每户都有独立的厨卫，尽力为每户居民提供成套改造的“最优解”。

二是品质提升。老屋焕新，灰色外墙辅以白色条纹装饰，公共楼道则保留了原有的马赛克瓷砖设计，楼梯和门窗等小细节，都显得简约又不失精巧。90 年前的木窗被替换为中空断桥铝窗，具备保温、隔热、隔音等效果，居民再也不会因房屋临街而饱受马路喧嚣之苦。

（六）虹口区沽源路第一、第二小区“连片”加装电梯项目

沽源路第一、第二小区位于虹口区江湾镇街道，两个小区仅隔一条小马路，共用一个物业，整体情况极为相似。两个小区共计 30 个门洞，总建筑面积为 3.38 万平方米，共有 690 户居民，常住居民 1743 人，其中 60 岁以上老年人 739 人，占比 42.4%，残疾人 80 人，占比 4.6%，小区居民解决垂直交通困难的需求较为迫切。虹口区在沽源路第一、第二小区启动“美丽家园 + 整小区加梯”改造项目，截至 2023 年底，全部 30 个门洞中，已完成签约 29 台、竣工 28 台。通过“美丽家园 + 整小区加梯”，沽源路第一、第二小区旧貌换新颜，居民幸福指数进一步提升。据统计，自项目启动以来，房屋面积单价已增长 15% 以上，不仅提高了居民的生活水平，还为居民带来了实际利益，居民获得感、幸福感显著提升。

该案例主要经验至少包括三个方面：

一是党建引领、齐抓共建。一是积极贯彻“支部建在项目上”的工作理念，第一时间在小区成立加装电梯临时党支部，发挥党支部战斗堡垒作用，加梯过程“社区邀约、部门报到”。二是自治管理，党员带头

做模范。在每个单元楼成立加装电梯自治管理小组，由热心社区工作的党员骨干担任组长，开展意愿征询，工作推进到哪里，党群工作就覆盖到哪里；形成“每个门洞至少一场沟通会 + 每户业主点对点解释沟通”工作模式，确保每一户居民均能了解政策、放心签约。三是部门联动，审批流程更畅通。区主管部门架设市、区联动的加装电梯党建联建平台，采取“统一征询、统一勘测、统一设计、统一评审”的集约化模式，专家组先期介入、全程指导，把评审会开到小区现场，并一次性通过了全部户型的加装电梯设计方案，其中耗时最短的门洞从开展征询到通过方案评审耗时仅 40 天。

二是资源叠加、提升品质。应业主委员会申请，通过结合“美丽家园”改造，将局部非机动车车棚、台阶拆除，创造条件让原本不适合加装电梯的 2 个 C 类门洞成为满足加装条件的 A 类门洞，小区 30 个门洞也因此全部成为 A 类。在提供低息“加梯贷”及公积金提取等惠民措施的同时，由“美丽家园”改造，调整为加装电梯、集中开展管线配套迁移、绿化移植、外立面统一恢复、底层楼道品质提升等工程。采用外挂蒸压加气混凝土板，防火、隔音、抗震、抗裂等性能优越，安装速度快，加梯后的整体外观可与原建筑保持统一，避免了铝板装饰过于突兀的立面效果，统一电梯外观与房屋外立面，提升居民区整体风貌。

三是完善机制、加快推进。一是自我“加压”，健全全过程沟通机制。通过“一周一例会、一周一分析、一周一推进”，为整小区加梯工作理清脉络。制作“整小区加装电梯楼道排摸情况表”，通过“绿”“黄”“红”三色作战图，详尽反映每一户业主的签约意愿，实行进度挂图作战，以“图”推项目。二是自我“找碴”，完善“全民主”协商机制。建立矛盾应急处置平台，及时解决安全施工管理、质量技术监督、矛盾纠纷化解等问题。建立市民加梯监督员制度，定期召开加梯听证会，建立居民代表、两委委员意见反馈机制，形成共商、共议、共建的加梯氛围。三是自我“提升”，加快“全覆盖”推进机制。区主管部门发布《虹口区既有多层住宅加装电梯办事指南》（4.0 版），通过统一样张、清单、流程图等使办理过程更清晰易懂。同时总结加梯“八机制”、创新群众工作“六步走”，帮助更多社区探索形成既有多层住宅增设电梯的路径和方法。

图 3-13　沽源路第一、第二小区“连片”加装电梯效果

第四章　产业类城市更新

2023 年，面对国内外产业发展的各种挑战，上海深入贯彻制造强国战略，发挥制造业对全市经济发展和创新转型的基础支撑作用，率先探索具有新时代特征的新型工业化道路，努力打造高端制造业增长极，加快推动制造业高质量发展，坚守实体经济发展，加快建设以实体经济为支撑的现代化产业体系。在《上海市推动制造业高质量发展三年行动计划（2023—2025 年）》中，提出“到 2025 年，现代化产业体系不断夯实，工业增加值超过 1.3 万亿元，占地区生产总值比重达 25% 以上，工业投资年均增长 5%，制造业支撑全市经济发展的功能地位显著增强”的目标。当前，上海正全面把握新要求新部署，重点聚焦“（2+2）+（3+6）+（4+5）”领域，加快构建现代化产业体系，从而更主动发挥引领带头作用，为发展新质生产力、推动中国式现代化建设作出更大贡献。

一、提质增效，有效提升发展质量

在上海现代化产业体系的建设中，产业类更新发挥了重要作用。上海的产业类城市更新继续夯实制度基础，建立产业用地综合绩效评估制度，推动“工业上楼”、打造“智造空间”，有力推动了上海重点区域的转型，支撑了上海现代化产业体系的建设、制造业的高质量发展以及科技创新中心的建设。

具体而言，2023 年上海的产业类城市更新取得了以下成效：

一是持续推进项目入库与实施。截至 2023 年底，产业园区城市更新项目库中共有项目 558 个，涉及面积 53745 亩。

二是继续强化低效用地调整与退出。2023 年共实施产业调整项目 500 项，涉及土地 5355.5 亩。到 2024 年，上海低效建设用地减量化探索实施经过十年，完成规划城镇开发边界外“减量瘦身”累计约

114 平方公里，市、区、镇攻坚克难，协同一体推进减量化工作，为上海优化存量土地利用结构、保障重要项目建设、补充新增耕地空间、统筹城乡绿色发展作出了实质性贡献。

三是大力推进“工业上楼”项目。截至 2023 年底，全市共有“工业上楼”项目 115 个，建筑面积达 1019 万平方米，与年度目标基本相符，并根据市级工作专班评审，从中选出 97 个项目，认定为“智造空间”优质项目，并给予市级奖励资金支持，支持额度约 10 亿元。

四是重点区域转型顺利推进。南北转型重点区域加快发展，深化吴淞创新城规划，编制金山滨海国际文化旅游度假区规划，宝武（上海）

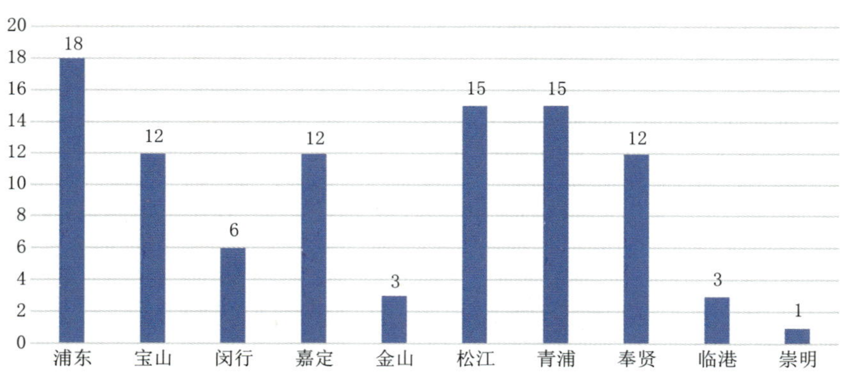

图 4-1　2023 年“智造空间”优质项目各区项目数

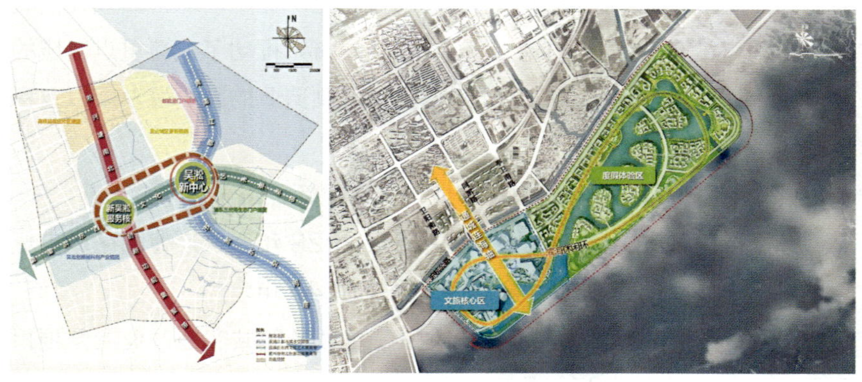

图 4-2　左为大吴淞地区空间结构规划图，
右为金山滨海国际文化旅游度假区空间结构规划图

碳中和产业园、北上海生物医药产业园、超能新材料科创园、上海湾区高新技术开发区等特色产业园加快建设，上大美院吴淞校区、高铁宝山站、瑞金医院金山院区等项目顺利推进。

五是综合环境效应不断显现。2023 年产业结构调整项目 450 项，共减少能耗 3.68 万吨标煤，涉及土地 5355.5 亩，减排 VOC 61.39 吨，减排 COD 13.95 吨，减排 SO_2 0.84 吨。

二、循序渐进，不断完善更新体系

（一）以服务现代化产业体系建设为根本导向

服务上海现代化产业体系建设，推动产业园区提质增效是上海产业类更新的根本导向。重点产业区域转型、推动传统产业转型升级，离不开产业类城市更新中对高质量发展的追求和探索，也需要通过产业类更新提供高质量的产业发展空间。在 2023 年 3 月发布的《上海市城市更新行动方案（2023—2025 年）》中提出产业园区提质增效行动，明确到 2025 年，推进 3 个以上重点产业集聚区提质增效，盘活产业用地 3 万亩。

（二）通过“意见 + 行动”加强存量产业用地管理

为进一步落实对先进制造业空间的土地要素保障，上海在 2023 年 4 月出台了《关于加强上海市存量产业用地管理的若干意见》，强调存量产业用地的城市更新要符合规划导向，强化产业空间的保障。一是强化规划管控，持续稳定产业发展空间总规模，采用“占一还一”、优先利用、优化布局等措施，保障产业用地供给的总规模。二是严格用途管制，强化全生命周期管理，对于已经纳入全生命周期管理的产业用地的转让、出租、股权转让等的监管进行优化，在盘活存量用地的同时，减少利用产业用地进行土地投机的行为，保障产业用地市场的良性运转，切实支持先进制造业的发展。三是完善管理机制，推动未纳入全生命周期管理的存量用地纳入管控，支持各区人民政府以减量化、土地收储、市场化补偿、园区回购等方式推动低效产业用地退出。四是加强协同监管，着力提升存量产业用地综合施策水平，对擅自改变用途、违法违规违约转让、出租和使用存量产业用地的情况进行综合监管。五是实施专项行动，包括存量产业用地联合监督检查专项行动、国企盘活“四个一批”工作等。

为了进一步落实该意见，市规划资源局和市经济信息化委于2023年6月1日发布了《上海市加强存量产业用地管理专项行动方案》。行动方案包括七项行动：一是低效产业用地专项整治。二是深化“促履约、提绩效”专项工作。三是实施涉地股权转让的联合监管。四是建立信用监管机制。五是完善有偿合同版本。六是拓展优质存量产业空间。七是推动市属国企率先实施低效产业用地处置。

（三）开展绩效评估，摸清存量产业用地底数

市规划资源局会同市经济信息化委、市国资委共同发布《关于加强上海市产业用地综合绩效评估　促进节约集约用地的实施意见》《上海市产业用地综合绩效评估和分类处置行动工作方案》《上海市产业用地综合绩效评估指标体系（试行）》，在全市范围内开展产业用地综合绩效评估，摸清底数，为后续的分类处置和低效用地更新工作夯实基础。

根据实施意见，上海将每年常态化推进产业用地综合绩效评估和低效用地分类处置工作，以本市行政区内工业用地、仓储用地、研发用地三类产业用地为评估范围，以用地企业主体为评估对象，按照各区政府（管委会）组织实施，市级相关部门联合研判，报市委、市政府审定三阶段开展综合绩效评估。评估基于体现用地企业主体基础表征（Representation）、综合效率（Efficiency）、治理导向（Governance）的“REG”产业用地综合绩效评估指标体系，通过先直接判定类别，再基于综合评分排序分类的方式，确定A（鼓励支持类）、B（保留提升类）、C（观察整改类）、D（整治退出类）四类产业用地绩效。

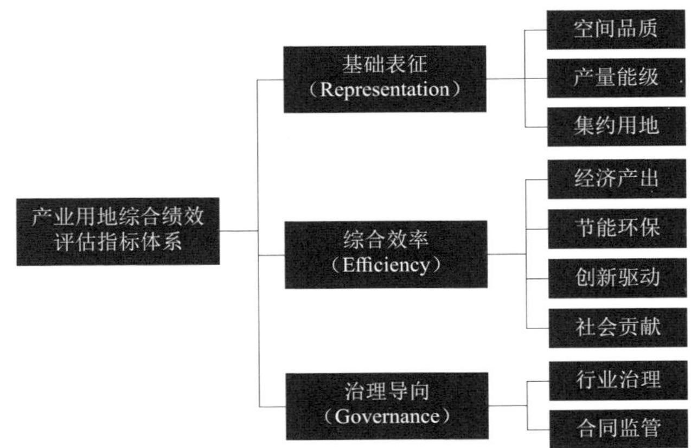

图 4-3　上海市产业用地综合绩效评估指标体系构成

在此基础上，加强综合绩效评估成果的应用，通过实施差别化的用地政策、差别化的产业支持和准入政策、完善差别化的财税政策、实施国企存量土地资源利用考核等方式，激励支持 A 类绩效用地高质量发展、协商促进 B 类绩效用地提质增效、持续推进 C 类绩效用地的盘活转型利用、大力推动 D 类绩效用地清退减量。例如杨浦区积极推进产业用地综合绩效评估和分类处置工作，明确了符合本区特点的直接判定原则和定性定量指标，对 486 幅、645 公顷用地进行综合绩效评估，形成了产业用地奖惩导向的“四类清单”阶段性成果，为制定引逼结合、多策并举的低效产业用地分类处置方案奠定了基础。

（四）完善“1 + X + 1”的产业类更新政策体系

上海产业类城市更新的工作机制在 2023 年不断完善，通过构建“1（份）+ X（份）+ 1（个）”的体系，形成常态化、系统化、统筹各项工作、协同各部门力量的重点产业区域城市更新工作机制和工作平台。

一是研究制订 1 份统筹重点产业区域城市更新的实施意见。研究并计划形成关于推进上海市重点产业区域城市更新的实施意见，建立产业用地城市更新的工作机制，坚持产业导向、效益优先，强化约束举措，确保产业用地用于产业类城市更新。主要任务包括划定重点产业区域城市更新范围和地块、编制含重点产业区域的城市更新行动计划、确定统筹主体（实施主体）并编制更新方案、建立产业园区城市更新项目库、推进国企低效存量地块的盘活更新、构建产业导向城市更新资金支持体系、加快推进“工业上楼”技术准则制定、提高产业园区综合配套水平等。

二是围绕实施意见研究出台 X 份城市更新相关实施细则。2022 年，市经济信息化委会同相关委办局已发布《上海市产业结构调整专项补助办法》《产业园区产业类项目配套建设保障性租赁住房建设指引（试行）》；支持并成立园高基金及徐汇子基金，嘉定子基金 2023 年加快设立，认缴规模 5 亿元。2023 年 8 月，市经济信息化委会同市住房城乡建设管理委、市规划资源局联合发布《关于规范产业园区内新建租赁住房建筑设计的通知》，适当提升产业园区内新建租赁住房标准，改善产业工人和产业人才的居住环境，促进产业园区城市更新。2023 年 9 月，市政府办公厅发布《关于推动“工业上楼”打造“智造空间”的若干措施》，鼓励企业向上拓展空间，利用存量资源建设产业载体，进一步研究制定“智造空间”的财政支持办法等相关细则。

三是建立并定期更新 1 个产业园区城市更新项目库。项目库涵盖园区整体规划升级、产业项目原地转型、低效用地盘活后再利用等多个类型的区域和项目，包括临港南大智慧城、吴淞创新城、桃浦智创城、吴泾地区、高桥地区等重点转型区域，漕河泾元创未来中心、静安区“走马塘”项目等重点项目。

（五）积极创新推动项目实施的机制与政策

建设案例引领的更新策略探索机制。在 2023 年发布的 10 个产业更新案例中，主要从以下五个方面进行机制探索：一是土地和资产优化方面，包括节余土地分割、整体收购存量资产并改造升级、并购重组土地资源盘活园区低效用地、收储闲置土地助力资源盘活、园区资产收购推动产业转型、股权收购低效用地推动地块更新盘活、自建自用变租用结合增加产业空间、支持存量产业用地业主为新项目定制厂房以及园区回购存量厂房并推进高精尖企业入驻等；二是推动产业升级与转型方面，如厂房定制引进行业头部企业、聚焦重点产业引领园区转型升级、通过产业结构调整实现新旧项目转换、以优胜劣汰实现产业升级、鼓励合并开发引领扩容增能、科学规划精准招商强化园区转型升级以及支持企业技术改造完成自我转型；三是政策与激励机制方面，利用优势政策和存量用地储备产业空间、村企联动实现地块收购与再招商无缝衔接、以租代让发挥产业用地效益以及推动原业主主动转型升级等；四是基础设施与服务完善方面，包括完善配套建设综合型产业社区、融合现代化样板建设智慧产业社区等；五是运营与管理创新方面，包括创新园区运营主体合作与认定模式、优质运营主体主导存量用地盘活、以乐高式建筑理念适配企业发展需求等。

表 4-1 “上海经信委”公众号 2023 年发布的“产业更新”案例汇总表

案例发布日期	案例名称	案例主要经验总结
2023/2/14	松江区泗泾镇产业园区成功转型发展经验	以租代让发挥产业用地效益； 推动原业主主动转型升级
2023/3/24	嘉定工业区盘活闲置厂房成功案例	园区回购存量厂房并推进高精尖企业入驻； 村企联动实现地块收购与再招商无缝衔接
2023/4/14	奉贤区四团镇产业转型升级优秀案例	利用优势政策和存量用地储备产业空间； 支持存量产业用地业主为新项目定制厂房
2023/5/26	金山区上海碳谷绿湾产业园“二转二”优秀案例	园区资产收购推动产业转型； 以优胜劣汰实现产业升级； 收储闲置土地助力资源盘活； 鼓励合并开发引领扩容增能； 支持企业技术改造完成自我转型
2023/6/26	宝山区顾村工业园“二次开发”促转型经验	通过产业结构调整实现新旧项目转换； 股权收购低效用地推动地块更新盘活
2023/7/28	浦东新区自贸壹号生命科技产业园提质增效案例	并购重组土地资源，盘活园区低效用地； 乐高式建筑理念，适配企业发展需求； 聚焦生物医药产业，引领园区转型升级
2023/8/24	青浦区白鹤镇鹤望·智谷产业园提质增效案例	优质运营主体主导存量用地盘活； 科学规划精准招商强化园区转型升级
2023/9/27	嘉定区南翔镇实现存量资源盘活更新优秀案例	自建自用变租用结合增加产业空间； 整体收购存量资产并改造升级

（续表）

案例发布日期	案例名称	案例主要经验总结
2023/10/31	闵行区梅陇镇镇级产业园区转型更新案例	创新园区运营主体合作与认定模式； 融合现代化样板建设智慧产业社区
2023/11/23	松江区经济技术开发区正泰智电港存量盘活转型案例	节余土地分割，探索存量盘活新路径； 厂房定制，引进行业头部企业； 完善配套，建设综合型产业社区

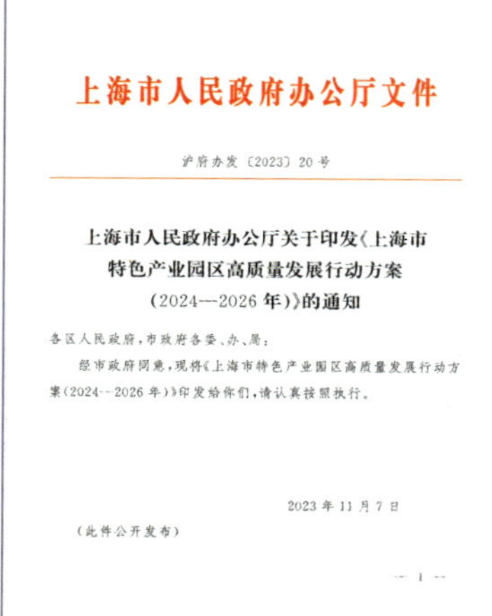

上海市人民政府办公厅文件

沪府办发〔2023〕20号

上海市人民政府办公厅关于印发《上海市特色产业园区高质量发展行动方案（2024—2026年）》的通知

各区人民政府，市政府各委、办、局：

经市政府同意，现将《上海市特色产业园区高质量发展行动方案（2024—2026年）》印发给你们，请认真按照执行。

2023年11月7日

（此件公开发布）

— 1 —

图4-4 《上海市特色产业园区高质量发展行动方案（2024—2026年）》文件

创新特色产业园区“二转二”更新机制。2023年11月10日，上海发布《上海市特色产业园区高质量发展行动方案（2024—2026年）》，目标到2026年，全市特色产业园区达到60个左右，集聚高新技术企业和专精特新中小企业5500家左右，国家级和市级创新研发机构达到360家以上，规模以上工业总产值突破万亿元。其中五大行动之一“实施政策创新增能行动”指出要探索园区更新升级政策：建立政府统筹、市场运作、多元参与的产业用地更新机制，以“二转二”为主攻方向，加快“腾笼换鸟”；鼓励各区和园区探索研究“二转二”开发贷款及贴息支持政策，降低更新成本；鼓励国有、民营和外资等各类主体加快盘活特色产业园区的存量土地。

（六）多元主体参与，优化产业用地更新模式

统筹主体主导城市更新。重点产业区域的更新包括产业、住宅、商办等各类用地，利益平衡更容易实现。根据本市城市更新条例，重点产业区域更新可遴选专门的统筹主体，负责推进更新的实施。如莘庄友东路片

区由区属、镇属、市属三家国企共同出资成立上海临港莘庄科技城发展有限公司，作为该片区城市更新统筹主体，负责编制更新方案、土地前期准备、产业招商、企业服务、产权归集、盈亏平衡、项目实施等方面的工作。

集体经济参与城市更新。郊区的重点产业区域都有集体经济的身影。集体经济组织可以通过翻修改造自有老旧工业园区和厂房、与市场主体合作共同运营更新项目、利用农村集体资金购买信托产品投资更新项目等形式参与重点产业区域的城市更新。如松江区佘山高新科技园计划用集体资产地块向银行贷款，作为先行启动区收储成本的一部分，有效补充了园区二次开发的成本资金。

区企合作、打造典型。如上海电气与静安区合作，推动灵石路 709 号、静安新业坊、洛川路 658 号和汶水路 400 号地块等项目更新。其中，灵石路 709 号前身为上海第一石油机械厂，自主更新改造为产业园区，引进了英雄互娱、腾竞体育等一批头部企业入驻。

国企联手、各方共赢。代表项目为嘉定区真新“南四块”区域。原地块为工业用地、仓储用地等，上海电气、久事集团与东方国际三家市属国企联合成立资管公司，引入专业第三方统筹对国有企业所属 350 亩土地（占比 70%）进行规划调整、定向供地、产业招商等工作，资管公司落实项目建设和运营管理一体化开发，以产业为导向打造高端航空服务专业园区——航空智谷。

民企协同、优势互补。如华谊集团万创一新所，该园区原为大中华正泰橡胶厂轮胎生产基地。华谊集团联合万科、闵行区南滨江公司共同出资，更新提升为华谊万创一新所产业园区，立足服务智能制造、高端装备、新材料等产业领域孵化的优质企业，推动城区、园区、社区、校区“四区联动”融合发展。目前已引入交大科技园、西门子、朴牛科技、天微生物等一批科技型企业入驻。

（七）探索构建产业导向的城市更新资金筹措体系

积极探索财政支持产业类更新的策略。在《关于新时期强化投资促进加快建设现代化产业体系的政策措施》中，为了拓展先导产业新空间，打造高质量招商“新载体”，提出未来三年要推出“三大先导产业”载体空间800万平方米，并对产业载体建设进行贷款贴息支持。在《关于推动“工业上楼”打造“智造空间”的若干措施》中，提出对经认定的优质项目，按照开发建设投资总额（不含土地购置费用）给予一定比例的资金奖励（单个项目奖励最高不超过3000万元），这些市级奖励资金将通过专项转移支付方式下达至各区，并由各区组织实施。这些产业空间的高质量“新载体”将有不少来自存量产业用地更新，相关财政政策也将为产业用地更新提供有力支持。

持续加强园区高质量发展基金的利用。临港集团联合相关主体共同发起设立上海园区高质量发展基金，计划募资规模100亿，并成立徐汇、嘉定等子基金。2023年11月7日发布的《上海市特色产业园区高质量发展行动方案（2024—2026年）》提出用好上海园区高质量发展基金，鼓励各区设立子基金，引导金融市场和社会资本加大投入力度，支持园区基础设施、园区更新等项目建设。支持园区设立特色产业发展基金，促进“基金+基地”联动发展。园高基金已参与元创未来中心、三林简溪科创园等项目当中，为项目方在资金筹集、招商引资、项目引进等方面提供助力。

鼓励市属国企、银行等主体为产业类更新提供金融支持。鼓励市属金融企业设立专项产品支持城市更新、“工业上楼”项目；鼓励市属国企与上海园区高质量发展基金、上海固有存量资产盘活私募投资基金等深化合作，引入战略性投资资金，盘活存量土地；浦发银行、中国建设银行、上海农商银行、上海银行、国家开发银行等银行均推出了“智造空间”相关金融产品，已发放贷款6亿元以上。

（八）继续推进国企“四个一批”存量用地盘活

市级层面持续优化政策与行动指引。2023年3月，上海市规划资源局与上海市国资委联合发布了《市属国企存量土地资源盘活利用三年行动方案（2023年—2025年）》，计划2023年至2025年，建立涵盖地块登记、现状、规划、运营状况等信息的市属国企存量土地资源数据库，完成重点市属企业存量土地资源盘活利用方案，以及 50 余组区、企战略框架协议签署，并按照“四个一批”的实施路径，持续推动具体更新项目的实施。城市更新主题调研后出台的实施意见也指出，要充分发挥国有企业作用。市、区两级城市更新统筹平台要加强区域内城市更新项目协同，推动要素统筹和资金平衡。盘活国企存量资源，建立国企城市更新地块蓄水池，优先支持腾挪空间小、资金平衡难的更新项目。建立国资国企存量用地绩效考核机制，激发国企开展更新的内在动力。健全国企房屋出租管控制度，严控转租和不合理长租。支持国企在城市更新中持续发挥作用，为城市未来发展提供更多资源保障。

各区持续推进“四个一批”工作。其中，长宁区持续对接服务虹桥机场东片区的机场集团、东航等五大驻场单位开展城市更新，推进云启商务广场、东航综管部项目建成，加快推进东航 K1-01 地块、机场 J-01 地块项目开工，推进机场 T1 北地块项目建设。同时，开展关于市属国企存量土地资源盘活利用的调研。深入对接国盛集团、东方国际集团、光明集团、上汽集团、仪电集团，就各国企存量资源进行梳理，整理出一批具有收储和更新潜力的地块，并针对项目具体情况形成初步处理意见，形成“一区一企”工作方案。区属国企方面，召开了关于区属国企“四个一批”的专题推进会，对接新长宁集团、上服集团等区属国企，进行区属国企存量资源清单的梳理。杨浦区积极推进市属国企存量土地资源“四个一批”杨浦电气试点成果落地，区企双方就片区的功能设置已形成初步共识，对标“最智慧的一平方公里”的目标，已形成片区更新策划方案；持续推进市属国企存量土地资源“四个一批”专项行动，梳理 12 家市属国企在杨浦区域存量土地共计 163 幅、322.6 公顷，稳步推进存量土地的“四个一批”分类处置，完成与东方国际、百盛集团、锦江集团 3 家市属国企战略合作框架协议签订。

（九）鼓励利用存量用地实施“工业上楼”，打造“智造空间”

为进一步支持实体经济，构建上海市现代化产业体系，全力以赴推进“工业上楼”、打造“智造空间”，市经济信息化委会同市规划资源局、市财政局等有关部门制定了《关于推动“工业上楼”打造“智造空间”的若干措施》，支持轻生产、低噪音、环保型企业上楼打造“智造空间”，促进“低容积率成为高容积率、低效用地升级高效用地、低端产业迈向中高端产业”，实现产业集群集聚集约发展。

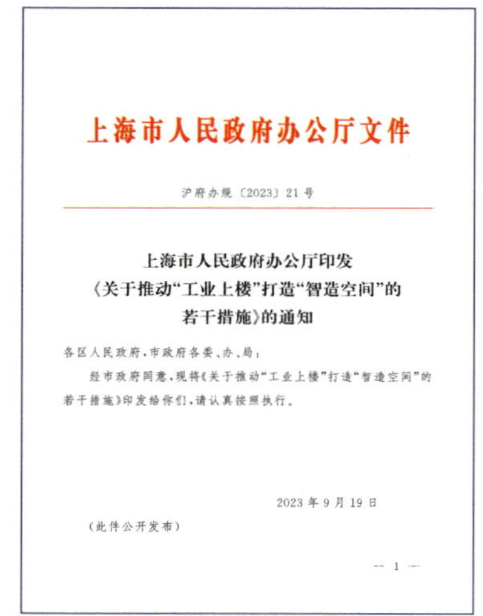
上海市人民政府办公厅文件

沪府办规〔2023〕21号

上海市人民政府办公厅印发
《关于推动“工业上楼”打造“智造空间”的
若干措施》的通知

各区人民政府，市政府各委、办、局：

经市政府同意，现将《关于推动“工业上楼”打造“智造空间”的若干措施》印发给你们，请认真按照执行。

2023年9月19日

（此件公开发布）

— 1 —

图 4-5 《关于推动“工业上楼”打造“智造空间”的若干措施》文件

该政策从以下三个方面进一步优化了规划资源的管理。一是落实规划弹性管理要求，由各区对项目进行带方案审批，明确在产业准入、功能建设和运行管理方面的要求。二是充分尊重产业规律和企业意愿，确定项目容积率和建筑高度，由各区根据区域规划和产业地图，按实施深化管理要求和程序执行，加快产业项目落地速度。三是对存量工业用地提升容积率的项目，不补缴土地价款。

该政策在产业综合用地上进行了创新。一是“智造空间”项目适用产业综合用地（M0）政策，允许混合配置工业、研发、仓储、公共服务配套用途等功能，实现“上下楼”就是“上下游”，产业园就是产业链。二是符合分割转让要求的项目，分割转让方案由各区初审后报市级专班审核。三是创新落实国家关于企业自用危险化学品仓库建设的相关标准，放宽危化品仓库面积限制，引入有资质的危化品仓储物流专业单位为企业提供集中仓储、统一配送服务；在符合环保、消防、安全等要求下，支持制造业企业入驻研发楼宇进行生产制造。

该政策强化“工业上楼”的资金支持。一是加强财政支持，对经认定的优质项目，按开发建设投资总额（不含土地购置费用）给予一定比例的资金奖励，单个项目奖励最高不超过3000万元。市级奖励资金通过专项转移支付方式下达至各区实施。二是加强国企支持，市、区联动，推动国有企业和集体企业盘活存量土地，共同盘活、规划、建设，建设成效纳入国企考核正向激励事项。三是加强金融支持，鼓励商业银行通过银团贷款、专项贷款支持项目建设，降低项目融资成本。鼓励上海园区高质量发展基金、基础设施领域不动产投资信托基金（REITs）支持项目建设。

该政策通过整合要素激励，吸引制造业企业入驻。一是加大租金补贴，鼓励各区给予入驻制造业企业租金补贴，补贴基准参照项目所在区域同类物业租金水平。二是支持优质人才落户，将符合重点产业发展导向的优质制造业企业纳入本市人才引进重点机构，充分运用本市梯度化人才引进政策，支持“智造空间”项目用人单位吸引、集聚各类人才。

该政策对利用存量产业用地实施“工业上楼”有着重要的促进作用。上海的“工业上楼”政策适用于新增和存量的产业用地，其中不少政策对利用存量产业用地实施“工业上楼”都有着重要的促进作用，例如规划资源管理的审批程序由各区执行，降低了实施过程的交易成本；存量用地提容项目不补缴地价；产业综合用地管理可促进存量产业用地的兼容利用；将盘活存量建设用地成效纳入国企考核正向激励以及各项财政支持、租金补贴等。

该政策与其他城市的“工业上楼”政策相比具有自身特点和创新。上海的“工业上楼”政策针对上海市产业发展特征与产业空间发展诉求而制定，与珠三角城市的“工业上楼”政策相比有着自身的特点和创新。一是政策强调上海“智造空间”建设和使用，都应坚持工业属性，确保新增空间用于发展实体经济、支持工业发展、促进产业升级。坚持产业地图引领，在试点成熟的基础上稳步推开，避免一哄而上、盲目建设。按照“产业姓产”的原则，严格实施全过程监管，严防后续用途转变和“炒楼”“炒地”行为。二是后续的政策配套不断完善，例如出台了全国首份“工业上楼”的环保指引《上海市“智造空间”生态环境保护指引（2023年版）》，对全市各类“智造空间”及其范围内新建、改建、扩建项目的环境准入及环境管理作出了具体指导，更好地守护环保安全底线。

三、优秀案例

（一）产业区域转型：徐汇区漕河泾开发区城市更新

漕河泾开发区起步于1984年，为全国首批国家级经济技术开发区和高新技术产业开发区。本部园区地跨徐汇、闵行两区，占地约5.98平方公里，现状建筑面积约600万平方米。临港集团作为漕河泾区域建设运营平台，从规划编制、更新机制、运营模式等维度开展城市更新统筹工作，推动载体新生、产业升级。

图4-6　徐汇漕河泾开发区

一是充分发挥国有开发平台统筹主体的作用。2020年9月，徐汇区与集团下属漕河泾开发区总公司启动区域更新调研工作。结合2021年《上海市城市更新条例》及相关配套政策发布，徐汇区与临港集团共同启动《徐汇漕河泾开发区城市更新行动计划》编制工作并开展相关专题研究，重点关注改善职住平衡、完善功能配套、提升区域交通等制约区域发展的瓶颈问题。

二是多种方式盘活存量用地。包括：（1）自主更新提容增质。临港集团持续推动自有用地转型、实现产业升级。例如目前正在推进的元创未来中心项目，原为厂房仓储功能，更新后将改建为满足电子科技、生物医药等几大目标行业需求的10万平方米高品质产业空间载体，同时配套建设约6000平方米商业、约600余套租赁住宅和约4000平方米文体中心。（2）国企参与合作更新。对于有合作意愿的更新项目，积极参与和原业主的合作，对更新项目进行统一建设和运营。以英业达项目为例，项目占地面积 1.6 公顷，建筑面积约 8 万平方米，通过与原权利人成立合资公司进行二次开发，集约利用土地，助力打造具有全球影响力的人工智能集聚区。（3）国企参与盘活闲置用地。配合区政府梳理区域内闲置用地和低效用地，通过收储再出让的方式，引入优质企业，提升土地经济价值，例如目前新引入米哈游项目的地块，通过更新土地供应，后续该地块将建设成米哈游超级总部基地，规划建筑高度 100 米，大幅度提升地块产值和税收。

三是利用园区高质量发展基金等金融支持。2022 年 10 月，徐汇区与漕河泾新兴技术开发区在“区区合作”框架下形成“徐汇漕开发城市更新领导小组”工作机制，合力推进设立上海市园区高质量发展基金徐汇专项子基金，推动“元创未来中心”的加速落地。

四是重视高品质公共空间建设。通过绿化更新规划，整体提升区域内公园系统。运用专项资金、改造集团下属漕河泾开发区总公司管理的绿地，包括中环公园、上澳塘公园，打造富有活力的科技、运动主题公共开放空间。

（二）镇级园区转型：闵行区梅陇镇镇级产业园区转型更新

闵行区梅陇镇通过创新运营主体合作模式，优化城市公共空间，促进存量土地资源高质量利用，推动园区运营提质增效，走出了一条富有特色的工业园区现代化转型升级路径，成功实现众欣产业园区整体转型。

一是创新园区运营主体合作与认定模式。众欣产业园存量工业用地原有权利人数量众多，产权格局与利益区间分散，对于土地的集约化运用权益人意见各异，在园区层面难以制定致力于园区转型的土地运用方案。在梅陇镇政府的协调下，8 家镇级企业共同组建联合开发体及土地资源归集平台——上海一鑫置业有限公司，通过区政府完成园区平台公司认定，以园区平台公司方式推进转型升级，实现产业规划与城市建设相统一。同时，众欣产业园通过委托运营管理的方式引入华鑫置业（集团）有限公司，即市属国企上海仪电（集团）有限公司下属全资子公司进行开发、建设、租售代理和物业管理等全过程管理。园区企业既可以享受到补地价、物业转让比例等优惠政策，又保证园区转型的整体性。该模式在确保土地全生命周期管理的同时，建立了园区长效运营管理机制，实现政企联合开发互利共赢的同时，推动园区整体产业优化升级。

图 4-7　众欣产业园新旧对比图

二是融合现代化样板建设智慧产业社区。众欣产业园是梅陇镇最早的一批镇级工业园之一，也是上海首批文化创意园区之一。经过多年的发展，园区现状条件无法支撑其“服务产业功能创新平台”的新功能定位，与周边的发展也不相匹配。华鑫置业结合众欣产业园区现状和周边环境，发挥产业优势、资源优势和专业优势，以产业需求为导向，将建设智慧产业园区的成功经验复制到梅陇镇，将众欣产业园打造成园区品质一流、产业一流、运营一流的智慧产业社区。梅陇华鑫天地作为园区首发标杆建设项目，为企业发展提供智能化的产业空间载体。项目用地面积约 173 亩，总建筑面积约 36 万平方米，其中地上约 27 万平方米，地下约 9 万平方米，提供研发小栋、研发中栋、研发标办及准甲级写字楼，配有人才公寓、会议中心、邻里中心、商业配套、开放式绿廊及园区绿地、梅陇港休闲步道等资源。载体中配有 VRV 空调系统、新风系统，赋予定制式办公体验，满足不同类型企业全生命周期需求。园区产业将聚焦智能制造、节能环保、生物医药等领域的产业研发及文化创意产业，打造总部集聚地，预计亩均税收不低于 150 万元。

未来，梅陇镇将持续发挥区位、资源方面的优势，统筹考虑产业规划与空间规划，在打造高品质产业载体的同时，强化塑造生态办公空间，引入品质乐活主题服务型商业，提升区域品质感与舒适度，促进区域产城融合。梅陇镇将联合华鑫置业，将众欣产业园区打造成功能完善、产业聚焦、绿色发展的产业社区，致力于成为闵行建设上海南部科技创新中心核心区的重要支点，成为梅陇镇的产业新地标。

（三）存量盘活：松江经济技术开发区和嘉定南翔镇的经验

1. 松江区经济技术开发区正泰智电港存量盘活转型

近年来，松江区不断加大存量土地盘活政策支持，鼓励产业园区转型升级。松江经济技术开发区作为 1992 年运营至今的产业园区，有大量土地亟待转型。2017 年，松江经济技术开发区对正泰电气总部存量工业用地进行盘活，建设运营正泰智电港项目。该项目成为全国首批、上海首例节余土地分割案例。总结而言，正泰智电港存量盘活转型的更新经验主要包括以下三个方面：

一是节余土地分割，探索存量盘活新路径。正泰智电港所在的地块约 1010 亩，原为正泰集团旗下正泰电气总部及生产使用。在上海市和松江区盘活存量工业用地，促进产业发展“高端化、集聚化、服务化、融合化、低碳化”导向下，2017 年，正泰集团利用正泰电气股份有限公司及其关联企业闲置土地进行节余土地分割，形成了“整体规划、分批开发”的土地再开发方案，并引进启迪协信集团，共同成立正泰启迪（上海）科技发展有限公司，作为园区平台公司负责开发运营正泰智电港项目，推进存量土地高质量利用，打造“智能制造为一体，生物医药、集成电路”为两翼的大型产业社区。该项目分三期建设，一期占地 145 亩，建筑面积约 20 万平方米，于 2020 年 3 月竣工并交付使用。开园后，正泰智电港一期以智能制造、新能源、生物医药、电子信息为主导产业，依托股东方正泰集团资源，吸引一批符合长三角 G60 科创走廊产业导向的产业链上下游优质企业入驻。在正泰智电港一期成功运营的基础上，第二期、第三期项目继续采用节余土地分割转让的方式，并于2023年全面启动开发工作，预计于2024—2027年陆续交付。

二是厂房定制，引进行业头部企业。正泰智电港三期项目开发初期，制订了为企业量身定制集生产、研发、仓储于一体的厂房的方针，成功签约全球自动化行业龙头企业，建成后的厂房未来将作为该企业全球三大跨国区域总部之一。同时，三期项目创下了从土地摘牌到取得桩基施工许可证仅用6个小时的“松江速度”，获《人民日报》《解放日报》头版报道。目前，正泰智电港二、三期正与多家上市公司、国央企、外资龙头企业沟通合作意向，未来将继续积极引入优质企业，助力区域科创要素集聚，社会经济发展。

三是完善配套，建设综合型产业社区。为了进一步丰富经济技术开发区西部科技园配套设施，持续提升园区服务功能和营商环境，在园区招商引强的同时，松江经济技术开发区支持正泰智电港引入星巴克咖啡、喜士多便利店、肯德基等商业设施，建设共享会议室、多媒体中心、VIP接待室等共享活动空间，以及集社区党建、健身房、观影室等休闲设施于一体的园区人才公寓，营造高品质园区生活配套环境。园区通过整合政府及社会化服务资源，创新企业服务机制，建立了一站式企业服务中心，为企业提供超过150项的全产业链、全生命周期的服务。未来，正泰智电港将依托自身建立的“2+1”功能平台，建立健全“2+1”园区服务体系，打造充满活力的创新生态系统，助力园区企业专心研发生产，进一步推动区域经济的高质量发展。截至2023年10月，正泰智电港已引入企业超过160家，主导产业聚集度达到80%以上，产业集聚初具雏形，并获得了GBE中国十佳园区、上海市级科技

图4-8 正泰智电港现状及配套人才公寓

企业孵化器、上海市新能源产业集群基地、松江区两业融合示范园区等荣誉。正泰智电港创新运用节余土地分割政策打造产业载体，精准锚定主导产业，围绕产业完善配套设施，打造高端智造、科创中心、投资贸易总部和生态人文“3 + 1”社区，在实现土地资源优化配置的同时，进一步支撑了长三角 G60 科创走廊的产业高质量发展。

2. 嘉定南翔镇激发存量土地“新活力”

嘉定区南翔镇出台低效产业用地处置方案，积极统筹各部门、各行业政策和管控措施，全力推进低效产业用地处置工作，积极实现存量资源盘活更新。通过“自主转型”“收购升级”“多元合作”等模式，南翔镇激发存量土地的“新活力”，推进产业用地的高质量利用，真正实现存量资产与新增投资并增的良性循环，涌现出如奇兴产业园、邦迪汽车项目、北虹桥智能制造产业园等成功转型案例。嘉定区南翔镇盘活存量资源的主要经验有：

一是自建自用变租用结合增加产业空间。奇兴家居是落户在南翔的一家老牌家具企业。近些年来，随着行业不断推陈出新和人力成本不断增加，传统家具制造行业面临巨大的挑战和发展瓶颈，奇兴家居也不例外。面对破旧的厂房和落后的生产线，奇兴家居亟须走出一条转型升级之路。经过奇兴家居与南翔镇有关各方的多次沟通研讨，最终决定“去低效留高

图 4-9 奇兴产业园效果图

效”，自建自用变租用结合，高质量活用存量土地。具体措施是，保留研发和销售总部，引进家具产业链上下游企业，形成家具产业集聚效应，并结合南翔镇产业规划，打造高端智能制造业。在南翔镇相关部门的政策指导和大力推进下，奇兴产业园在老厂房原址开工建设，目前已同步启动招商。未来南翔镇将汇聚各方招商力量，为产业园导入高端智能制造项目，共同做大做强智能制造产业。预计投入使用后，奇兴产业园亩产税收超百万元，年产值将达 2 亿元，是原本老厂房产值的 10 倍。

二是整体收购存量资产并改造升级。面对老旧厂房长期闲置所造成的资源浪费和产业用地效益低下等问题，南翔镇采取整体收购改造策略，推动存量土地和厂房的高质量利用。嘉美路 601 号厂房是一处长期空置的老旧厂房，南翔镇对其进行整体回收升级并积极联动匹配优质项目，最终将高端智能制造企业邦迪汽车成功引进。厂房在 2023 年 4 月投入使用，完全满足邦迪未来拓展新能源扁线驱动电机生产线和成立核心技术研发的用地需求。经过南翔镇集体讨论和综合评估，邦迪汽车全新厂房投入使用后产值有望在未来 1 年内实现 2—3 倍的增长，营业额突破 10 亿元。南翔镇翔江公路上的北虹桥智能制造产业园在 5 年前同样是一片破旧老厂房，经过南翔镇对存量资产的收购和改造升级，如今已发展成为以智能制造为主，囊括机器人品牌展示、研发成果转

图 4-10　正在改造中的邦迪智能科技（上海）有限公司研发中心

化、综合服务等功能于一体的机器人智能制造装备基地。园区吸引了近20家优质企业入驻，2022年产值超4.5亿元。

2023年，嘉定区南翔镇继续盘活上海瑞华自控设备有限公司、上海小绵羊实业有限公司等7个项目的200多亩土地，投产后预计年新增税收超5亿元，亩均税收达250万元。通过排摸梳理现有低效产业用地情况，针对每个低效地块“单独问诊”“单独处方”，南翔镇采用多种形式推动存量地块转型升级，实现区域整体的提质增效。

（四）工业遗产开发：浦东新区张江水泥厂转型科创高地建设

2013年，为响应国家产业升级和环保战略，张江水泥厂全面停产。2023年，上海地产集团与张江集团合作，开启更新转型，坚持“保护性更新”，强化“万米仓”“水泥筒仓”“窑尾塔”等工业遗产的保留和改造，引入国内外著名设计大师对地块建筑集群联袂设计，推进“张江之尚”项目开发，致力打造产城融合的科创高地和人文街区，成为新时代张江科创人才的国际时尚活力社区，为城市更新树立新地标。

“张江之尚”项目位于张江路1406弄1号，前身为张江水泥厂（又称“浦东水泥厂”），是一块三面环水、呈“半岛”形态的珍贵工业遗存土地，地处张江副中心核心位置，毗邻川杨河，与张江副中心地标“科学之门”双子塔、“张江人工智能岛”、“张江科学会堂”等建筑遥相呼应。该项目总建筑面积约44万平方米，规划建设23幢新建研发建筑。对联合储库、筒仓、烟囱和窑尾等工业遗存保留、加固和改造后用于商业和文体配套。项目预计于2027年竣工。

张江水泥厂更新的经验主要有以下三个方面：

一是探索“城市更新主体与原产权人合作更新”的机制。项目由上海地产集团采用自主更新的方式，以增资扩股的方式引入具备丰富产业园区开发经验的张江集团进行合作，融合市、区两级国有企业在开发方面的资源，成立园区平台公司作为更新主体，来推进项目平台产业双认定、工业用地转型科研设计用地激活土地。针对复杂权属关系、场地内地下障碍物等情况，上海地产集团提前1—2年介入研究、协调清理，重点探索“城市更新主体与原产权人合作更新”机制，为后续开发建设扫清障碍。

二是规划引领，画出城市绿色的新思路。面对一片废旧厂房，市、区规划资源部门和上海地产集团多轮研究，寻求城市景观和使用功能的最佳平衡点，最终将这片“灰色”变为“绿色”，增加了5万多平方米的公共绿化和文体用地，还增加了道路和水系，让张江水泥厂从“沉睡”的土地变成了生机勃勃的“张江之尚”。作为具有历史价值的工业遗存项目，既保留水泥厂旧址的历史记忆，又融合现代化生活文化的配套设施，未来将是有活力、有特色、有趣味、有吸引力的可持续魅力城区，为生物医药、人工智能、数字科技等科创领域的年轻人提供满足生活和精神需求的泛文化空间。项目运营前置介入，以阶段性策展和系列社区活动，创造一个具有活力的人文环境，吸引全球科学家、合作伙伴和投资者；用全球化视野为高校提供科研成果的落地，实现产学研一体化；为社区内企业提供金融、人才、产业上下游、政策等多方位支持，保证完全的隐私、公正的监督、知识产权和数据安全；预留公共实验平台，助力企业实现创新孵化和加速提升。

三是高标准建设，打造新科技产业先锋。项目旨在以高品质设计、高品质施工和高品质运营，彰显项目以及张江科学城的整体风貌、产业层次、社区面貌，在经济效益和社会效益两个维度上实现整体提升。基于保护性更新，既保留工业遗存的震撼，又融入现代功能的创新场景，展现建筑、文化、艺术的共生力量，构建新时代张江新科技产业的先锋。项目集结国内外高水准设计大师资源，安藤忠雄、姜平、马岩松、柳亦春、刘宇扬、庄慎、王硕、张斌、刘珩、雅克·费尔叶、祝晓峰、

图4-11　张江水泥厂更新前景观及更新后效果图

德怀特·劳 12 位知名设计大师联袂设计，后续交由同济大学建筑设计研究院整合大师方案并展开深化设计。

（五）利用存量用地开展“工业上楼”的一些案例

2023 年，随着上海《关于推动“工业上楼”打造“智造空间”的若干措施》的出台，不少产业类更新项目采用了“工业上楼”的方式。通过“工业上楼”，产业类更新项目可以解决原有厂房不适应先进生产方式的问题，可以破解产业空间受限的难题，还可以促进产业链的集聚。通过对相关案例进行分析，总结出以下利用“工业上楼”推动产业类城市更新的经验：

一是利用“工业上楼”解决原有厂房不适应先进生产的问题。以闵行区生物制药装备产业试制中心项目（东富龙科技集团股份有限公司）为例：东富龙集团于 1993 年落户颛桥，是一家为全球制药企业提供制药工艺、核心装备、系统工程整体解决方案的综合性制药装备服务商。近年来随着企业高速发展，原有生产场地均为高大厂房，适合生产前期大型制药机械的产品，而生物制药装备与细胞治疗装备及耗材的研发、生产需要更洁净、更完善、更智能、设施更先进的场地，包括复杂制剂核心装备产业、产业试剂中心和配套用房等。因此，东富龙科技集团股份有限公司正加速推进“工业上楼”，重点项目目前在有序施工中。东富龙新建的生物制药装备产业试制中心项目将建造一栋地上建筑 14 层，高达 60 米左右的大楼，解决产能扩建、新产品研发（替代进口）的生产线建设和产品技术研发等所需场地问题。

图 4-12　左：闵行区生物制药装备产业试制中心项目现状，右：“工业上楼”效果图

二是利用“工业上楼”破解产业空间受限问题，如松江小昆山园区乐芙娜“工业上楼”项目。在中德路886号，5幢3至6层的高楼拔地而起，这是乐芙娜建设中的奶酪基地。作为华东地区规模最大的奶酪基地，该基地也是小昆山镇“工业上楼”的实践样本。将来，这里一楼是原料车间，放置“大块头”奶罐。原制奶酪等产品所需的生产设备相对轻便，将分别安排在二楼和三楼。这样合理布局安排，破解了工业用地受限的难题，8条生产线原本计划需要60亩土地，如今通过“上楼”，35亩土地就可容纳全部产能。“工业上楼”提升了工业用地的投资开发强度，使有限的产业空间得以优化利用。虽然土地比计划中的少，但达产后产能保持不变，一期2024年中投产，年产值达3亿元至4亿元，2025年底达到8亿元至10亿元。

三是利用“工业上楼”促进产业链集聚。如松江小昆山园区的北玻股份“工业上楼”项目。目前北玻的214亩地主要从事玻璃深加工设备和玻璃深加工产品的研发、设计、制造和销售。公司自主开发和制造了具有核心竞争力的玻璃钢化设备、镀膜设备、高端深加工玻璃等核心产品，在此基础上进一步拓展了玻璃深加工自动化连线、仓储系统，并抢先布局装配式绿色建筑新型墙体材料轻晶石。因为后续生产经营需要，“工业上楼”也提上日程。促进土地集约利用的同时，“工业上楼”也能有效引导产业集聚发展。新厂房将基本拆除已有厂房，并分三期建设，总建筑面积达43万平方米。一期于2024年启动建设，2025年

图4-13　左：乐芙娜“工业上楼”项目，右：松江区通过“工业上楼”有效引导产业集聚，逐渐培育工业机器人产业集群

投产使用。与乐芙娜自建自用不同的是，北玻除 10 万平方米厂房自用外，他用部分计划进行产业链上下游招商，实现“上下楼”就是“上下游”，产业园就是“产业链”，实现产业集聚，从而进一步提升企业自身的市场竞争力。

四是做强服务保障，助力企业顺利“上楼”。如为让企业顺利“上楼”、安心“入住”，宝山区以“管家式”服务、“一站式”服务，提前介入、全程跟踪，释放了营商环境新活力。2023 年，位于宝山高新区的翔丰华南区“上海碳峰科创中心”项目同日领取四张证书，工程建设项目审批迈入“四证齐发”新模式。此外，“智造空间”的推进离不开全流程服务的支撑助力，在修订《宝山区加快建设上海科创中心主阵地　促进产业高质量发展政策》的过程中，注重对工业用地评估价、租金补贴扶持、鼓励存量工业用地二次开发等现有条款进行再优化，加快推出“智造空间”支持政策 2.0 版，加大对推进“工业上楼”、打造“智造空间”的支持，不断推动更多项目参与“智造空间”建设。

图 4-14　宝山高新区的翔丰华南区“上海碳峰科创中心”项目

第五章　商业商务类城市更新

2023年上海围绕商业商务类城市更新工作重点与主要任务，重点推动商务楼宇、特色街区、重点商圈以及便民服务圈等城市更新具体工作，通过完善各项政策、盘活存量资源，优化商业布局、营造丰富场景、探索新型业态，焕发商业商务崭新活力，辐射带动周边区域。特别是商业、商务楼宇更新有序推进，特色商业街区更新改造稳步实施，八大重点商圈能级不断提升，便民生活圈建设进一步完善。

一、活力再造，助力扩内需促消费

（一）现有商业设施基础稳固

一是优质商业设施规模较大。2023年末，全市商场和店铺总建筑面积为9633万平方米。其中，商场总建筑面积5664万平方米，店铺总建筑面积3969万平方米。按常住人口计算，人均商业建筑面积3.87平方米，与“纽伦巴东”等其他全球城市指标比较接近。

表5-1　上海分区商业设施情况表（2023年）

行政区	店铺（平方米）	商场（平方米）	商业总面积（平方米）	人口（万）	人均商业面积（平方米）
黄浦	480266	4495480	4975746	58.21	8.55
徐汇	1021901	3241292	4263193	111.48	3.82
长宁	575953	2542997	3118950	69.57	4.48
静安	1237016	4075817	5312833	96.6	5.50
普陀	891135	4053029	4944164	124.36	3.98
虹口	815171	2567220	3382391	71.48	4.73
杨浦	1601514	2106156	3707670	123.05	3.01
市区合计	6622956	23081991	29704947	654.75	4.54
宝山	1997209	4720375	6717584	225.01	2.99
闵行	4112504	5950925	10063429	267.32	3.76

（续表）

行政区	店铺（平方米）	商场（平方米）	商业总面积（平方米）	人口（万）	人均商业面积（平方米）
嘉定	5441490	2579407	8020897	185.48	4.32
奉贤	2526790	1540804	4067594	114.71	3.55
松江	4735211	1567266	6302477	193.88	3.25
金山	3217040	709066	3926106	81.52	4.82
青浦	3262384	2467272	5729656	129.27	4.43
崇明	907063	651919	1558982	60.73	2.57
浦东	6869364	13373251	20242615	576.77	3.51
合计	39692011	56642276	96334287	2489.44	3.87

二是集中式商业设施经营状况较好。根据2023年有关机构对上海集中式商业设施开展的综合评价，按照由高到低的五级分级体系（即S级：运营能力和影响力突出；A级：运营能力和影响力优良；B级：运营能力和影响力中上；C级：运营能力和影响力中等；D级：运营能力和影响力低下），上海440个集中式商业设施中，S级20个，占比4.5%；A级51个，占比11.6%；B级120个，占比27.3%；C级157个，占比35.7%；D级92个，占比20.9%。运营水平中上（B级）以上项目占比43.4%，超过全国17.6%的平均水平。

表5-2　上海优质商业项目分布情况

商圈名称	项目名称
南京东路	上海来福士广场
	上海世茂广场
南京西路	上海兴业太古汇
	上海静安嘉里中心
	上海恒隆广场
淮海中路	上海环贸 iapm
徐家汇	上海港汇恒隆广场
小陆家嘴—张杨路	上海 IFC
虹桥国际中央商务区	上海虹桥天地

三是商业设施更新类型多样化。根据有关研究，上海现有需要改造提升的商业设施重点项目约 350 万平方米，目前正在更新的重点项目有约 200 万平方米。例如，既有南京东路的置地广场、圣德娜、文化商厦改造项目，南京西路张园二期、机场城市航站楼等核心商圈的商业设施更新项目，还有分布在非市级商圈的砂之船奥特莱斯、民生码头太古项目、佘山旭辉里等项目。这些正在更新改造的项目中，层次差异明显，既有如龙湖虹桥天街这种建筑面积达到近 43 万平方米大体量更新项目，也有威海路 500 号等体量较小的更新项目。

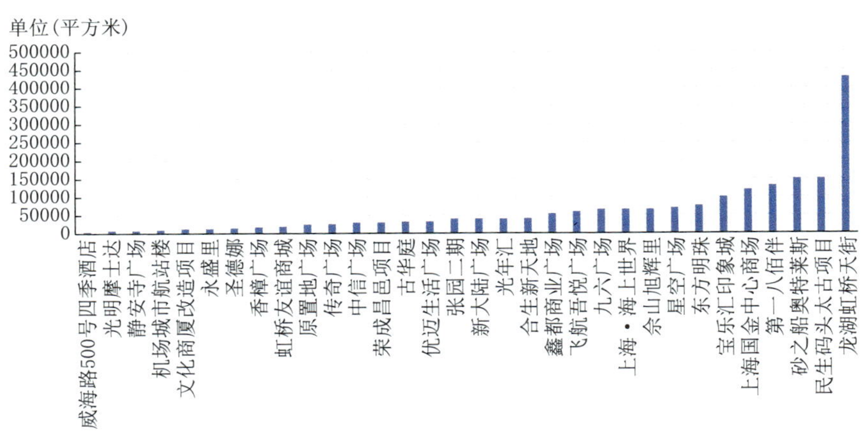

图 5-1　上海正在改造提升的重点项目建筑面积分布图

（二）特色商业街区不断涌现

2023 年，全市已经打造出了 82 个主题鲜明、内涵丰富、生态优美、管理先进的特色商业街区。同时，积极推动分时步行街商业新业态的形成，新增杨浦区大学路、浦东新区富城路两条周末限时步行街，大学路推出限时步行街后，周末客流量超过 10 万人次。依托城市更新，融合海派风貌、艺术设计、生活美学、时尚潮流，打造展现美式文艺风貌的衡山路 8 号、古典韵味与西式摩登和谐并存的张园—丰盛里，以及上生·新所、幸福里、今潮 8 弄、愚园路生活美学街区、东平路音乐街区等一批“小而美”的潮流街区。小红书举办“马路生活节”，联动

30 条上海马路，创新推出黄浦江边的纳凉夜市集、街头音乐闪送、都市奇妙宠物派对、小马路逛吃之旅等 200 场特色活动，吸引超 20 万市民游客参加体验，将城市烟火气与点滴浪漫相结合，打造“生活不在别处”的消费新场景。

（三）重点商圈能级不断提升

淮海中路—新天地商圈聚焦“高雅、时尚”的文化内涵，引入百联 TX 淮海，打造年轻人喜欢的潮流社交集聚地，进一步提升商圈高端时尚潮流引领度，2023 年“五一”假期期间日均客流近 5 万人次。同时，据黄浦区商务委的数据显示，TX 淮海直接带动淮海中路中段日均客流超 10 万人次。豫园商圈全面实现从智能停车到线上购物的数字化场景应用，入围首批“全国示范智慧商圈”。南京西路计划打造“千亿级”商圈，在品牌经济、首发经济、夜间经济、离境退税等方面同步发力。张园汇集路威酩轩、历峰、开云三大奢侈品集团顶尖品牌，共同打造特色高端消费体验。陆家嘴商圈结合滨江商务旅游休闲带，落地以浦东美术馆为核心的新文化地标，增强区域文化氛围。徐家汇商圈依托大徐家汇功能区活力，通过城市更新、品牌引进、科技赋能和消费创新，加强总部经济和首发经济联动，不断强化中央活动区功能品质，2023 年国庆期间 8 家样本企业销售额合计 4.1 亿元，相较 2019 年同期增长 23.8%。北外滩商圈则围绕来福士、太阳宫等明星项目，积极推动上海华贸中心、上滨生活广场、凯德虹口商业中心等优质商业综合体落地。虹桥国际中央商务区商圈通过统一规划商业网点，引入新品牌、新业态，增强铁路上海虹桥站、上海虹桥国际机场的服务保障、形象展示等功能，打造面向长三角、服务全国的现代化交通枢纽商业网络。

（四）社区商业设施不断完善

一是“一刻钟便民生活圈”商业设施进一步完善。2023 年，长宁、普陀、静安、徐汇、嘉定、浦东、黄浦、闵行 8 个区入选国家级“一刻钟便民生活圈”试点。具体工作成效主要包括：全市完成 39 家示范性智慧菜场建设；全年新增早餐网点 1158 个、网订柜（店）取点位 952 个，完善“早餐地图”功能；全面推行“名单制”“会员制”“预约制”，已建设完成 25 家智慧菜场；推进“领跑者”行动、家政兴农工作、家政标准化行动、提振家政消费等重点工作，持续推进家政持证上门工作；重点检查大型商业综合体和夜市，对 10 万平方米以上大型商业综合体和重点夜间集市开展督查，专项推进燃气安全整治工作。

二是“一刻钟便民生活圈”示范社区进一步增加。2023 年 2 月市商务委组织开展上海“一刻钟便民生活圈”示范社区建设试点单位推选工作，在各区街镇自主申报的基础上，经第三方评审并向社会公示，确定了第三批共计 30 个上海“一刻钟便民生活圈”示范社区建设试点单位，黄浦、徐汇、静安、长宁、闵行等区均有街道上榜。

三是各区积极推进“一刻钟便民生活圈”各项工作。在中心城区，长宁区率先实现“一刻钟便民生活圈”市级示范社区建设试点的全覆盖，新增民心早餐、“楼门口”午餐网点共 44 家，光明城市厨房等一批精品社区食堂对外营业；普陀区在全市范围内率先完成区级生活圈行动蓝图，在市规划资源局网站生活圈专栏中作为样板展示，2023 年底可实施项目竣工率达到 100%；杨浦区推进社区商业中心改造建设，完成阳普邻里·228 街坊、阳普邻里·振原、阳普邻里·腾越 3 处老旧菜市场、网点向新型综合社区商业体的改造，并积极推动传统菜市场智慧化升级改造。在郊区，青浦区朱家角北大街社区、夏阳街道、赵巷镇镇域、盈浦街道盈中社区、练塘镇湾塘社区五个社区获评市级“一刻钟便民生活圈”示范社区；金山区有序推进区内菜市场标准化改造、智慧化建设工作，共有咏胜市场、梅州市场、辰凯市场、多美惠超市、临源市场 5 家市场进行标准化改造，亭林市场成功创建示范性智慧菜场；崇明区努力提升社区商业功能持续完善商业布局、丰富消费场景，以构建“一刻钟便民生活圈”为契机，着力完善早餐店、便利店、商超等线下零售场所布设。

二、多策并举，打通全要素各环节

（一）坚持规划引领，形成总体方案

一是制定行动方案指导商业商务更新工作的有序实施。上海市人民政府办公厅印发的《上海市城市更新行动方案（2023—2025）》，提出商业商务活力再造行动，通过盘活存量资源，焕发商业商务区崭新活力，营造布局合理、结构灵活、功能多元的新业态环境，辐射带动周边区域。同时，在目标任务方面提出，到 2025 年，推动 3 个以上市、区级传统商圈的改造升级，打造 6 个国家级“一刻钟便民生活圈”和 100 个市级“一刻钟便民生活圈”，完成 5 个以上商务楼宇改造升级或转化利用项目。在整体行动方案的指导下，各区也制定了区级层面的城市更新行动方案。同时，围绕本区商业商务特色和更新重点，进一步明确本区商业商务类城市更新具体事务。例如，黄浦区重点推动外滩“第二立面”的更新，并编制《黄浦区外滩第二立面区域城市更新行动计划》。徐汇区重点聚焦徐家汇、徐汇滨江、漕河泾三大商业商务片区启动新一轮的三年行动计划。长宁区则重点关注虹桥开发区的存量楼宇更新改造，促进产业能级和城区形态同步提升。此外，静安、虹口、杨浦、闵行、嘉定、青浦、松江、奉贤、金山等区也纷纷制定城市更新行动方案，指导各区的商业商务类楼宇、商圈、商务区等功能片区展开更新。

二是制定商业空间布局专项规划引导商业商务未来发展。2023 年 1 月上海市商务委员会联合上海市规划资源局发布《上海市商业空间布局专项规划（2022—2035 年）》，提出在市场机制作用下，加强对商业设施的建设和更新，明确要“多中心、多层级、网络化”构建“4 + X + 2”商业空间布局体系。其中，“4”是四级商业中心体系，由国际消费集聚区和国际消费窗口、市级商业中心、地区级商业中心、社区级商业中心构成。“X”是 X 个特色商业功能区，由特色商业街区、首发经济示范区、夜间经济集聚区、主副食品保供基础设施、交通枢纽型商业等构成。“2”是两个配套支撑系统，包括商贸物流体系、商业数字化体系。要完善各级各类商业中心、特色商业功能区和配套支撑系统

的功能布局、等级规模、设施配置标准、业态引导等要素。同时，大力发展社区商业，更好服务保障民生，满足居民日常生活基本消费和品质消费，加快打造业态多元集聚的“一刻钟便民生活圈”。此外，优化批发市场空间布局，整合归并区域批发市场，优化保供主阵地布局，提高城市安全运行韧性。

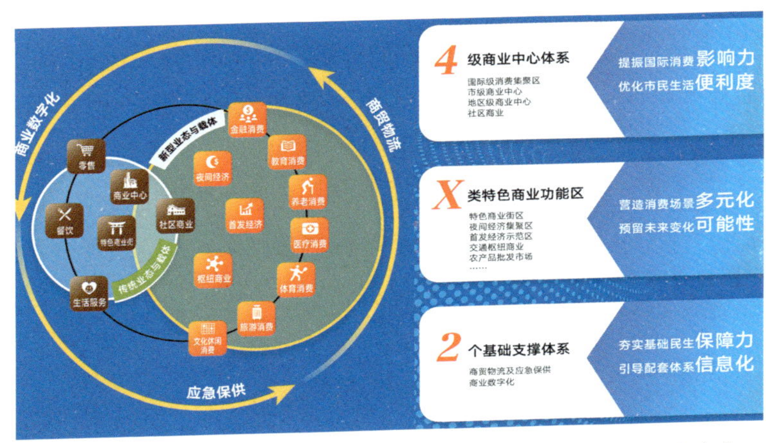

图 5-2 《上海市商业空间布局专项规划（2022—2035 年）》中的“4 + X + 2”

三是全面摸排、科学制定具体行动方案。为配合上海商业商务活力再造城市更新行动，市商务有关部门开展摸底调研和数据搜集，并在此基础上形成了《上海市商圈能级提升行动方案前期调研报告》。该报告指出五大问题并提出解决思路：针对商业设施总量，围绕“调结构”，研究形成政府引导、市场主导的合理化调控措施；针对商圈能级，围绕“提质量”，制定形成“商圈能级提升实施方案”。随后，2024 年市商务委、市规划资源局、市住房城乡建设管理委等委办局联合印发《上海市商圈能级提升三年行动方案（2024—2026 年）》，提出将持续推动商圈优质资源更集聚、市场信息更透明、制度环境更包容，打造“全球风、东方韵、万商汇、活力源”的全球消费展示窗、消费市场制高点、消费潮流风向标，加快建成闻名遐迩的国际消费中心城市一流商圈，还研究形成了针对南京东路商圈、南京西路商圈、淮海中路商圈、豫园商

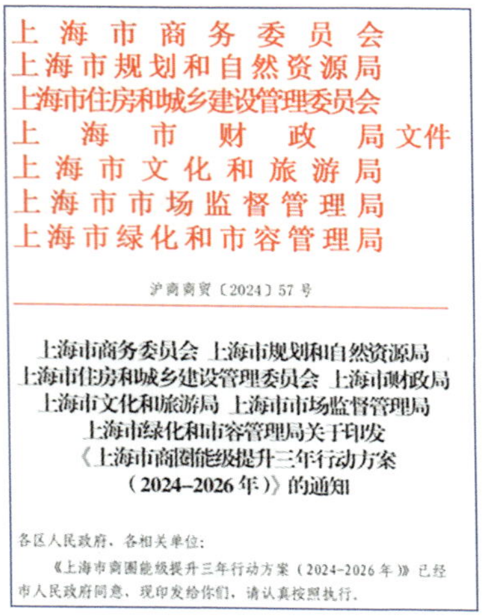

上海市商务委员会
上海市规划和自然资源局
上海市住房和城乡建设管理委员会
上海市财政局文件
上海市文化和旅游局
上海市市场监督管理局
上海市绿化和市容管理局

沪商商贸〔2024〕57号

上海市商务委员会 上海市规划和自然资源局
上海市住房和城乡建设管理委员会 上海市财政局
上海市文化和旅游局 上海市市场监督管理局
上海市绿化和市容管理局关于印发
《上海市商圈能级提升三年行动方案
（2024–2026年）》的通知

各区人民政府、各相关单位：

《上海市商圈能级提升三年行动方案（2024–2026年）》已经市人民政府同意，现印发给你们，请认真按照执行。

图5-3 《上海市商圈能级提升三年行动方案（2024—2026年）》通知文件

圈、小陆家嘴—张杨路商圈、徐家汇商圈、北外滩商圈、虹桥国际中央商务区商圈的能级提升方案。此外，一些区专门制定针对商业商务更新的行动方案，如青浦区印发了《青浦区提信心扩需求稳增长促发展行动方案》，提出将大力推动存量去化，制定实施楼宇高质量发展三年行动计划及相关扶持政策，新增建设一批优质楼宇、提升改造一批老旧楼宇、培育打造一批特色楼宇、盘活整合一批低效楼宇。

（二）依据不同类型，推动差异化更新

一是着力推动重点商业商务楼宇的整体更新。各区根据本区特点，加快推动本地商业商务楼宇更新。例如，黄浦区重点推动南京路世纪广场、淮海路新天地时尚二期、淮海中路550号、尚贤坊、科技京城、六合大厦等的更新改造。徐汇区重点推动徐家汇中心、天桥连廊、徐家汇书院、创邑MIX、凌云壹街坊、梅陇商业中心等的更新工作。长宁区围绕虹桥机场东片区、百联西郊、硅巷No.1、仪电地块（新象限·武夷）、飞乐地块（WYSH翡悦里）、上海影城、明基广场楼宇升级改造。静安区则主要推动恒隆广场、威海路500号、城市航站楼、阿波罗大厦等商业商务楼宇的更新，进一步促进南京西路片区高端商务商业功能的拓展与延伸。除前述主要区外，普陀、虹口、杨浦、闵行、宝山、松江、青浦等区也围绕本区商业商务楼宇发展现状，积极推动本区重点商业商务楼宇的城市更新。同时，针对商业商务楼宇的自身特点，制定差异化更新策略。例如，虹口区在盘活存量低效楼宇园区资源过程中，面向全区楼宇和产业园区实施“一楼一园一方案”，强化产业导向，促进功能业态优化提升，加快转型升级和集约发展。另外，为了

兼顾历史文脉传承、保住地区烟火气，创造城市趣味性、丰富性、多样性合一的复合载体空间，虹口区“今潮 8 弄”在更新过程中，坚持历史风貌肌理传承与超高层办公楼融合共生，结合上海文学馆、文化艺术空间等打造“文化弄堂”，提升区域整体价值。

表 5-3　上海主要商圈重点商业商务楼宇更新名单

商圈名称	重点商业商务楼宇
南京东路商圈	永安百货、七重天大厦
淮海中路商圈	香港新世界文化商都、龙凤商厦和太平洋新天地商业中心、HAI 550、嘉丽都商厦、妇女用品商店
豫园商圈	豫园二期与福佑地块、湖心亭、松运楼和海上游园
南京西路商圈	永源洪地块、吉宝静安中心、华润中心、张园二期、静安寺广场、恒隆广场三期、光明摩士达、机场城市航站楼
陆家嘴商圈	荣成昌邑、新民洋、国金中心、正大广场、东方明珠
徐家汇商圈	太平洋百货—上海六百—汇金百货
北外滩商圈	480 米浦西新地标、上海华贸中心、山寿里
虹桥国际中央商务区商圈	虹桥天地演艺中心、虹桥天街一里九巷

资料来源:《上海市商圈能级提升三年行动方案（2024—2026 年）》

二是积极推动商业街区的特色化打造。黄浦区对标全球顶级商业街区，推动商业街区品质提升。南京路方面，坚持“繁荣繁华”的导向，积极推动世纪广场改造更新和周边支马路开发建设，不断提升步行街区整体服务环境和商业品质；淮海路方面，立足“高雅时尚”的总体定位，聚焦“更人文、更未来、更融合”三大主题，推动以淮海中路为“一轴”，以环新天地、环复兴公园为“两圈”的“一轴两圈”规划建设；豫园方面，加快一期业态调整，同时加快推动豫园二期和福佑路地块开发，加快打造传统文化与现代生活完美融合的魅力街区。徐汇区衡复风貌区则聚焦海派文化特色，充分突出历史底蕴和风貌特色，发展首发经济、夜间经济、品牌经济，培育具有国际消费服务水平的慢生活文化休闲街区。静安区大力发展后街经济，通过业态功能提升、空间环境美化和慢行体验改善等手段，不断实现“巨富长”地区以及安义路、铜仁路、南阳路、奉贤路、愚园路等一批支马路的功能互补、业态联动，不断做宽、做厚、做深南京西路商圈。长宁区依托金虹桥国际中心日式文化商业综合体以及百盛优客韩流时尚商业综合体，大力发展集聚优质商品、展现国别文化的国别特色商业街区。此外，郊区也在积极推进商业街区更新，进一步提升商业街区的整体活力。例如，松江区通过聚焦“两区三路”，推动经开区西部园区商业配套和产城融合建设，推动以中山中路为核心的老城区商业改造、以新松江路和广富林路为核心的松江新城商业能级提升，满足市民消费升级需求。又如，奉贤区重点推进古华项目更新改造，以“公园式商业漫步街区”作为目标构想，将综合高品质街区商业、高端宴会酒店、独幢滨水商业等，立足城市精神内核与生长，依傍古华公园，以糅合传承的建设理念、去边界化的运营理念，打造独一无二的奉贤城市生活图景。

三是实施“一圈一策”推动商圈的差别化更新。市级层面，积极推动各市级商圈加快更新改造，优化交通组织，提升慢行品质，创新消费场景，丰富消费体验，强化数字赋能，打造多元复合、跨界联动、低碳生态的消费新空间，实现商圈的差异化发展。在空间上，总体以东西两片国际级消费集聚区为核心，打造面向全球的融都市产业和复合多元消费于一体的一流商圈。其中，南京东路商圈推进街区内存量项目改造，建设世界一流南京路，打造传承经典、引领未来的国际顶级商业街区；南京西路商圈积极拓展商圈空间资源，打造引领国际消费体验、集聚国际消费资源、融合国际消费创新、彰显国际商业文明，具有全球影响力和美誉度的世界级地标性商圈和国内首个“千亿级商圈”；淮海中路商圈率先创新国资商业的体制机制，加大引进高能级首店品牌，发展新技术、新业态和新模式；豫园商圈加快推进片区整体更新开发，打造融汇古今、贯通民俗时尚、串联民族世界的文化旅游商业地标，建设融合东方美学与世界时尚的大豫园片区；小陆家嘴—张杨路商圈也在加快区域整体更新，建设汇聚高端商业商务、旅游观光体验、高端文化引领等综合功能的国际级消费集聚区；徐家汇商圈则重点聚焦优化业态布局，通过打造商圈全新精致（Fine）+ 知名（Famous）+ 潮流（Fashion）+ 未来

（Future）+ 宜居（Family）的 i 商业格局，建设面向长三角和海外游客的新消费目的地；北外滩商圈重点提升核心商务区、虹口港活力片区以及提篮桥片区联动性，加快建设高端商业商务、特色文化体验、国际化会议博览功能集聚的世界级中央活动区；虹桥国际中央商务区商圈通过积极吸引本地客群，优化商务区空间连通性，发展首发引领的商品贸易和实物消费，建设上海西翼的对外商业门户枢纽。在区级层面，普陀区制定《苏河水岸商圈商业规划导则》《轨道交通站点商圈商业导则》，将商圈更新改造与区域发展定位相结合，立足苏州河沿岸现有梯度有致的不同商圈基础，有效引导不同类型商业的业态布局和组合，提升商圈辨识度、差异度，明确区域优势和发展定位，与周边头部商圈进行差异化竞争，助力普陀区商业实现高质量发展。

一、打造全球一流商圈

以南京东路、南京西路、淮海中路、陆家嘴、豫园、徐家汇、北外滩和虹桥国际中央商务区等商圈构成的国际级消费集聚区为核心，打造面向全球的一流商圈；一圈一策，打造特色、主题商圈。

图 5-4　上海市商圈能级提升三年行动方案：商圈打造图解

（三）加强多元协同，实施合作更新

一是部门协同推动商业商务更新工作有序推进。在顶层设计层面，市商务、规划资源、住房城乡建设、财政、文化和旅游、市场监督、绿化市容等多个部门通力合作，协同制定上海商圈能级提升三年行动方案。在具体事务中，则主要由市商务部门牵头，多次联合发展改革、规划资源、住房城乡建设等部门制定推进商业商务更新方面的工作方案，如《2023 年上海市示范性智慧菜场建设工作方案》《2023 年度上海“一刻钟便民生活圈”示范社区建设试点单位推选》等，推进具体工作的落实展开。

二是区、企合作推动存量商业商务更新。在城市更新过程中，积极强化政府与产权主体的联动合作，进一步激发产权主体积极性，联动国资国企，鼓励社会参与，携手开拓发展空间，壮大高质量发展的动力。例如，2023 年 11 月徐汇区与百联集团合作签署战略合作框架协议，百联集团将以落实战略合作协议为契机，深度融入大徐家汇功能区建设，加快启动 200 米徐家汇东方商厦更新重建项目，全力打造与世界前沿趋势接轨、具有全球影响力的商业新地标；长宁区在百联西郊的更新改造中，与一建集团进行合作，一建集团依托技术创新及大型商业综合体建造优势，积极探索建筑全生命周期服务整体解决方案，破题存量商业更新，完美诠释了百联西郊“超级社区能量场”的定位；杨浦区积极与高校、企业进行合作，打造了 NICE2035 创新街区、大学路街区等一批兼具烟火味和书卷气、人文景和科技流、活力源和国际范的多元创新空间，2023 年把大学路打造成限时步行街，通过功能混合，将原先的 SOHO 办公在后续运营中都置换成了餐饮、桌游、影吧、培训、美容美甲等功能，打造复合型的城市公共空间和商业场景，成为空间上沿街 + 混合垂直的商业形态。

（四）完善配套政策，支撑项目落地

一是综合施策推动商业商务类项目加快更新改造。《上海市商圈能级提升三年行动方案（2024—2026 年）》提出，用足用好城市更新政策工具箱，强化政策针对性和可操作性，加大城市更新政策支持力度。用好重设土地年限政策，支持采用先租后让、弹性年期等方式依法重新设定土地使用期限。探索土地价款分期缴纳、土地长期租赁等政策。用好建设工程管理政策，商业实施更新后的绿化配置、交通配套等，可以按照改造后不低于现状标准审批。用好建筑量奖励政策，对商业设施更新后提供公共空间、公共服务设施、交通设施、市政设施等公共要素的，可按城市更新相关规定增加建筑面积。用好规划土地弹性管理政策。对提供城市公共空间、公共服务设施、交通设施、市政设施等公共要素的商业设施更新项目，在符合区域发展导向的前提下，允许按照区域评估情况，在满足服务配套和城市安全要求、落实公共要素和全

生命周期管理的基础上，建筑容量可以适度调整。区级层面，徐汇区专门出台相应的政策，支持商业商务楼宇的更新工作，如《徐汇区关于进一步提升楼宇载体能级和营商环境的若干意见》，提出要进一步提升区域楼宇载体资源综合利用水平，有效引导符合区域重点产业导向的优质企业向楼宇载体集聚，切实提升楼宇载体经济发展能级。同时，积极推动楼宇载体管理主体，通过楼宇招商、腾笼换鸟、盘活存量、充分挖潜等举措，不断提升楼宇载体经济能级。支持楼宇载体改造升级，有效提升楼宇品质、能级和形象。

二是积极推动土地混合使用。《上海市商圈能级提升三年行动方案（2024—2026 年）》指出支持符合一定条件的商务服务业、商务办公用地在商业服务业、商务办公、教育科研、文化、体育、医疗、养老功能间混合配置。2023 年 11 月市规划资源局印发了《关于促进城市功能融合发展　创新规划土地弹性管理的实施意见（试行）》，针对商业商务类城市更新项目在功能融合方面的诉求，提出“允许在规划实施中，在保持土地市场平稳、公共服务设施用地和建筑规模符合相关标准的基础上，相应地块用地性质可在商业服务业、商务办公用地上进行转换或混合设置”，“允许在规划编制阶段，对商业服务业、商务办公用地地块叠加居住融合管理要求（R0）”等意见，支持在商务商业更新过程中，按照实际情况进行功能混合。另外，在《关于本市全面推进土地资源高质量利用的若干意见》也提出“在符合规划用地性质、建设用地兼容性的条件下，鼓励工业、仓储、研发、办公、商业等功能用途互利的用地混合布置、空间设施共享”，同时提出“优化商办用地供应结构，鼓励开发企业持有商业、办公物业持续运营，提高商业、办公用地供应的有效性和精准度”。

三是强化建设便民服务圈方面的政策支持。《上海“一刻钟便民生活圈”示范社区建设试点方案》指出，要做到社区商业设施与住宅同步规划、同步建设、同步验收和同步交付。结合城市更新，推动土地复合开发利用、用途合理转换，保障商业网点用房供给。结合实际制定房租减免、补贴政策，推动降低社区店铺经营成本，同时落实推动品牌连锁便利店和特色小店发展的有关政策。

（五）专项资金扶持，保障项目实施

一是重点扶持商业商务楼宇、商圈更新。市级层面，2023 年出台《上海市加强消费市场创新扩大消费的若干措施》，指出对品牌在商圈、商业街区推出快闪店、营销推广活动、首店、旗舰店，开展 IP 联名等给予支持。同时，鼓励有条件的区，出台相关资金政策，实施传统商业焕新计划，支持传统商场、商业街区围绕数字化转型、境外人士支付便利化、外语指引标识、行李寄存服务、母婴儿童和无障碍环境等开展改造更新。在具体更新过程中，该类资金主要以区为单位，由各区负责制定具体扶持办法。例如，黄浦区出台《黄浦区促进商业结构调整引导资金使用办法》提出对推动区域商业转型、升级、发展具有重要影响或符合街区商业定位、有利于街区整体商业氛围或特色打造的新建或调整商业综合体项目给予支持。徐汇区制定了《徐汇区提信心扩需求稳增长促发展行动方案》，提到支持商业载体、街区整体性改造和业态升级，经认定可给予最高不超过 1000 万元补贴。在《徐汇区关于进一步提升楼宇载体能级和营商环境的若干意见》中提到，实施更新改造、配套设施扩容升级等各类品质提升的楼宇载体，按照其实际投资额，经认定，可给予一定的补贴，同一楼宇载体每年度补贴累计最高不超过 100 万元；对于通过腾笼换鸟、盘活存量、充分挖潜等举措提升楼宇载体经济能级的，根据楼宇载体对区域的综合贡献度，按照其实际贡献增量及增速情况，经认定，可给予一次性最高不超过 500 万元的奖励。浦东新区制定了《2023 年度中国（上海）自由贸易试验区专项发展资金支持消费中心发展项目》，重点支持鼓励商业升级改造，支持企业围绕消费升级对商场、商圈、特色商业街进行环境提升、设施改造等硬件改造升级，且绩效领先的项目。同时，继续实施《浦东新区“十四五”期间促进楼宇经济发展财政扶持办法》，鼓励具有一定体量规模、产业服务功能的商务楼宇（园区）通过加强服务、完善配套、提升品质等途径促进入驻企业结构优化和业态能级提升，持续提高入驻企业对浦东新区的综合贡献。在郊区方面，青浦区制定的《青浦区提信心扩需求稳增长促发展行动方案》中提出支持商业综合体改造提升，对综合体改造和信息化建设按实际支出 50% 给予资金扶持，最高 100 万元。奉贤区通过制定《奉贤区关于促进商业发展支持消费城市建设的实施细则》来扶持现有商业商务类城市更新项目，提出对运营期满五年且商业面积在 3 万平方米以上的商业载体，经商业设施改造促进业态调整，实现五年内整体调整超过 50%，且改造满一年成效显著的项目，经认定按照实际投入的 30% 给予不超过 200 万元的一次性扶持。

二是持续增强“一刻钟便民生活圈”资金支持力度。上海市商务委员会发布的《2024 年上海市标准化菜市场升级改造工作方案》指出，标准化菜市场升级改造项目已列入市级专项资金支持范围，各区按照《市商务委市财政局关于〈2024 年上海市商务高质量发展专项资金（标准化菜市场升级改造项目）申报指南〉的通知》开展项目申报，并根据实际加大政策引导和支持力度。区级层面，普陀区制定的《普陀区支持商业创新发展实施意见》（2024 版）中提出，鼓励重点商业综合体、大中型超市、品牌连锁超市、便利店、电商平台等企业全面提升公共服务能力，积极参与各类公益、民生宣传，维护社会稳定，提升消费满意度，对于符合条件的企业，给予每家最高 20 万元的一次性奖励；对积极参与普陀区“一刻钟便民生活圈”配套建设工作，高品质推进便民服务场景数字化转型升级项目的商业企业，经认定，给予相关费用的 30%、最高 50 万元的扶持；对新获评市级早餐工程示范点的项目，经认定后，给予每家最高 5 万元的一次性奖励。奉贤区主要关注数字化转型方面的有关工作。在具体项目中，提出对于用数字化手段丰富早餐供给模式、增设网定柜取等功能、提升早餐服务能级的早餐网点新建或改造提升项目，按每个项目数字化投入的 50% 给予不超过 10 万元的资金扶持；在数字赋能商业升级改造方面，对首次获得国家级智慧商圈、智慧商店的企业，分别给予最高 50 万元、30 万元的一次性奖励；对首次获得市级智慧（数字）商圈、智慧（数字）商店企业，分别给予最高 30 万元、20 万元的一次性奖励。

三、优秀案例

（一）黄浦区南京东路世纪广场更新项目

世纪广场改造更新项目是上海市重点项目，竣工后发挥区域牵引作用，带动广场周边特别是南京路步行街转型提质。改造项目主要包括世纪广场的改造更新和广场周边商业体功能转型、业态提升及形态改造。项目注重创新突破，注重业态融合，按照“努力打造彰显海派商业文化、引领城市时尚消费的重要地标”的要求进行改造，于 2023 年 9 月完成并对公众亮相。

该项目的主要创新点包括以下几个方面：

一是建筑外观的特色化打造。根据方案，项目通过不锈钢镜面主体建筑、绿色山丘、珍珠贝母形广场铺地等建筑语汇，将世纪广场打造为城市的“魔力万花筒”。同时，用建筑物、构建物、广场铺地等建筑语汇，将世纪广场形象地打造成一枚闪亮的贝壳，以致敬上海作为滨水城市典范的地域特征、历史特色。改造后的世纪广场将提供大面积开敞空间，更加注重标志性、多功能性和便利性，既可承担不同类型的活动，也可作为南京路步行街客流驻足停留休憩放松之地，成为生机勃勃的城市会客厅。同时，还将引入“新品首秀场，网红打卡地”这一新功能，植入前沿的高科技发布技术，采用先锋的演出形式，以潮流的发布方式，为时尚魔都增添新的吸睛点。

二是形成商场、广场和秀场联动的格局，提升区域整体活力。世纪广场北侧商业体开启集中改造，界面整体以“百变取景框”为设计理念进行形态更新，与世纪广场“魔力万花筒”形成交融呼应，体现历史感、多变性、时代性。在业态提升上，立足于世纪广场周边整体业态布局，营造充满生机与魅力的都市引力场，成为上海新的商业地标和上海城市会客厅理念的生动展示，进一步凸显南京路步行街“品牌国际化、业态潮流化、客群年轻化”的显著特征。南京东路 626—636 号项目更名为“春申好市”，将打造成“沉浸式文商综合体”，引进特色餐饮、主题餐厅等沉浸式食集，更有博物馆等文化体验；南京东路 558 号项目将以打造成“策展型综合商业体”为目标，打造“策展空间”“艺术空间”，将原本封闭式建筑改变为半敞开式，展示全新商业模式，用于品牌发布、潮流展示、快闪活动等。同时，沈大成、真老大房、三阳南货店等老字号商店将再焕新生，通过主打老字号新国潮，引领世纪广场传统老店的更新升级。此番调整将商业与文化、科技相结合，以国际化、年轻化、数字化、新国潮等为关键词，将购物的空间转化成社交的空间，为南京路商业街不断注入焕新活力。

三是综合环境的引流设计。广场上有一个巨大的镜面不锈钢幕墙，面积为 1200 平方米、由 191 块不锈钢壁板组成，模拟“珍珠万花筒”中的明珠效果。这个不锈钢幕墙是目前世界上面积最大、光洁度最高的连续不锈钢平面幕墙。广场铺地，是本次改造的另一大特色。据悉，广场砖总计 3553 平方米，被划分为 34518 块小砖，每块砖都有不同颜色与形状，以拼成一幅珍珠贝母画卷。为呈现最佳效果，负责铺装色彩设计的团队在数百种蓝色调中经过层层归纳筛选以及釉色实样烧制，最终确定了 12 块不同色度及光泽度的蓝调色谱砖。这 12 块基色色谱砖，经过不同色度和色量的排列组合形成一组组具有“星云浩海”意蕴表意的基本块面的调式单元，再由这些不同调式单元根据广场整体图案布局拼图成为“明珠万象”的大气象。绿化方面，场地内原本 53 棵大型乔木予以保留，另外由新增植物构成“一带一弯三纵”的框架，一带是金色银杏大道，遇见城市金色转角，凸显南京东路耀眼之秋；一弯在南京

图 5-5　世纪广场更新中现状图和更新后效果图

东路与福建中路路口，形成以海棠为特色的浪漫粉色港湾；三纵是以海棠作为骨干树种强化湖北路、九江路进入广场的通道，打开南侧城市人行界面。更强化季节性效果，增加春夏花，秋色叶的比例，提升世纪广场的彩化程度，并适当引种珍贵树种，使“红叶满枝起红云，尽展芬华向绿荫”，春寒料峭的新红、秋霜染红的叶色都将给世纪广场带来自然之美的视觉盛宴。

（二）普陀区鸿寿坊城市更新项目

鸿寿坊始建于1933年，坐落于普陀区长寿路南侧，属于上海核心商务区的扩展区。同时，长寿路商圈也是上海人口密度较高的商圈之一，常住人口达11万人，办公人口7.3万人，毗邻地铁7号线与13号线长寿路站，地理位置比较优越。鸿寿坊原为石库门里弄住宅，由于房屋年代久远、品质失修等问题，2019年瑞安集团携手普陀区历经4年进行项目的更新改造。改造后的项目由五栋百年石库门老建筑、两栋办公塔楼部分底商连通起来，总建筑面积15000平方米。2023年9月鸿寿坊更新完成并对外开放，该项目主要融合历史建筑保护手法、市民生活文化挖掘、亲民化与品质感兼具的业态以及在地文化内容体验，荟萃首批60余个品牌，包括51个上海或区域首店，共同营造消费者家门口的“理想邻里”，并连接多样化的在地文化内容，塑造了“精致烟火气”的上海“15分钟社区生活圈”新商业范式。

该项目的主要创新点包括以下几个方面：

一是实现了生活购物和观光游览的有效结合。鸿寿坊的主力店是瑞安餐饮管理公司自创自营的以MARKET　PLACE为核心的“市集”。一方面，菜市场整体设计较为精致，人们可以在这个5000平方米的菜市场里面停留很长时间，不仅可以满足看、玩、吃等休闲需求，同时还能以较实惠的价格买到居家所需的各式蔬菜水果，满足周边居民生活需求。另一方面，市集的部分商业属于流动性业态，不仅能够带动整个市集商业的活力，而且可以带给人很多的新鲜感。

二是将烟火气和潮流气的商业业态混合。鸿寿坊市集的二层汇聚了众多品类的宝藏品牌，如原创品牌 + 社交品牌作为主要品牌构成的品牌阵容，该阵容包含有 60 多个品牌，包括了 51 个上海或区域首店。同时，还汇集了众多特色品牌，如意大利与日本跨界餐饮品牌 SANDO 上海首店、酒精与艺术三川上 CHUAN3 上海首店。此外，鸿寿坊多家餐饮咖啡店铺参与“日咖夜酒”模式，以及早市供应早点模式，打造 24 小时“活力社区”。

三是创新的商业空间与动线规划有序结合。鸿寿坊通过“里弄”、中心广场、塔楼底商等不同的空间尺度与建筑形态，组合构建成了开放空间与封闭空间相结合的多元商业空间，整个项目以中央广场为聚客核心兼各种活动场所，再通过鱼骨状分布的街道肌理向四周辐射人流，这样的布局既保留了对历史的记忆，又形成了重叠于历史记忆之上的商业动线安排，实现了一层、二层商业之间的互通。此外，停车配套极其充分，可以较好满足停车需求。

图 5-6 鸿寿坊外观和市集

（三）浦东新区 EKA · 天物更新项目

EKA · 天物位于浦东新区金桥路 535 号，原为中船集团上海航海仪器总厂的老厂房。该项目靠近中环，距离陆家嘴约 9 公里，距离世纪公园一带的浦东核心公共区约 10 公里。周边有联洋和碧云等高档社区，有大量金融、研发等行业白领入住其中。由于老厂房年代久远且利用低效，考虑到该区域未来的发展潜力，嘉韵投资从国企长租了该厂房资产，投资数亿元，改造成集体验、社交、消费、办公、产业孵化于一体的综合性文艺社区，面向市场进行招商和经营，成为浦东重要的网红打卡地，如今天物的租金已经达到了 9—10 元 / 平方米，达到了上海一线写字楼和商场的水准。

作为民营企业与国企合作盘活工业地块的典型案例，该项目的主要创新点包括以下几个方面：

一是突出功能与业态混合。EKA・天物从以前的产业园区生产办公，变成集体验、社交、消费、办公、产业孵化于一体的综合性文艺社区，成为新平台、新秀场。在特色消费门店方面，引入浦东首家兰巴赫、SOMETHING DINING、帕库、一尺花园、萤火空间、不止咖啡、W Coffee、BAKER & SPICE、Peet's Coffee 等特色餐饮，也有蟹尊苑、尚牛社会、鮨望日料、山风馔饮和西班牙餐厅 Tapa Tapa 等风味餐厅。还率先引进德国灯具品牌 Paulmann、闪电自行车，倡导精致生活方式的布兰兔、十八度雨林巧克力，PLANETARY SYSTEM 行星系统快闪店等零售生活方式品牌也陆续进驻。在休闲社交类业态方面，引入上海首家赤红 Livehouse、天行者射箭中心等。除此之外，还将引进沉浸式剧场、微醺夜店等租户，未来项目对于年轻人或者年轻家庭休闲生活将输出更多内容。

二是强化高质量的社区运营。EKA・天物的主要活动类型有主题策展、论坛沙龙、品牌节日与特色市集等。比如，举办电动车车展、设计节、电音节、特色市集等各类特色活动，满足年轻人追求低碳的生活方式、偏好绿色出行，崇尚彰显个性和独特的品位，释放情绪以及逛市集等的生活需求，通过各式公共活动的举办，进一步满足年轻人的生活需求。除此之外，EKA・天物还开展了很多跨界合作，如推出了西门子数字商业平台行业峰会、法拉利俱乐部车友会、海椰丝大力士大赛等活动，进一步扩展了街区的受众类型。

三是在更新过程中按照项目特点进行差异化打造。项目组对园区内 30 余栋建筑进行重新梳理和设计，在保留中船历史印记的同时，融入艺术元素。同时，针对每一栋单体建筑，进行独立的设计，在外观颜色、内部装修以及风格、功能上都进行了重新设计与功能定位，形成了

图 5-7　EKA · 天物代表建筑外观

由中国庭院式建筑、老上海石库门建筑、北欧风建筑、中东风建筑、希腊地中海式建筑，以及类“佛教”建筑等组成的 30 多栋多元化、特色建筑外貌，甚至还把集装箱、“伦敦国王十字车站”搬入园区内，被誉为一座“露天建筑博物馆”。

（四）徐汇区万科龙华会更新项目

龙华会地处徐汇区龙华路与龙华西路交会处，毗邻千年古刹龙华寺，与轨道交通 11、12 号线龙华站无缝对接，临近多条高架道路和多个越江隧道，区位、交通优势明显。该项目由万科、西岸集团、锦和、印力四方共同投资，其中万科主导开发建造，印力上海操盘商业管理及运营。项目商业面积约 8.8 万平方米，共 1230 个停车位，该项目于 2023 年入市，以“观此新生，妙想未来”为定位，打造一片民俗故事、文化碰撞、青年潮流、绿色生态兼容的复合型开放区域。

该项目的主要创新点包括以下几个方面：

一是突出历史街区与现代商业的融合。出于“尊重城市的文化、契合历史气质与融合文化资源、时尚创意”打造商办产品的想法，万科在设计阶段充分考虑了项目与徐汇“大小文化扇面”呼应的逻辑，采用以龙华塔为中心徐徐铺展扇面的设计，实现新与旧、历史与现代的双重呼应，以此来平衡现代感与历史风貌的关系。具体到项目建筑设计中，充分尊重龙华寺的历史轴线，将江南水乡“重檐坡顶”的特色与低密街区融合，通过传统建筑形制与现代气息会与新生，与千年古刹碰撞出新。屋顶露台、空中庭院以及连廊拱桥的设计，使开放的空间更加灵动而富有层次，自然形成城市中“看得见天空”的现代街巷。

二是打造极具特色的主题场景。在设计上项目以“观此新生，妙想未来”为定位，于千年古刹旁开启一场“先锋实验”。基于此，项目团队创新性地提出“左思右想的商业逻辑”，即消费者在理性层面对于快节奏的即时满足，以及感性层面对于慢节奏的随性探索。项目将在满足日常消费需求之余，与更多兼具调性和趣味性的品牌共创共生，从理性需求与感性追求两大动因的逻辑出发，对商场的空间场景和品牌内容进行全新塑造。特色项目包括“Create with CHINA”妙想平台、沿龙华港亲水休闲空间、超人气复合广场、庙与市的连接与跨越、奇遇龙华的味觉记忆等，营造传统与新潮、经典与先锋碰撞融合的商业氛围。

三是重视文化赋能商业活力。龙华会联动徐汇区文化和旅游局，邀请民俗研究学者、非遗传承人代表、艺术创新工作者等，共同探讨非遗民俗庙会的传承与发展。2022 年 11 月，龙华会微电影发布会暨品牌推介现场打造了由非遗金工冷锻技艺结合现代巨型艺术品铸造技术锤炼定制而成的巨型桃花，并首映发布了团队创作的微电影《龙华会桃花》以及同名主题曲，以民国女飞行员引领一位少年从 20 世纪 30 年代穿越游历的故事，串联起龙华机场成立、龙华庙会、北京奥运等大事件，

图 5-8　上海龙华会整体外观

呈现了龙华地区的过去、现在与未来。另外，上海龙华会将以千年文化为基底，呈现“三月三·桃花节”的季节限定景象、传承非遗文化的“龙华妙会”市集等主题活动，充分考虑城市、社区、街道与人的需求和感受，让不同的人都能在这里找到自己的生活方式和文化共鸣。通过文化赋能，进一步起到引流、留人作用。

（五）长宁区上海影城更新项目

上海影城位于长宁区新华路番禺路路口，上海影城为第一届上海国际电影节的举办而生，30 多年来，影城一直是中国电影走向世界的桥梁和纽带。2022 年 2 月，上影集团开启了对上海影城的更新升级，2023 年 6 月焕新回归。

该项目的主要创新点包括以下几个方面：

一是影城与周边环境的无界融合。在更新准备阶段，上影与长宁区携手，积极参与“人文新华”“漫步番禺”的城市更新计划，将影城与新华路的人文街区结合在一起，坚持从“人民满意”的标准出发，将“无边界”作为贯穿本次焕新工程的重要理念，将“打开”作为影城空间的最大亮点。更新完成后，影城门前原本台阶环绕的空间，已变为平缓的公共广场，与人行道无缝衔接，全天候向市民开放。同时，更新后的影城一改过往主楼和裙楼相对独立的格局，打通了影城内部建筑的同时，还打通了影城和周边建筑、街区的空间，真正融入广大市民的生活。此外，影城还预留出了三大露台空间：从广场的旋转楼梯拾级而上，可以步行至上海杜比剧场前的“城市电影文化会客厅”；二楼西侧以及五楼，也都有观光露台，光影文化与新华路上梧桐成荫的自然风景、历史建筑融为一体，将为影迷和广大市民提供网红休憩点。

二是数字化技术赋能影城更新过程。影城大堂作为科技感十足的“0 号厅”，展现的数字化电影艺术空间，主要用于大片宣发和时尚发布。上海影城 1 号厅，由杜比实验室（Dolby）亲自打造，并命名为“上海杜比剧场”。在项目设计上，影厅延续了 1 号厅的经典红色。但是在视听呈现上，采用与好莱坞奥斯卡颁奖殿堂杜比剧院同款的杜比视界激光放映系统和杜比全景声沉浸式音频系统，是亚洲首个拥有超千座的、能够提供杜比沉浸式视听体验的创新空间。3 号厅的杜比全景声系统可提供完美的沉浸式听觉体验，适配最新技术的特效影片。5、6 号厅，则被打造为“制作棚级”的导演专业审片厅，影厅配备 4K 高对比度 HDR 放映技术，满足评委、导演等专业人群的观影需求。

三是打造多元化、特色化功能区，进一步丰富消费需求。1 号厅，上影集团将结合杜比视听科技，基于电影、依托科技进行跨界艺术创新探索。2 号厅，除了配备有 4K 分辨率的 Onyx LED 银幕和专属声音系统，还专门定制了可伸缩活动座椅系统，当所有座椅收纳起来，影厅就将变身为 500 平方米的“黑匣子剧场”，打造沉浸式多维影艺空间。9 号厅为 RealD Cinema 特效厅，场外空间为组团包场观影增加了社交活动的可能。10 号厅主攻“电影 + 娱乐”高定制服务，引入赛事直播、跨界运营等。通过各个影厅的多元化、特色化更新，进一步满足广大观众的多元化文娱需求和社交需求，打造融合艺术、文化、娱乐、时尚的多元生态圈，探索引领各类“科技 + 艺术”的跨界与前沿业态。

图 5-9 更新完成后的上海影城外立面与大厅

（六）奉贤区古华城市更新项目

古华项目位于奉贤区中心板块、南桥源核心地段，南起解放路，北至新建中路，西起城乡路，东至古华园路，占地总面积 15 公顷，包含了历史悠久的园林公园和即将启动的商业漫步街区，古华项目总建筑面积逾 10 万平方米，是奉贤区重点建设项目。2023 年 3 月 1 日，上海奉贤发展（集团）有限公司（以下简称“奉发集团”）携手保利商旅产业发展有限公司（以下简称“保利商旅”），就上海奉贤“三古”区块中的古华城市更新项目（古华商城及古华山庄原址）签署合作协议，共同打造独具“公园商业”（以城市公园为导向的开发）属性的独立项目，由保利商旅配置管理服务。

该项目的主要创新点包括以下几个方面：

一是深入挖掘文化内涵，赋能商业商务更新。项目将以整体的眼光精炼、活化城市景观和生活姿态，重构生态漫步系统，以商业推动文旅发展，以文旅反促商业繁荣。同时，针对奉贤区独特的历史足迹和丰富的文旅资源，“南桥源”城市更新项目将规划核心从“开发重建”转变为“经营共生”，立足“人民至上”，坚持“文化先行，有机更新”，重现历史风物、讲述老城故事，赋予奉贤人民更美好的生活图景。

二是强调功能融合与复合，打造公园式商业漫步街区。项目将综合高品质街区商业、高端宴会酒店、独幢滨水商业等多种功能，综合提供多元商业服务，满足各类商业商务需求。同时，通过园林公园串联公园式商业漫步街区，从自然的“风传花信”转向生态的“观复生长”，更将焕新奉贤城市风貌和活力。

图 5-10　古华项目更新后效果图

第六章　公共空间设施类城市更新

2023 年上海紧紧围绕建设“生态之城”目标，通过打造更多“产、城、景”相容、“水、绿、文”一体的公共空间，聚焦重点工作、紧盯重大项目、补足工作短板、打造精品亮点，把提升群众宜居环境和公共服务供给作为城市更新的重要任务，着力提升滨水空间、街道空间、绿色空间、公共建筑空间以及地下空间五大空间品质，不断完善市政基础设施与公共服务设施配套服务，进一步提高公共服务整体效率以及公共空间的服务辐射范围和服务品质，为老百姓提供更多、更丰富、品质更高的公共空间。

一、亮点纷呈，环境品质稳步提升

（一）公共空间品质提升

一是“一江一河”滨水空间品质持续提升。整体品质不断提高。2023 年上海市黄浦江岸线公共空间贯通开放新增 8 公里，苏州河绿道中心城段 14.56 公里建成开放，基本实现苏州河绿道中心城段 42 公里贯通。滨江全线贯通后，接待人数也随之成倍增长。据市江河办数据，滨江空间可服务 480 万市民（以 15 分钟社区生活圈 800—1000 米为半径测算）。2023 年春节，浦江游览接待 5.6 万余人，同比增长超过 200%。另外，一些新的公共空间不断开辟出来，如浦江郊野公园滨江漫步区、浦东滨江南延伸段等岸线实现贯通开放。再有，滨水地区开放 30 余处水岸夜生活好去处，苏州河沿线建成 8 处旅游码头，苏州河水上游船散客航班上座率一直保持在 80% 左右。品牌影响力进一步增强。“一江一河”区域成功举办上海马拉松、邮轮港国际帆船赛、上海赛艇公开赛、苏州河半程马拉松、龙舟邀请赛、水上桨板赛等 10 余项大型体育活动及专业赛事，同时上海旅游节、公共空间艺术季、西岸艺术博览会、西岸国际咖啡节等大型活动的热力不断，形成文旅体商综合发展新活力态势。高品质滨水空间资源吸引越来越多优质企业入驻“一江一河”沿岸地区，产业增值、人文增值、创新增值效应日益明显。例如，新开工的万航渡路33号、杨浦滨江创智中心、“苏河·梦立方”、上海华贸中心等滨水地标项目，促进产业功能进一步聚集。此外，浦东前滩区域实现全部区域项目开工，宝山国际邮轮度假区旅游配套设施项目和长滩、阅江汇等功能性项目加快建设，杨浦滨江稳步推进中交、中节能、美团、哔哩哔哩、抖音等基地建设，虹口北外滩91街坊新地标项目有序推进施工，徐汇滨江西岸传媒港、西岸国展中心、西岸梦中心项目等地标建筑形象加快呈现，这些项目的开展进一步带动了“一江一河”区域的整体品质提升。

二是街道公共空间品质全面提升。“美丽街区”建设卓有成效。2023年上海建成103个“美丽街区”，已累计完成两轮“美丽街区”建设，建成657个“美丽街区”，覆盖率为41%。其中，以徐汇区的上海音乐学院周边、体育公园周边，以及虹口区的密云路、杨浦区的杨树浦路等区域为示范引领，进一步推进了公共空间开放共享和环境品质提升。公交出行和慢行交通体系进一步完善。2023年新辟、调整驳运公交线路超过6条，完成4个既有轨道交通站点50米范围内衔接公交站点，试点完成临港区域内3个轨道交通站点及其100米范围内公交站点运营信息双向显示，新增500个P+R停车位，完成50个B+R提升项目，投放的互联网租赁自行车备案率达到90%，在50处重点区域试点实施车辆精准投放，制定引导用户文明使用车辆的措施，完善慢行网络30处，打造慢行空间40个，提升慢行设施品质50项，创建慢行示范区域10个；停车资源优化工作计划创建停车资源优化项目40个，开工建设公共停车位6000个，新增错峰共享停车位2000个，建成示范性智慧公共停车场（库）20个，在中心城区和其他区建设智慧道路停车场的比例分别达到50%和30%。公共空间休憩座椅布局得到了进一步优化。2023年上海优化提升公共空间休憩座椅5339处。市委统战部还与市绿化市容局携手推动公共空间休憩座椅认捐认养工作，通过全市上下共同努力，超额完成目标，已累计认捐认养743处公共空间休憩座椅。街区环境面貌稳步提升。2023年上海全力实施环境清洁、难点整治、规范管理、美化提升、示范引领 5 大类 20 项重点工作，推进各委办局及重点企业完成任务 74 项，各区完成保障任务 2439 项（整治类工程 1994 项，管理类 445 项），完成市级平台各类市容环境问题整改 3135 项（其中紧逼督办问题 503 项）。户外设施管理持续深化。2023 年上海持续开展违规户外设施综合治理，市级督办共整治户外广告、户外招牌 1340 块，督促整改违规设置临时户外广告设施 7335 处（块）。同时，评选了 40 条户外招牌特色道路（街区），指导 16 个区和临港新片区完成户外广告设施实施方案编制，支持在重要商圈设置 3 处新型户外广告。加强推进户外招牌审批（备案），户外招牌审批（备案）率达到 60% 以上。

图 6-1　石门二路街道“蝶舞苏河”座椅

图 6-2　大渡河路 251 号青少年教育活动中心座椅

三是可休憩的绿色公共空间不断拓展。绿化建设成效显著。2023 年上海新增绿地 1044 公顷、绿道 231 公里、立体绿化 43 万平方米，为市民提供了更多的绿色公共空间。新建环内楔形绿地面积 102 公顷，建成开放 11 座环上公园，建成 8 座外环绿道驿站，新增 14 公里外环绿道，打通 8 处绿道断点。同时，加快启动三岔港楔形绿地规划研究，年底形成稳定的方案成果，积极探索生态间隔带建设，加快推进吴淞江生态间隔带规划建设，年内完成专项规划报批工作，联动拓展五个新城生态空间，建成临港顶科公园、推进青浦上达河中央公园建设，推动松江新城中央公园二期开工，开展环新城森林生态公园带建设，森林生态公园带建设面积不低于 5000 亩，新增环新城绿道不低于 50 公里。

单位附属绿色空间进一步实现与周边街区、社区、商区的无界融合。2023 年全市 16 个区（含临港新城）共完成机关、企事业单位附属绿地开放 59 处，超额完成年初建设目标，其中改造成口袋公园 13 个、开放附属绿地面积 41.6 万平方米、拆除围墙 1980 米，上海市单位附属绿地开放共享项目总量达 80 余处。同时，单位附属绿地的进一步开放也得到了老百姓的高度认可。例如，青浦电信大楼附属绿地开放以后，就得到老百姓的赞扬与认可，据澎湃采访，有市民表示："改造完我觉得挺好看的，有人行步道，还设置了座椅，方便大家进来看一看。原来没有改造，市民也会进来，把草坪也踩坏了，现在规划好以后，既保护了草坪，又方便市民欣赏美景。"公园城市建设快速推进。2023 年新增城乡公园 120 座（其中城市公园 30 座、口袋公园 60 座、乡村公园 30 座）。大力推进公园 24 小时开放，全市 646 座公园（265 座口袋公园、89 座乡村公园、292 座城市公园）已实行 24 小时开放，占城乡公园总数的 77.64%。桥下空间品质不断提升。2023 年上海通过桥下公共空间的更新改造，不仅完善了桥下空间的通行功能，而且丰富了桥下空间休闲、运动、宣传、文化娱乐功能。

上海市绿化和市容管理局
上海市规划和自然资源局
文件

沪绿容〔2023〕24 号

关于印发《外环绿带及沿线地区慢行空间贯通专项规划》的通知

相关区绿化市容局、区规划资源局：

为贯彻落实《关于加快推进环城生态公园带规划建设的实施意见》（沪府办〔2021〕36 号）要求，指导外环绿道体系及沿线地区慢行空间贯通建设，市绿化市容局和市规划资源局联合编制了《外环绿带及沿线地区慢行空间贯通专项规划》。现印发给你们，请结合实际认真按照执行。

特此通知。

上海市绿化和市容管理局　上海市规划和自然资源局

2023 年 1 月 19 日

（此件公开发布）

图 6-3 《外环绿带及沿线地区慢行空间贯通专项规划》通知文件

四是公共建筑空间品质整体提升。围绕公共建筑品质的提升工作，2023 年上海重点加强本市既有建筑玻璃幕墙安全治理，确保安全度汛，通过专项行动，全面排查本市既有建筑玻璃幕墙安全隐患，压实业主的安全主体责任，落实属地和行业管理部门监管责任，提升高坠隐患发现处置能力和玻璃幕墙安全使用意识，有效防范玻璃幕墙高坠事故。

五是地下空间进一步更新利用。2023 年上海市共有地下工程 4.3 万多个，总面积达到 1.5 亿平方米，主要分为生产生活服务设施、公共基础设施和轨道交通设施三类。地下空间大规模开发弥补了城市空间资源紧缺的短板，让上海成为中国地下空间开发规模最大的城市之一。尤其是，上海通过理念突破、规划先行、技术攻关与制度创新，积极应对不断寻求优化方案。在持续数十年的地下空间开发利用过程中，上海不仅创造了许多经典案例，而且逐步形成了系统的支持政策和丰富的管理经验。2023 年 3 月，连通上海虹桥综合交通枢纽与国家会展中心的地下通道 hubo 商业街全新亮相，不仅为这个已开通的千余米进博会交通配套项目增加了多姿多彩的丰富业态，也为附近工作生活的市民提供了一处便利的超大商业空间。

（二）公共设施改造升级

一是基础公共服务设施进一步完善。2023 年上海新增 5000 张养老床位，改建 2000 张认知障碍照护床位，建设 30 家智慧养老院，新增 40 个社区长者食堂，新增 500 张困难重度残疾人养护床位，完成 5000 户居家环境的适老化改造，为 5000 户困难重度残疾人家庭进行无障碍改造。开设 500 个小学生爱心暑托班，新增 2000 个公办幼儿园托班托额和 3200 个社区托育托额。新增 1 万个公共（含专用）充电桩、10 个共享充电桩示范小区，完成 800 个住宅小区地下车库移动通信网络覆盖。为老旧小区内 1000 个既有电动自行车集中充电场所加装消防设施，为 100 栋高层公房或售后公房实施建筑消防设施改造提升，为 10 万户高龄独居老人加装燃气报警器，为 50 万户既有管道天然气居民用户更换燃具连接软管。新建 20 家示范性智慧菜场，新增 1000 家餐饮食品“互联网 + 明厨亮灶”示范店和 1200 个平安屋。新建 30 家中医药特色示范社区卫生服务站（村卫生室），新建 20 家示范性社区康复中心。新建 30 个社区市民健身中心、80 条市民健身步道、150 片市民运动球场、600 个市民益智健身苑点、80 个健身驿站，新建改建 20 个园区（楼宇）健康服务点、升级优化 50 个健康服务点功能。完成中心城区 11 条道路积水改善工程，更新投运 500 辆无障碍低地板新能源公交车，完成 200 座环卫公厕适老化、适幼化改造。最后，打造了 100 个“社会大美育”课堂，推出 5000 场艺术普及教育活动。

二是市政基础设施改造升级加速推进。2023 年上海通过对市政基础设施的改造升级，进一步提升了城市安全运行水平。其中，黄浦区更新了 11.5 公里地下燃气管道，完成老旧软管更换 2.9 万户。静安区承担燃气老化管道改造 13 公里和老旧供水管道改造 11 公里（中心城区第一位）的整治任务。长宁区实施隐患老旧管网改造工程，拆除违建 1.13 万平方米，保持动态零增长。普陀区完成燃气老化管道改造共计实施 15.6 公里，排水管道主管检测完成 49 公里，全年完成 14 公里排水管道修复。青浦区按照节点完成市政基础设施提升改造、绿色节能改造等。松江区完成 4.13 公里大口径、16.46 公里小口径老旧、隐患供水管网改造，完成 420 公里排水主管检测、87 公里排水管修复或改造，完成 950 公里市政一、二级污水管道检测。崇明区完成 33.93 万平方米的应急避难场所建设、4 座污水处理厂提标扩建、11 公里道路污水管网修复基础设施项目。

三是架空线入地和杆箱整治成效明显。2023 年上海完成 112 公里架空线入地和杆箱整治，完成年度任务量的 112%，内环内架空线入地率提高到 53%，内环内主干道入地率达 80%，次干道达 74%。同时，“申字型”高架沿线、苏州河沿线架空线也已基本入地。具体看来，在主要市区，黄浦区结合地块更新，打造了西藏路—复兴路—南北高架—南京路约 18 公顷和黄浦滨江—南外滩约 13 公顷的无架空线全要素整治示范区。徐汇区完成 20 公里架空线入地和杆箱整治，竣工量位列全市第一。长宁区架空线入地和杆箱整治竣工 138 公里，市政

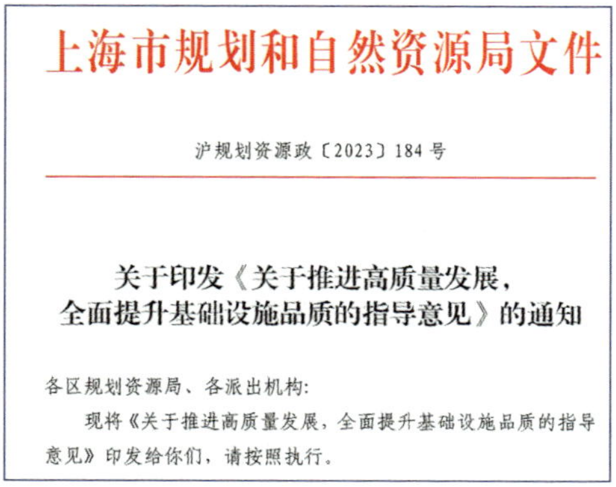

上海市规划和自然资源局文件

沪规划资源政〔2023〕184 号

关于印发《关于推进高质量发展，全面提升基础设施品质的指导意见》的通知

各区规划资源局、各派出机构：

现将《关于推进高质量发展，全面提升基础设施品质的指导意见》印发给你们，请按照执行。

图 6-4 《关于推进高质量发展，全面提升基础设施品质的指导意见》文件

道路完成率达 82%，居全市第一，静安区完成架空线入地和合杆整治 10.18 公里，提前完成年度任务，基本完成“不夜城区域”以及“市北高新区域”的无架空线示范区的创建。普陀区不断完善市政基础设施，架空线入地和杆箱整治完成 17.79 公里，提前完成年度考核目标（市考核指标为 14 公里），以“一体化、做减法”的方式，营造路畅、杆清、线清、景美的新面貌。杨浦区架空线入地和杆箱整治全年累计完成 16 公里、打造了 5 条精品示范路。在主要郊区，松江区已完成架空线入地 6.63 公里，信息排管 2.03 公里。嘉定区完成第二轮架空线入地 13.24 公里，变线路入地为整体优化。

图 6-5　武胜路威海路架空线入地前后　图 6-6　黄陂北路架空线入地前后

（三）“15 分钟社区生活圈”建设持续推进

一是“15 分钟社区生活圈”建设全面推进。2023 年上海市“15 分钟社区生活圈”行动联席会议办公室印发《2023 年上海市“15 分钟社区生活圈”行动方案》，全面拉开了上海“15 分钟社区生活圈”的建设格局。2023 年全市面上工作呈现出百花齐放、热火朝天的积极态

上海市规划和自然资源局文件

沪规划资源详〔2023〕176号

关于印发《2023年上海市“15分钟社区生活圈”行动方案》的通知

各区人民政府，市政府有关委、办、局：

推进“15分钟社区生活圈”行动是市委、市政府落实“人民城市”重要理念的重大战略部署。按照《关于“十四五”期间全面推进“15分钟社区生活圈”行动的指导意见》（沪委办发〔2022〕29号）要求，做好2023年“15分钟社区生活圈”行动相关工作，经研究，制定《2023年上海市“15分钟社区生活圈”行动方案》。现予印发，请认真按照执行。

图6-7 《2023年上海市“15分钟社区生活圈”行动方案》通知文件

势，划示完成1600个“15分钟社区生活圈”基本单元，建设实施了3000余个民生项目，主要开展了五方面工作：一是结合主题教育深入开展问需求计调研。二是聚焦“一张蓝图干到底”，将“15分钟社区生活圈”行动与党群服务阵地体系、社区嵌入式服务设施建设等工作统筹推进。三是以“百乐坊”“六艺亭”为载体，探索构建“1＋N”公共服务网络格局。四是以城市治理提升为引领，因地制宜探索社区自治、共治模式。五是持续为基层提供专业技术支撑。

二是涌现出大量优秀案例。2023年12月至2024年1月，上海市联席会议办公室联合上海市城市规划学会和上海市城市规划行业协会，组织开展上海“15分钟社区生活圈”优秀案例评选工作。本次评选包括“温馨家园、睦邻驿站、活力空间、漫步绿道、共享街区、烟火集市、艺术角落、人文风貌、美丽乡村、治理创新”十个赛道。通过专家评审，评选出81项创新创意、优秀组织案例；通过网络公开投票，公众投票逾50万份，选出了最喜爱的37个优秀案例。在此次优秀案例评选中，浦东新区、黄浦区、徐汇区、杨浦区四个区因“15分钟社区生活圈”行动成效显著，涌现出大量优秀案例，被授予整体贡献荣誉。

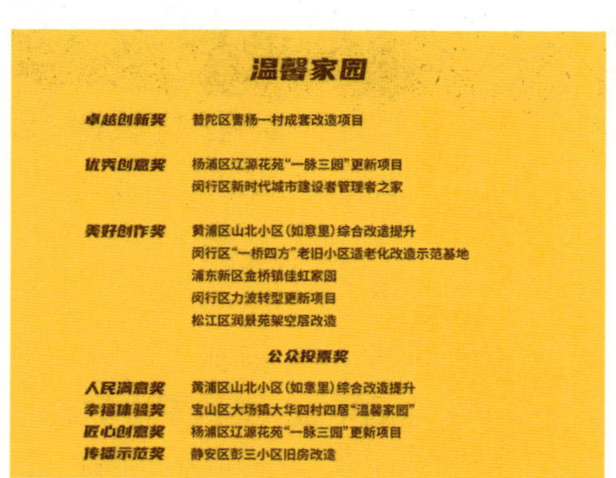

温馨家园

卓越创新奖	普陀区曹杨一村成套改造项目
优秀创意奖	杨浦区辽源花苑“一脉三园”更新项目 闵行区新时代城市建设者管理者之家
美好创作奖	黄浦区山北小区（如意里）综合改造提升 闵行区“一桥四方”老旧小区适老化改造示范基地 浦东新区金桥镇佳虹家园 闵行区力波转型更新项目 松江区润景苑架空层改造

公众投票奖

人民满意奖	黄浦区山北小区（如意里）综合改造提升
幸福体验奖	宝山区大场镇大华四村四居“温馨家园”
匠心创意奖	杨浦区辽源花苑“一脉三园”更新项目
传播示范奖	静安区彭三小区旧房改造

图6-8 上海“15分钟社区生活圈”——“温馨家园”优秀案例

（四）绿色节能改造和海绵城市建设加快实施

一是持续推进建筑节能改造。2023 年全年推进绿色建筑面积 4743 万平方米，本市累计绿色建筑达到 3.83 亿平方米。其中，全年推动落实 530 万平方米既有公共建筑节能改造。针对不同改造项目特点，对管理要求进行细化、深化，落实超低能耗建筑面积 260 万平方米，“十四五”累计落实超低能耗建筑面积达到 1350 万平方米。其中，临港中心超低能耗酒店建筑（10 万平方米）基本竣工。在区域发展方面，上海市住房和城乡建设管理委员会不仅与各新城所在区联动并推动 5 个新城各建设一个超低能耗建筑集中示范区；同时，与各中心城区联动落实了 30 个近零能耗建筑和 5 个零碳建筑试点。另外，高标准落实绿色低碳节能管理，全市景观照明的节能灯具使用率已达到 93% 以上，开发了景观照明集中控制系统，实现景观照明启闭统一管理、用电实时监控的节能运行方式。区级层面，各区也在积极推动绿色建筑节能改造。例如，普陀区加快推进绿色节能改造，完成约 45 万平方米，其中节能率不低于 15%的面积为 5.1 万平方米。松江区落实既有公共建筑节能改造面积 29.26 万平方米，再生能源建筑一体化应用工程建筑面积 26.19 万平方米。

二是海绵城市建设成效显著。2023 年，全市建成区新增 57.7 平方公里海绵城市达标区域，完成海绵示范项目 100 个，涵盖建筑小区、公园绿地、道路广场和水务系统四个类型。区级层面，黄浦区扎实推进海绵城市建设，有效加强黄浦区海绵管控；静安区基于苏州河北岸苏河湾区域、彭越浦楔形绿地、大宁绿地及周边区域的城市更新改造、绿色生态城区建设、雨水提标建设、公园绿地建设、滨水空间改造等工程，统筹推进“＋海绵”工程建设，进一步带动周边区域海绵建设达标、提升海绵城市建设显示度、改善区域生态景观和城市面貌；普陀区海绵城市建设总面积达到 19.93 平方公里，占建成区总面积 35.9%；杨浦区主要完成丹东、松潘、大定海排水系统改造及 10 余个易积水小区排水系统优化，全域推进海绵城市建设，全区海绵城市达标率 36.4%，其

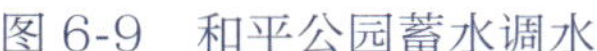

图 6-9　和平公园蓄水调水

图 6-10　桃浦中央绿地屋顶绿化

图 6-11　山南楼雨水花园

图 6-12　城投宽庭・光华社区雨水回收机房

中，228 街坊城市综合更新实践案例还被住房城乡建设部推荐为中国唯一参评联合国人居奖的项目。在主要郊区中，松江区海绵城市达标区 26.46 平方公里，占建成区 40.7%，五龙湖生态景观项目荣获上海市海绵城市建设示范性样板工程；崇明区完成 6 个海绵城市示范工程等基础设施项目，进一步提升了城市的韧性和可持续性。

二、多元联动，各项工作扎实推进

（一）坚持以人为本，提高环境设施品质

一是更新理念上，始终坚持把最好的资源留给人民。在公共空间品质提升和公共空间设施更新过程中，上海始终坚持“把最好的资源留给人民”的指导思想，为市民提供更多宜业、宜居、宜乐、宜游的公共空间，不断改善与提升空间品质。2023 年 6 月 15 日，陈吉宁在调研苏河湾绿地布局和滨水空间时，提出“要结合区域实际，着眼空间提升、

品质提升、功能提升，将海绵城市、绿色低碳等先进理念充分融入项目建设运行之中，持续打造‘一江一河’新亮点、宜乐宜游新空间、人民城市新地标，把最好的资源留给人民、用优质的供给服务人民”。市委副书记、市长龚正在专题调研城市建设领域民生项目时也指出要以公共空间品质提升开启宜居宜业新篇章，以无障碍环境建设满足不同群体新期待，以老建筑的更新利用激发城区新活力，让城市空间成为市民乐享生活的多彩地带，更好实现“城市，让生活更美好”的愿景。

二是在更新项目实施过程中，始终贯彻以人民需求为中心的工作理念。在实践工作中，市绿化市容局与市人民建议征集办开展“市民看市容、市民谈市容、市民管市容”活动；市绿化市容局与市委统战部建立了“同心共美”机制，建立了征询制度，城市规划、艺术美学等领域的专家支招献策。静安寺街道、石门二路街道等基层还结合党建优势，在休憩座椅方面充分征求民意。各区绿化市容、统战部门高效联动，通过调研排摸、锁定点位、精心设计，动员社会公益组织参与运作，广泛发动统战领域力量和社会爱心人士认捐认养，进一步激发社会共治的潜能。

图 6-13　一大会址周边公共休憩座椅

（二）规划方案引领，明确各项目标任务

一是出台上海市城市更新行动方案，并制定具体工作计划加快落实。2023 年 3 月上海市人民政府办公厅印发的《上海市城市更新行动方案（2023—2025 年）》，提出了 2025 年城市公共空间品质提升和公共空间设施更新的具体目标和主要任务。在具体工作过程中，通过制定具体工作规划计划和实施方案等多种方式来明确工作重点和主要任务。例如，在“美丽家园”建设方面，2023 年市住房城乡建设管理委提出要创建 1000 个新时代“美丽家园”特色小区、100 个新时代“美丽家园”示范小区。加强水、电、气等管线协调，全年完成既有多层住宅加装电梯 3000 台。实施 1000 万平方米老旧小区改造，推动小区及周边地区联动改造。统筹实施住宅小区老旧电梯修理改造更新、管线入地和停车设施建设等民生项目，新增 10 个共享充电桩示范小区，配合完成 800 个住宅小区地下车库移动通信网络覆盖，为 100 栋高层公房或售后公房实施建筑消防设施改造提升，为老旧小区内 1000 个既有电动自行车集中充电场所加装消防设施。在提升“一江一河”空间品质方面，出台了《黄浦江两岸公共空间品质提升工程实施方案（2023 年—2025 年）》《苏州河两岸公共空间品质提升工程实施方案（2023 年—2025 年）》等政策文件，明确了“一江一河”的新三年规划，重点聚焦功能聚核、人文品牌、蓝绿筑网、空间提质、管理赋能等几个方面，在打造高品质滨水空间、文化内涵丰富的城市公共客厅、核心功能承载地、蓝绿生态走廊、精细化治理示范区 5 个分目标以及黄浦江沿岸地区 140 余项、苏州河沿岸地区 80 余项具体任务基础上，以提升滨水区域服务品质为核心，以辐射带动腹地功能发展为要务，持续提升“一江一河”的品质功能。在慢行交通方面，上海市交通委员会印发了《关于加快推进本市慢行交通品质提升的三年行动方案（2023—2025 年）》，提出聚焦打造畅达高效的慢行网络、系统衔接的慢行空间、品质优良的慢行设施、舒适宜人的出行环境，至 2025 年，全市至少完成 300 项慢行交通专项提升项目、创建 50 个慢行交通示范区域。人行道设施品质明显

提升，宜行宜骑、全龄友好、空间融合的慢行交通体系基本形成。

二是各区积极响应，制定行动方案或计划推进具体工作。在《上海市城市更新行动方案（2023—2025 年）》指引下，各区也根据本区的区域特色与具体情况，制定了推动本区公共空间设施相关的城市更新行动方案，明确本区公共空间类更新的重点工作，并以行动方案为引领，进一步促进城市公共空间的品质提升和公共空间设施的改造升级。其中，位于中心城区的黄浦区、徐汇区、静安区、杨浦区等均出台了相应的城市更新行动方案（2023—2025 年）或三年行动计划。具体来看，黄浦区重点推进“10 分钟生活圈”、“一街一路”、公共绿地改造提升等内容，尤其是强调特色化，结合各街道实际情况，注重特色文化挖掘和烟火气、人情味的营造，以点带面，综合提升各个街区全龄人群的获得感。徐汇区则主要推动西岸滨江世界级滨水区建设，加快打造具有世界影响力的社会主义现代化国际大都市卓越水岸，构筑高质量发展强劲增长极。静安区在公共空间优化、市政基础设施提升改造以及海绵城市建设等方面进一步明确了工作任务，重点推进苏河湾世界级滨水商务区建设。杨浦区则重点关注高品质公共空间、升级改造基础设施以及建

上海市交通委员会文件

沪交道运〔2023〕508 号

上海市交通委员会
关于印发《关于加快推进本市慢行交通品质提升的三年行动方案（2023-2025 年）》的通知

临港新片区管委会、市道路运输局、各区交通行政主管部门：

为实现“宜出行、优品质、高效益”的慢行交通系统总目标，结合市委民心工程“公交出行和慢行交通体验提升工程”最新工作要求，我委编制了《关于加快推进本市慢行交通品质提升的三年行动方案（2023-2025 年）》，现予印发。请结合实际认真贯彻落实。

特此通知。

上海市交通委员会
2023 年 7 月 19 日

图 6-14 《关于加快推进本市慢行交通品质提升的三年行动方案（2023—2025 年）》文件

上海市静安区人民政府办公室文件

静府办发〔2023〕13 号

上海市静安区人民政府办公室
关于转发区建设管理委《静安区“卓越城区”城市更新行动方案（2023-2025 年）》的通知

区政府各委、办、局、各街道办事处、彭浦镇政府：

区建设管理委《静安区“卓越城区”城市更新行动方案（2023-2025 年）》已经区政府第 72 次常务会议通过，现转发给你们，请认真按照执行。

上海市静安区人民政府办公室
2023 年 12 月 12 日

图 6-15 静安区城市更新行动方案文件

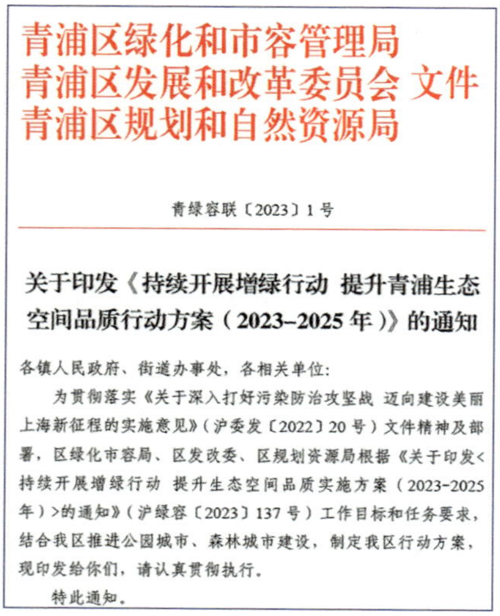

青浦区绿化和市容管理局
青浦区发展和改革委员会 文件
青浦区规划和自然资源局

青绿容联〔2023〕1 号

关于印发《持续开展增绿行动 提升青浦生态空间品质行动方案（2023-2025 年）》的通知

各镇人民政府、街道办事处，各相关单位：

为贯彻落实《关于深入打好污染防治攻坚战 迈向建设美丽上海新征程的实施意见》（沪委发〔2022〕20 号）文件精神及部署，区绿化市容局、区发改委、区规划资源局根据《关于印发<持续开展增绿行动 提升生态空间品质实施方案（2023-2025 年）>的通知》（沪绿容〔2023〕137 号）工作目标和任务要求，结合我区推进公园城市、森林城市建设，制定我区行动方案，现印发给你们，请认真贯彻执行。

特此通知。

图 6-16 青浦区提升生态空间品质行动方案文件

筑绿色低碳更新改造等工作，并提出了各类工作的具体目标。

除上述区外，还有一些区也制定了公共空间品质提升和设施更新方面的行动方案或工作部署计划。例如，青浦区制定《持续开展增绿行动　提升青浦生态空间品质行动方案（2023—2025 年）》，明确本区公园城市建设的重点任务和目标。闵行区重点推进公园城市建设，尤其是推进公园绿地、绿道建设以及公园围墙打开、绿地断点打通。金山区则形成了“一张项目表”，编制全区“一张蓝图”，明确了相应的工作重点和任务。

（三）多方主体联动，协同推进更新项目

一是部门统筹，协同推进各类项目实施。在实践中，很多项目的实施推进无不体现了各部门条线之间的紧密协作。例如，宝山区盘古路地块更新虽然由宝山区规划资源局牵头，但是得到了区国资委、区水务局、友谊路街道、国投集团、宝果集团等单位的大力支持。尤其是各部门之间通力合作、共商共建，经过现场踏勘、各部门沟通协调，几轮优化完善最终形成地块品质提升方案，将沿河、沿街、建筑、空间等作为本次品质提升着手点。再如，苏州河武宁路桥下驿站改造方案的实施，也是依靠多部门、多专业不断协调磨合、凝聚共识，直至克服各种困难和限制才能达成的。尤其是在方案讨论阶段，由于驿站位于地铁 14 号线的安全保护范围内，区建管委牵头与地铁运营方申通集团从建设可能性到审查通过进行了多轮沟通；同时，驿站距离防汛墙仅 1 米，在与水务部门沟通协调下，驿站结构需在尽可能轻量化前提下与防汛墙共存。

上海市规划和自然资源局文件

沪规划资源详〔2023〕376 号

关于印发《上海市城市更新专家委员会工作规程（试行）》的通知

各区人民政府、各管委会，市相关部门：

根据《上海市城市更新条例》、《上海市城市更新指引》要求，现将《上海市城市更新专家委员会工作规程（试行）》印发给你们，请遵照执行。

图 6-17 《上海市城市更新专家委员会工作规程（试行）》文件

图 6-18 “一江一河”专家委员会首次研讨会现场

综合考虑后，方案在冷峻灰暗的桥洞下植入两条温暖明亮的木质体量，形成了桥洞道路两侧友好宜人的新界面。

二是成立专家委员会，共谋品质提升新思路。2023 年 2 月，“一江一河”沿岸地区发展专家委员会正式成立，专家委员们来自城市规划、宏观经济、社会发展、城市治理、建筑设计、风景园林、综合交通、旅游发展等多个领域。在 2023 年举办的两次研讨会中，专家学者们主要围绕“一江一河”功能品质提升、精细化管理和滨水空间文旅活力提升等主题，进行了深入的交流和探讨，并提出了多方面的发展建议。此外，还着手组建海绵城市建设工作专家库，主要由规划、建筑、景观、排水、道路、水利等专业的专家学者组成。

三是群众参与，进一步增强市民积极性。以“一江一河”公共空间建设为例，为更好规划建设“一江一河”沿岸儿童友好空间，充分听取少年儿童和广大市民群众对沿岸儿童友好空间建设的建议意见，2023年3月20日至4月2日，市人民建议征集办、市住房城乡建设管理委、市妇儿工委办通过上海发布、市人民建议征集平台、市住房城乡建设管理委官网等征集渠道，开展了“‘一江一河’儿童友好空间建设大家来畅谈”主题征集活动，邀请社会各界广泛参与，共同助力“一江一河”沿岸儿童友好空间高品质发展。征集活动得到了市民群众的支持和参与，征集期间共收到群众建议576条、反馈问卷调查1490份，其中，家长版1204份，儿童版286份，市住房城乡建设管理委、市“一江一河”办对收到的群众建议进行了专题研究，在规划建设工作中予以充分吸纳。各区在公共品质提升方面，也鼓励支持广大群众参与其中。比如，黄浦区在“一街一路”建设过程中，充分发扬全过程人民民主，运用“零距离家园”理事会、“三会”制度等议事平台，群策群力，打造出一批全龄友好、魅力无限的公共空间。杨浦区通过“一线工作法”、人民建议征集、大调研等方式，广泛听取市民群众意见，让居民参与社区“旧貌换新颜”全过程、各环节，有效地将人民群众的“金点子”转化为方案优化的“金钥匙”、结出惠民利民的“金果子”，逐步形成政府引导、市场运作、公众参与的可持续实施模式。

（四）完善政策体系，保障项目顺利实施

一是围绕“一江一河”出台滨水空间相关政策文件。在“一江一河”品质提升方面，市“一江一河”办开展了“一江一河”儿童友好滨水空间建设相关研究。在广泛收集市民建议并开展研究和意见征询后，市“一江一河”办于世界儿童日（2023年11月20日）正式向社会公布《“一江一河”儿童友好滨水空间建设指导意见》（以下简称《指导意见》），提出未来滨水空间建设将以儿童需求为重要导向，以实现城市

对儿童更友好的目标。根据《指导意见》提出的发展愿景和总体目标，推动2025年实现滨水重点功能区域和示范空间目标任务全面落实，基本建成儿童友好、人人友好的“一江一河”滨水空间，形成儿童友好滨水空间建设的上海样本；到2035年形成与世界级滨水区相匹配的儿童友好滨水品牌，建设成为国内领先、国际知名的儿童友好滨水空间。另外，根据市政府专题会议要求，市住房城乡建设管理委（市“一江一河”办）、市文化旅游局、市规划资源局联合制定了《苏州河中心城段文旅功能提升工作方案（近期）》，并于2023年12月21日发布，方案围绕“人民城市”重要理念，以高标准建设旅游休闲示范区为引领，延续历史文脉、打造区域亮点、加强水陆联动、激发水岸活力、提升文旅消费能级，努力将苏州河沿岸打造成为具备文化内涵和多元功能的现代生活示范水岸，绽放独特美丽的都市型滨水旅游“全球地标”。

二是不断完善绿色空间相关政策。在绿化市容方面，先后出台环城生态公园带、重点绿化项目、湿垃圾设施和新能源环卫车等方面的政策，同时滚动实施林业三年政策、绿道、口袋公园和垃圾分类等政策，不断健全林业生态补偿机制，充分发挥资金激励和保障作用，为任务目标实现提供有力支撑。另外，2023年9月出台了《关于推进本市绿色生态城区建设的指导意见》，提出要全面推动绿色生态城区建设，形成生产、生态、生活“三生融合”的发展模式，为促进城市生态文明建设提供重要支撑。在推动单位附属绿地开放方面，先后印发《上海市单位附属绿地开放共享建设技术导则（试行）》《上海市单位附属绿地开放共享实施办法（暂行）》，推动上海市单位附属绿地开放共享，科学合理开展规划建设，准确把握开放共享要求，切实保障开放共享质量。此外，还印发了《上海市城市公园实行24小时开放的管理指引（试行）》，更好地提升24小时开放公园的服务水平和管理规范性，有效满足市民对公园开放共享的新需求，进一步彰显公园的公共属性，促进绿色空间的开放、共享和无界融合。

三是制定其他公共空间类政策文件。在海绵城市建设方面，2023年市住房城乡建设管理委、市发展改革委以及市规划资源局等9个委办局联合发布《上海市海绵城市规划建设管理办法》，指导全市范围内新、改、扩建建设项目的海绵城市规划、设计、建设、运营及管理活动。另外，市住房城乡建设管理委还发布了《关于进一步加强本市建设工程海绵城市施工图设计审查和竣工验收管理的有关通知》，完善海绵城市建设管理机制，形成管理闭环，有序推进海绵城市建设。2024 年 2 月，上海市人民政府办公厅印发《本市系统化全域推进海绵城市建设的实施意见》，围绕重点推进完善海绵城市规划技术体系、加强区域生态环境保护修复、构建韧性安全城市河湖系统、完善城市排水防涝设施建设、全域推进海绵城市项目建设、提升海绵城市建设管理能力等主要任务，系统化全域推进海绵城市建设。在绿色建筑节能改造方面，市住房城乡建设管理委印发了《上海市超低能耗建筑行动计划（2023—2025 年）》，提出下一步通过 3 年的努力，再新增落实 600 万平方米超低能耗建筑，推动关键技术创新和重点产业发展，着力构建“中心引领、新城发力、重点突出”的超低能耗建筑发展空间格局。在景观照明改造方面，实施《上海市景观照明总体规划（2024—2035 年）》，持续推进“一江一河一环两高架”景观照明提升改造工程。同时，还印发了《苏州河桥梁景观提升计划》，制定《苏州河桥梁景观设计方案审核程序》《重要商圈景观照明提升改造项目设计方案审核程序》等，通过更新改造积极推动重要商圈的景观提升，打造一批景观照明的新地标。在户外广告招牌管理方面，组织实施新修订的《上海市户外广告设施管理办法》，指导各区落实户外广告设施实施方案，提升重要商圈户外广告设施品质，鼓励发展创新型户外广告设施。同时，实施黄浦江苏州河滨水公共空间户外招牌设置导则，编制“一江一河”重点区域沿线户外招牌优

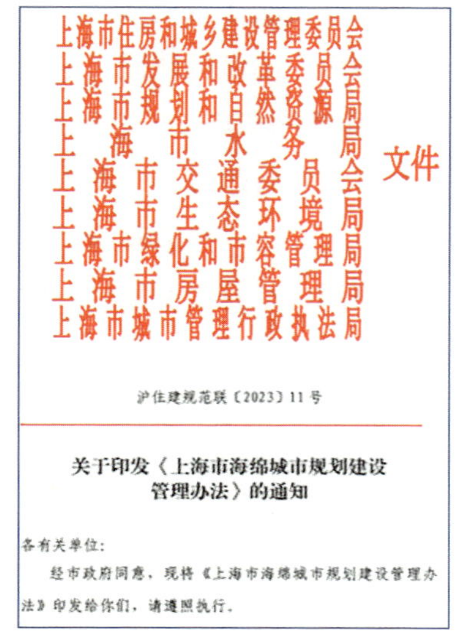
上海市住房和城乡建设管理委员会
上海市发展和改革委员会
上海市规划和自然资源局
上海市水务局
上海市交通委员会
上海市生态环境局
上海市绿化和市容管理局
上海市房屋管理局
上海市城市管理行政执法局
文件

沪住建规范联〔2023〕11 号

关于印发《上海市海绵城市规划建设管理办法》的通知

各有关单位：

经市政府同意，现将《上海市海绵城市规划建设管理办法》印发给你们，请遵照执行。

图 6-19 《上海市海绵城市规划建设管理办法》通知文件

化提升方案。此外，还印发《上海市户外招牌设置技术规范》《上海市户外广告设施设置实施方案编制导则》《上海市户外招牌设置管理办法》《上海市苏州河滨水公共空间户外招牌设置导则》，进一步加强户外招牌管理，并修订《上海市户外招牌设置技术规范》等地方标准。

此外，区级层面也积极出台相关的政策文件。例如，普陀区出台了《“半马苏河”岸线管理办法和工作方案》和《普陀区苏州河岸线管理办法（试行）》等文件，重点打造苏州河高品质滨水空间，提升管理服务能级。浦东新区研究制定现代化城区建设“1＋N”政策体系，加快实施街道整体提升打造精品城区专项行动计划，研究制定并实施现代城镇、美丽乡村专项行动计划，推动城乡面貌更加靓丽，基础设施布局更加完善，公共服务更加优质均衡，生态环境更加宜人，城乡融合发展向更高水平迈进，率先成为可学习、可借鉴的“人民城市”示范样本。同时，在资金方面给予支持，针对获得上海市能效“领跑者”或其他市级及以上各类商业节能低碳先进项目评定的商业场所运营单位，给予15万元的一次性奖励。

三、优秀案例

（一）普陀区曹杨新村构建15分钟高品质生活圈

曹杨新村建于1951年，是新中国第一个为工人建设的住宅区，是“邻里单位”规划理论在我国住宅区建设的首次实践。但是随着时间的推移，当年的代表性建筑日渐老化，尤其是历经几十年的风雨侵蚀，曹杨一村的居住环境、质量和功能，已不能满足现代人民群众的需求。房屋老旧、结构不稳、设备老化、人口老龄化严重、违建较多等现实状况，以及建筑加过层数、部分建筑材料的老化趋势，都给曹杨一村带来了不少安全隐患。自2019年12月起，曹杨街道牵头同济大学等单位，经过多轮研讨，在充分听取居民意见后，启动对辖区内的曹杨一村旧房成套改造工程。2021年10月底，曹杨一村部分居民先行回搬。伴随着新一轮城市更新，曹杨新村正式启动覆盖全域的“15分钟社区生活圈”行动。其中的内涵包括：天蓝、水净、路清、花更美；公共空间可达性、服务性更强，服务半径进一步缩小；社区活力更加彰显，睦邻友好、互帮互助的社区氛围得到更好营造，人民群众幸福感、获得感、安全感显著提升。

该项目主要的创新点包括以下几个方面：

一是系统谋划构建整体连续、特色鲜明、可视可达的空间骨架。环浜是曹杨新村内一条环状景观河道，在社区规划之初就确定的公共空间核心骨架，但之后逐步被小区、设施、单位所蚕食。针对岸线可达性及可视性不足打通断点、贯通步道，借助其蜿蜒流动的线型增加空间节点、加宽绿化道路、补充服务设施、增设桥梁，串联住区入口，强化开放度、可达性、活力度，成为惬意生活、促进交往、感知自然的蓝绿生活环。

二是因地制宜构建“101”蓝绿开放空间格局。“1”为桃浦河风貌绿带，“0”为曹杨环浜滨水空间，“1”为百禧公园生活轴线，通过扮靓“弯窄密”街区路网，打造“花园式”慢行优先网络。同时，重点推进曹杨环浜滨水公共步道建设，通过退墙铺路等方式，实现了环浜 1.2 公里滨水慢行贯通，让居民群众能够更好地亲近环浜，感受生态水系的魅力。

三是公共空间的特色化打造。将“被遗忘的角落”打造成为城市更新中承载记忆、讲述故事的“金角银边”，并串联成线、复合功能，提升城市活力。例如，针对原本被一些理发店用来晾晒毛巾、堆放杂物的墙体，策展人利用架高的方式，在地上铺装了龙骨、地板、座椅等，在墙上做了绿化，用百叶窗的形式衬托原先的浮雕。又如，百禧公园把空间狭长且窄的原曹杨铁路农贸市场和综合市场旧址通过三层的立体 3K 长廊设计，最大程度增加活动空间和体验感，并在设计中刻意保留了部分老墙面、老标识等，利用巧思的时尚设计让历史的纹理通过城市更新成为富有活力的一笔，成为“非典型性公园”的代表之作。

四是形成了具有曹杨特色的“域—片—面—点”四级人民城市客厅体系。2019 年，曹杨新村街道建成全区首个老年友好的智慧食堂；2021 年，在全市率先落地“一键叫车”智慧屏，助力老年人出行无忧；2022 年，打造全区首个片区慈善超市；建成全区第一个“宝宝屋”，切实解决育儿需求；2023 年 8 月，曹杨新村发布了全市首张“15 分钟社区生活圈便民地图”。智慧菜场、商场、影院、医院、邮局、银行和文化馆等场所等距离散点环布，平均分布于新村“15 分钟社区生活圈”内，步行 7—8 分钟内均可到达。对于快节奏的年轻人来说，周边出行也十分便利，公交地铁环线遍布，出门就是曹杨商城和影院，甚至到较远一点的环球港也只需要步行 15 分钟。

图 6-20　曹杨新村 15 分钟社区生活圈设施分布

（二）杨浦区滨江公共空间无障碍环境建设项目

项目位于杨浦区滨江公共空间，无障碍环境建设分为 1.2 公里示范段、5.5 公里建成段、15.5 公里完整段三个阶段，将逐步实施。其中最先落地的示范段从怀德路延伸到明华糖厂，全长 1.2 公里。为让残疾人、老年人更为方便走进滨江，区政府提出创建“杨浦滨江空间无障碍创新示范区”。具体工作中，围绕“导则先行，提升优化，信息赋能，社会融合”的总体思路，推进杨浦滨江沿线无障碍建设，拓展滨江“高品质生活区”人文内涵，实现各类人群通行无障碍、信息无障碍、配套设施齐全，提升服务效能和使用体验，帮助残疾人融入社会，感受上海城市的温度，共享社会改革发展成果。2023 年底完成 6.7 公里示范段和贯通段建设，实现滨江沿岸设施、信息、服务无障碍。

该项目主要的创新点包括以下几个方面：

一是科学有序组织项目实施。在工作机制上，组建杨浦滨江空间无障碍建设工作小组，由区委副书记任组长，组织各方力量，编制完成《杨浦滨江公共空间无障碍环境建设导则》，包括无障碍环境设计要求、智慧服务指引、场景引导、实施机制等内容，全面科学指导项目分阶段有序实施。

二是注重专业化精细化设计。将“拥有良好的滨江视野”作为目标，对扶手、台阶、公共厕所、城市道路入口等 20 多个节点设施进行无障碍提升改造，升级完善通行设施、服务设施、导识设施 3 大系统，让群众更便捷地到达亲水平台。

三是科技赋能游览体验。开发智能语音导览、户外服务系统、无障碍数字地图、多功能扶手等产品，打造基于 AR 技术的数字孪生可视化平台。在滨江公共空间部署自动感应导览机，提高特殊人群的游览体验。部署户外求助设备，为特殊人群提供紧急救援服务。

图 6-21　杨浦滨江通道型场景示意图

（三）虹口区和平公园更新改造项目

项目位于虹口区天宝路 891 号，始建于 1958 年，原名提篮公园，是一座以中国自然山水园林风格为特色的大型综合性公园。2020 年底启动改造，提升整体环境品质，实现生态韧性目标，为公园注入新时代活力。和平公园作为上海市民心中的一座宝藏公园，承载着三代人的美好回忆。

该项目主要的创新点包括以下几个方面:

一是修护自然山水本底，突出自然与人文景观和谐统一。项目整体改造立足于自然的角度，修复公园生境，激活水体岸线，以山林、草甸、花境、水系等植物景观元素，修护公园原有的自然山水本底。保留了原有的骨架乔木，梳理了中下层郁闭绿地空间，增加下层地被的品种植物。根据区域光照条件、植物现状和使用功能，打造“四季有景、月月有花”的公园绿化环境。同时，水生态体系修复通过去除淤泥、种植多层次水生植物、养殖益于水生态健康的鱼虾动物、增设自动循环设备等措施，使得湖面水清如镜。另外，在大连路的山林步道立体串联不同的视觉场景，丰富游线，极尽高线之谐趣，让公园和城市街景，进行空间置换，实现视线上、体验上的开放互融。沿新港路释放公园边界，以绿植、水溪为天然阻隔，鸢尾水岸、杉林岛自然交错，绘就一幅滨水林荫的美妙画境。此外，整合梳理园中建筑，去杂呈净、归并功能，以浓郁的传统风貌为底蕴，融合现代创新技法，营造出既尊重传统又清新自然、富有张力的景观建筑风格。

二是以“公园 + ”综合赋能服务能级提升。全新开放的和平公园围绕无界、焕新、互动三大设计理念，打造了“和平新八景”，全新赋能 12 项“公园 + ”，改造为公园全新赋能 12 项“公园 + ”功能拓展: + 自然教育课堂、+ 全龄段健身、+ 动物记忆、+ 萌宠狗乐园、+ 韧性城市、+ 智慧跑道、+ 海绵城市、+ 互动式儿童乐园、+ 智慧公园、+ 园艺市集、+ 生境花园、+ 生态科普，真正实现一个 24 小时开放、暖心、舒心的全民公园。改造后的和平公园破除围墙，用绿地、广场和口袋公园实现公园景观和生活街区融为一体，24 小时向市民开放。例如，原公园三号门（天宝路大门）处，取消了传统意义上的“门”，取而代之的是景墙限定的城市节点——垣园。改造保留了“和平公园”门牌，全新布置了层层叠叠、高低错落的毛石景墙，质朴厚重，在一片梧桐树荫下，营造兼具日常性及仪式性的空间氛围。

三是充分体现人民性、公共性。针对原有儿童乐园缺乏新意、设备老旧的问题，本次改造结合动物元素主题，设计形态自然、全龄友好的无动力游乐设施，打造了占地约 8700 平方米以生态保护理念为特色的沉浸式“儿童友好型”乐园。通过设置秋千、跳跳云、滑梯、地形攀爬等设施，形成具有亲子互动、儿童交友、感知训练等功能的儿童娱乐活动场地。公园设置了可满足全年龄段、不同人群健身需求的活动场所和健身器械。两处标准羽毛球场，一处标准篮球场，一处占地 400 平方米的全国首套智能室外健身器械，及一处占地 400 平方米的青少年体能自由锻炼区。公园内设有两处宠物乐园，在新港路 2 号门设置中小型犬萌宠狗乐园，在畅心园路设置大型犬游玩的宠物乐园。宠物乐园设置了隔栏将其与周围环境分开，确保了不同使用人群的需要。此外，位于公园 3 号门东侧的自然教育中心，是以“低碳”为主题打造的一处家门口的自然课堂与小小博物馆。后续将通过各种活动，鼓励周边社区居民和小朋友积极参与“低碳”城市建设。园艺市集内设有游客服务中心、园艺卖品部、茶室、母婴室、医疗救助中心等配套服务设施，为游客提供便捷的服务及园艺体验。

四是利用海绵城市技术改造公园环境。项目通过选用适宜海绵技术设施，优化各项工艺系统组合，形成了“景观湖体 + 调蓄管 + 透水铺装 + 植草沟”的组合方式，实现绿化带内雨水自然下渗和径流就地存储利用。具体来看，采取抬升水体溢流水位、设置行泄通道等措施，利用公园水体、废弃地下民防通道作为临时滞蓄空间，新增调蓄容积 8700 立方米，服务周边约 36 公顷区域超过管渠排水能力的雨水蓄存。公园还新增了大量海绵设施，实现雨水的自然积存、自然渗透、自然净化和

图 6-22　和平公园园艺市集和综合服务中心

可持续水循环，有效削减了雨水径流、洪峰峰值以及初期雨水污染负荷，改善了区域生态环境并提升了景观品质。

（四）静安区固体废弃物流转中心更新项目

该项目位于静安区淮安路750号，占地面积4752平方米，于2004年建成启用。项目改造前，内部设备陈旧，废气废水排放不达标问题突出。2020年，静安区委、区政府决定对流转中心启动大修改造，经过对内部空间优化布局、完善功能、科技赋能，2022年改造完成后，流转中心从原单一的生产作业场所转变为集作业、参观、科普、会务于一体的综合性场所。随后，“静安区固体废弃物流转中心更新项目”经上海市绿化和市容管理局推选，作为城市基础设施更新改造项目，成功入选2024年全国第一批城市更新典型案例，也是全国唯一入选的环卫设施更新项目。

该项目主要的创新点包括以下几个方面：

一是建立多元协调机制。区公安、城管、属地街道等充分研判项目实施过程中不可控因素，以属地街道为主体，做好周边居民的协调配合工作。

二是充分尊重人民意愿。在实施过程中考虑居民原有生活习惯，项目只改内部空间不改外部环境，施工期间二层街心花园保持对外开放，避免因整体改造导致居民焦点过度集中，影响项目正常实施，改造期间未发生12345市民投诉或信访事件。

三是科技赋能提升转运能力。流转中心内的卸料工作由人工派位升级为电脑派位，并从原先的人工安排卸料倒口优化为信息系统计量称重计算后，分配车辆至指定的卸料倒口进行卸料。同时，项目规划设计时重点考虑在原有空间内做功能的调整分割，新增的会议室、除臭设备、污水处理设备场地等均在原场内空间腾挪。改造完成后，容积率未增加，但生活垃圾转运能力提升25%，日转运量从400吨提高至500吨以上。同时，静安区固体废弃物流转中心在全市率先安装湿垃圾品质监控设备，通过在湿垃圾泊位安装高清摄像头，并结合人工智能技术，判别卸料车辆装载的湿垃圾分类品质，确保监管有迹可查。

图 6-23　静安区固体废弃物流转中心改造效果

（五）青浦区华新镇桥下空间改造提升项目

华新镇位于青浦境域东北部，东与闵行区接壤，北与嘉定区相望。华益村位于华新镇东北部，为三区交界之处，是青浦区西北门户。该项目位于华新镇火星村，凤溪塘南侧、沪常高速桥洞下，虹桥商务区西侧边缘，东紧邻华漕商务区，属于大虹桥辐射 5—10 km 圈层范围内。目前，火星村凤星路、华徐公路东高架桥下入口道路两侧杂草丛生，原有围网破损严重；原有人行坡道破损严重，现场高差大利用率低，人行坡道护栏严重损坏；原有场地局部破损，桥梁桥柱陈旧有水渍，景观效果差。经过多次实地勘察及设计，将打造“协调化、多元化、重置化”为一体的桥下空间健身广场。此次改造对华新镇各类桥梁桥下空间进行科学规划设计和合理开发利用，通过协同高效管理，建立长效机制，保障大型桥梁完好安全，桥下空间占用有序，将为市民提供休闲游憩、文化娱乐、运动健身、邻里交往的桥下新空间，使桥下空间成为美化城市、便民利民的新亮点。

该项目主要的创新点包括以下几个方面：

一是打破原有用途限制的约束。发布“桥下空间使用行为安全要求”，在确保桥梁安全运行的前提下拓展桥下空间用途。

二是依靠个性化设计打造有品质的街景。将原有的“工程外观”打造成“社区景观”。如保留原有的人行步道高台，利用高台新增设台阶及休憩座椅，将原有场地与高台相互联系延伸。

三是将周边环境和桥下空间有机融合。将桥下空间作为生活空间的延伸，全面打造复合型区域。

四是积极满足周边社区群众的文化体育娱乐多样化需求。聚力人民城市建设，把人民的感受作为最根本的衡量标尺。既要守住桥梁安全的硬实力，更要打造精细化管理的软实力，充分发挥软实力的“加速器”作用，全面推动软实力与硬实力互动并进、相得益彰。尤其是打造多元体育功能，提供广场锻炼、器材健身、儿童活动等的多种类多年龄群的活动空间，满足不同年龄人群需求。

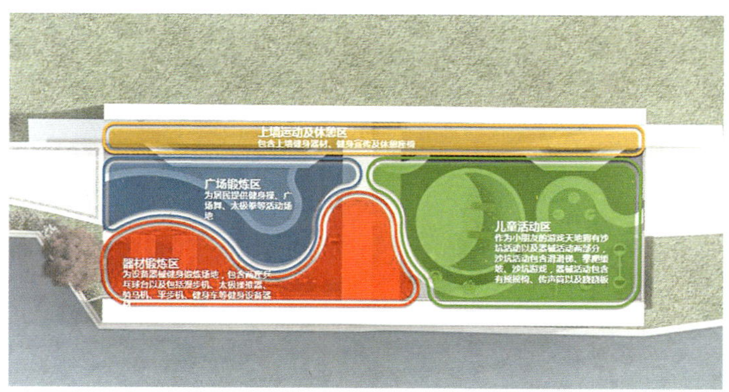

图 6-24　华新镇桥下空间功能分区布局

第七章　风貌类城市更新

2023年，上海贯彻落实习近平总书记在文化传承发展座谈会上的重要讲话精神和中共中央关于文化遗产保护传承的相关要求，按照中办、国办《关于在城乡建设中加强历史文化保护传承的意见》，在优秀历史建筑保护和历史风貌更新工作中，创新工作方法，优化工作流程，持续推进全过程管理，取得了一系列工作进展。

一、新旧共融，风貌保护成效显著

2023年，上海持续加强历史风貌、历史建筑、文保单位的保护与传承，促进人文遗产保护修缮与活化利用。通过强化甄别评估，明确保护保留要求，坚持“以用促留”“以用促保”等原则，在实现历史风貌魅力重塑方面取得了丰硕成果。

浦东新区持续推动新民洋工业遗存活化利用、精心营造EKA·天物创意园区，重构区域发展脉络。位于金桥的EKA·天物创意园区原为上海航海仪器总厂，通过活化利用，2023年下半年成为新晋网红打卡地，吸引一波又一波潮人争相打卡，昔日老厂房华丽蜕变成艺术街区，集文

图7-1 金陵路城市更新项目规划效果意向图

化艺术、生活美学、设计展览等于一体，建筑美学与摩登时尚完美融合。

黄浦区在城市更新的过程中，聚焦空间、功能、文化、环境四大要素，统筹提升区域的形态、业态、神态及生态：注重风貌保护，通过保留保护好老建筑的“形态”，让老建筑“重现风貌”；注重功能打造，通过引进相应业态，更好匹配区域定位；注重文化传承，保留好特有人文价值和历史记忆；注重生态打造，提升区域整体环境。2023 年，黄浦区重点聚焦外滩“第二立面”、老城厢、金陵路、建国东路、高福里等多个风貌保护重点区域，风貌类城市更新项目有重要进展。

静安区充分挖掘文化特质与历史脉络，打造新旧共融的城市风貌：一是探索苏州河两岸历史建筑的活化利用，苏河湾万象天地将中心绿地景观、文保建筑、特色地下峡谷商业有机融合，营造公共开放的多样化场景。二是持续推进张园项目，西区自 2022 年 11 月 27 日正式开放以来，获得社会各界的广泛关注，目前正持续推进东区保护修缮与功能拓展工作。三是创造新旧共融的特色城市风貌，静安区图书馆（天目路馆）通过扩建进行功能补充，结合里弄石库门特色与保留建筑要求，与北站街道社区文化活动中心项目统一设计、整体建设，打造石库门主题的“海上书坊”；巨富国潮文化馆项目，遵循街区场地历史格局和空间激励，打造功能复合、新旧共融的艺术空间。

图 7-2　静安区巨富国潮文化馆项目规划效果意向图

徐汇区把风貌区更新作为主题教育重点课题。在衡复风貌区徐汇片，排摸出不成套住房 2.2 万户，其中 40% 集中在东部 12 个街坊。聚焦“衡东十二坊”，在市有关部门帮助下，依托“三师联创”机制，形成衡复中部单元更新方案，探索成片旧改、权益归集、差价换房等多种方式进行更新。同时争取市级支持，以张家弄试点整街坊更新，统筹算好百姓得益账、资金平衡账、功能导入账。

虹口区围绕山阴路风貌区修缮，2023 年实施了 1927·鲁迅与内山纪念书局、沙逊群楼修缮，不仅使其化身市民游客喜爱的文化地标，还成为周边百姓的社区会客厅；修缮了长春公寓、千爱里、永安里等近百幢计 13 万平方米的老建筑，在守住里弄小巷石库门、梧桐树下小洋房等独特气质的同时，持续解决民生问题，推进城市有机更新；“今潮 8 弄”结合上海文学馆、文化艺术空间等打造“文化弄堂”，从“可阅读”到“可会客”，一期已于 2021 年底投入运营，二期将于 2024 年竣工；提篮桥风貌片区更新围绕北外滩“一心两片”发展规划，成立工作专班，对整个片区历史资源状况进行了总体评估。

长宁区正实施焕新武夷路 174 号和 188 号洋房工程，使历史街区与全新文化空间和谐共生，激活街区活力，实现文化元素与城区功能有机融合。上生·新所二期项目将于 2024 年竣工，延续一期历史建筑布局，打造立体步行系统，形成舒适、通达、可体验、可参与的多样公共空间，打造城市级文化地标。华东政法大学历史建筑修缮项目中，2023 年实现小白楼完工、东风楼开工，同时推动韬奋楼、树人堂、思孟堂、体育室等修缮工程的前期工作。

杨浦区结合上海杨浦生活秀带国家文物保护利用示范区创建，构建工业遗产保护利用的“1＋N”政策体系，在深化工业遗产甄别评估、分类运营管理等方面落地细化规范，系统提升保护利用能级水平。推动国棉十七厂、上海制皂厂、电站辅机厂等保留建筑活化利用，建设了长

图 7-3　左图为世界技能博物馆（原永安栈房），
右图为杨浦生活秀带国家文物保护利用示范区创建工作成果展上的展览场景

阳创谷、互联宝地、国际时尚中心等一批产业园区和示范项目。百年古船落户百年船坞，永安栈房变身世界技能博物馆，茶厂厂房化身国家级非遗生产性保护基地“笔墨宫坊”，毛麻仓库、明华糖仓等经修缮后先后承办多项省部级艺术展览和知名时尚活动。

普陀区鸿寿坊项目用“原址保护、整体复建、构件再利用”的更新方式，既有供消费休闲的商业，又有发展产业的空间；曹杨一村183—189号楼成套改造工作进展顺利，在改善居民生活条件的同时，保留保护好优秀历史建筑的外观风貌，将历史风貌保护与人民城市发展需求有机结合；玉佛禅寺觉群楼重建及佛教博物馆等文化项目（含新会路华童公学旧址平移）将推进历史建筑保护修缮和活化利用，提升区域环境，发掘红色资源，讲好红色故事。

2023年，在五个新城、南北转型区域和世界级生态岛崇明，风貌保护和人文遗产保护工作中亮点不断。松江区占地2878平方米的仓城历史文化风貌区口袋公园项目已于2023年3月完工；江南曲圣馆项目已于2023年4月29日开馆，张照艺术馆已于2023年底开馆；中山西路沿街八处非文保点修缮项目已完成前期勘察、设计等工作，2023年底进入开工准备阶段；完成总面积2910平方米的五处文物保护点修缮，完成秀南桥和年丰人寿桥修缮工程；泗泾下塘历史文化风貌区已完成15处共9300多平方米文物修缮和1486户居民动迁，马相伯故居、史量才故居入选上海市首批革命文物，并成为市、区两级爱国主义教育基地；样板段的泗泾三宅获“上海市民家门口的好去处”称号，被市文物局作为文物建筑焕发新生成功案例报送国家文物局。闵行区重点依托召稼楼“城中村”改造项目，打造旅游新地标，使召稼楼地区成为继承和弘扬农耕、治水、城隍等传统文化的典范。嘉定区西门旧改推进顺利，去年启动西门历史文化街区旧改项目二期房屋征收动迁，完成签约率100%。青浦区第一轮较为典型的徐泾镇蟠龙项目商业“蟠龙天地”已于2023年上半年开业，成为商旅文融合发展的新地标和满载江南记忆的城市会客厅。崇明区修复1929年中共崇明县委机关旧址，打造更多群众精神文化生活公共空间。金山区蔡以台读书楼修缮后，于10月1

图 7-4　左：蔡以台读书楼更新后场景，右：室内展厅

日正式对外营业，通过重新打造引进新业态，吸引市民、游客打卡拍照；王槐庭老宅（原枫泾文化站）在保证现有建筑格局、原貌不变的情况下，进行整体修缮，2023 年底已完成主体工程，于 2024 年 2 月正式开放。

二、加大力度，各项工作有序推进

（一）制订行动计划，确立目标愿景

2023 年 3 月 16 日印发的《上海市城市更新行动方案（2023—2025 年）》提出，要重点开展城市更新六大行动。其中第四项行动为历史风貌魅力重塑行动。方案指出，要加强保护传承，促进历史文化遗

表 7-1　城市更新行动方案（2023—2025 年）中风貌类更新任务一览表

历史文化风貌区风貌保护街坊风貌保护道路	1	完成 3 个以上历史文化风貌保护区、风貌保护街坊、风貌保护道路项目。重点推进：黄浦衡复历史文化风貌区打造优雅生活街区；徐汇龙华历史风貌区全面提升；静安愚园路历史风貌保护街区更新改造；长宁番禺路历史风貌街区更新；杨浦 86 街坊三益里更新；虹口弘安里项目；嘉定西门先行启动区建设	市规划资源局、市住房城乡建设管理委、市房管局、市文化旅游局、各相关区政府（管委会）
历史古镇保护修缮和更新利用示范项目	2	推进 3 个以上历史古镇保护修缮和更新利用示范项目。重点推进：闵行七宝古镇新一轮保护开发；金山“枫泾古镇 + 中洪村 + 新义村”保护更新；松江仓城历史文化风貌区；奉贤浦南运河沿岸古镇保护开发	
历史建筑保护修缮和活化利用	3	打造 15 个以上历史建筑保护修缮和活化利用示范项目。重点推进：杨浦滨江地区老建筑保护修缮利用；普陀苏州河沿线历史建筑活化利用；浦东新民洋地区工业遗存利用；长宁华东政法大学文物建筑修缮；静安彭浦机器厂工业风貌保留重现；黄浦文庙改扩建工程	

产活化利用，将历史风貌保护与人民城市发展需求有机结合，合理引导空间载体活化利用。目标任务是到 2025 年，完成 3 个以上历史风貌保护区、风貌保护街坊、风貌保护道路项目，推进 3 个以上历史古镇保护修缮和更新利用示范项目，打造 15 个以上历史建筑保护修缮和活化利用示范项目。推进山阴路风貌保护区城市更新等项目。

（二）规范修缮机制，提升风貌品质

按照“确保结构安全、完善基本功能、传承历史风貌、提升居住环境”的要求，重点推进了三类工作：

一是建立完善管理机制。将优秀历史建筑修缮装修工程统一纳入“一网通办”，实行网上“一站式”受理，提高便民服务效率，同时建立优秀历史建筑建设活动联审平台，形成建管、修管两级管理和数据互联互通的全方位保障机制。2023 年，联审平台共受理立项申请 62 件，设计方案审核批复 54 件。

二是持续加大修缮力度。在建立一幢一册“身份信息”的基础上，加大对淮海大楼、市文联大楼等一批优秀历史建筑的修缮力度，积极推动普陀区曹杨一村整体修缮等成片风貌保护项目的改造，充分发挥重点建筑修缮示范效应，推动优秀历史建筑修缮有序开展。

三是试点区域更新新路径。合理确定优秀历史建筑修缮改造实施单元，推进相邻小区及周边地区联动改造，通过整合盘活社区区域资源，完善配套设施，优化使用功能，形成社区服务设施、公共空间共建共享的新局面。比如，黄浦区南昌路沿线采取“个案改造、逐个激活”“串点成线、织线成面”，进而提升整条道路乃至整个街区活力。另外，通过对黄浦区南昌路、虹口区山阴路、长宁区上生・新所、徐汇区市音乐学院、杨浦区杨树浦路 670 号（原怡和纱厂）等区域优秀历史建筑群进行功能更新、活化利用，整体修缮后重现历史风貌。

（三）完善保护制度、加大政策保障

2023 年，上海加大保护传承力度，探索文物和历史建筑保护利用的资金支持、政策扶持、审批优化等针对性保障措施，坚持以用促保，打造城市文化载体。过程中，积极推动城市风貌保护和有机更新相衔接，把握好保护和利用的平衡点，在确保城市风貌整体性和文脉延续性的前提下，创新更新机制，促进历史文化遗产活化利用，做到在保护中发展、在发展中保护。过程中，上海加强历保委统筹协调制度和“三师联创”机制，编制《上海里弄建筑保护更新规划技术管理手册》，为风貌类更新建立有机协同的决策领导机制和科学合理的技术管理制度。

例如，外滩区域作为全市最重要的区域更新项目，2023 年以来，明确了“三师联创、功能完善，品质提升、活力焕新，风貌保护、经典再造”工作原则，各项工作加快推进：一是“三师”联创、编制方案。已基本确定规划方案，相关指标纳入外滩更新单元实施规划。二是创新方式、控制成本。综合运用征收更新、统筹更新、划转更新、自主更新、保留更新等方式，既吸引各类市场力量和主体共同参与更新改造，同时大幅降低更新成本。三是多措并举、长期平衡。结合“三师”试点，探索使用多种政策工具箱，通过政策整合、资源集聚，全生命周期运营，实现当期资产通过运营租金覆盖利息，远期资产通过增值实现平衡的目标。四是多方协作、合力推进。在原市级协调平台基础上，组建推进小组，市城市更新中心和市、区相关部门共同参与，形成合力，全力推进；组建市、区招商引资联合平台，吸引各类市场主体和市场力量，加快稳定建设方案，推动大外滩区域更新早出形象。

（四）开展专项研究，夯实保护修缮技术支撑

2023 年，市规划资源局组织开展了一系列规划研究和咨询活动。一是开展《区域文化遗产联动保护与发展研究》《上海历史城区空间形成机制与整体保护发展研究》《全生命周期城市保护与有机更新政策机制研究》等专题研究。二是组织开展“上海历史文化名城保护专项规划（暨‘上海 2035’总规历史文化名城保护发展实施评估及动态维护方案）”专家咨询，分别从区域统筹、整体保护、全生命周期管理的理念与视角，系统梳理研究了区域文化遗产联动保护与发展、历史城区整体

保护与发展、城市保护与有机更新政策机制，紧密衔接“上海2035”总规实施评估及动态维护方案推进工作，为上海历史文化名城保护专项规划编制打好坚实基础。三是组织召开“上海历史文化风貌保护与城乡建设发展专家咨询会”，邀请住房城乡建设部领导及国内权威专家学者，从新时代城市更新内涵、历史文化风貌的保护与发展、城市创新实践等方面进行经验分享，为上海的历史文化风貌保护传承出力献策。另外，还针对风貌保护信息化工作，重点开展风貌保护对象数据底版建设和入库工作，建立风貌保护对象基础信息库。

同时，在市房管局组织下，开展《优秀历史建筑保护修缮技术规程》的修订和《优秀历史建筑数字化测绘建档技术标准》新编工作，进一步完善涵盖优秀历史建筑评估认定、勘察鉴定、设计施工和竣工验收的全过程标准体系，对已公布的优秀历史建筑保护技术规定中出现的保护要求不完整、信息错误、保护本体及两线划示需调整等情况开展补充修订研究，夯实技术支撑。

另外，还通过实施三维测绘，推动数字赋能。一方面，按照建筑可阅读、管理可追溯的原则，推进优秀历史建筑智能传感器安装和应用，将优秀历史建筑智能监测中主动发现的违规事件纳入网格化闭环管理，并通过管执联动机制，提高违法违规行为的发现及处置效率。另一方面，根据优秀历史建筑保护类别、区域位置等要素，逐步推进三维建模，建立数字档案，并以外滩“第二立面”区域更新为载体，探索将数字化测绘成果、智能化监测数据、年度调查评估成果集成，逐步实现保护部位及要求可视化，并应用于修缮方案的数字化辅助审批工作中。

（五）开展调查摸排，扩大风貌保护储备

首先，通过调研排摸，建立风貌保护储备。根据中办、国办《关于在城乡建设中加强历史文化保护传承的意见》中关于扩充保护对象、丰富保护名录的文件精神，组织专业单位进行调研排摸，逐步建立以公共建筑、工业遗存及优秀现当代建筑为主的优秀历史建筑储备库。同时，陆续向各区政府、市交通委、市教委、市绿化市容局、上海地产集团等

50 个部门和单位，发函征询可供推荐储备的建（构）筑物线索，得到了积极回应。截至 2023 年底，已收到 88 条推荐线索。后续将组织专业团队对相关线索开展现场查勘、资料收集和价值甄别。

其次，推进调查评估，落实保护责任。自 2022 年起，本市建立优秀历史建筑调查评估制度，定期对优秀历史建筑的房屋状况、修缮维护、活化利用、责任落实等保护管理情况进行全面、深入调查评估，以及时发现问题，督促优秀历史建筑所有人、使用人落实保护责任；各区履职完成优秀历史建筑保护利用年度评估报告，并据此制定保护工作计划。2023 年，该项工作得到深入推进。

（六）制定工作指引，引导责任建筑师试点

2023 年 8 月，市住房城乡建设管理委印发《上海市建筑师负责制工作指引（试行）》，明确历史建筑保护修缮项目应当率先推行建筑师负责制试点，并要求责任建筑师必须参与规划设计、策划咨询、工程设计、采购质量管理、施工技术管理五个阶段的相关工作。2023 年 11 月，市规划资源局印发《关于建立“三师”联创工作机制 推进城市更新高质量发展的指导意见（试行）》，提出“引导和鼓励责任建筑师提供从前期咨询、设计服务、现场指导、竣工验收直至运营管理的全过程服务”。为贯彻落实中央城市工作会议精神以及市委、市政府关于推进本市城市更新高质量发展的工作要求，深化“放管服”改革，2023 年底市房管局制定了《关于优秀历史建筑修缮（装修改造）试点建筑师负责制的指导意见（试行）》，以规范和保障建筑师负责制项目的试点推进。目前，唐镇老街 40 号唐墓桥露德圣母堂优秀历史建筑修缮工程、四平路 1239 号西南一楼优秀历史建筑修缮工程、重庆南路 139 号 2 号楼优秀历史建筑外立面修缮工程等项目已率先施行建筑师负责制试点。房屋管理部门将跟进试点项目的开展情况，分析试点成效，提升责任建筑师履约质量。

（七）通过各种形式，传播文化遗产保护理念

2023 年 6 月 9 日，市文化和旅游局、市规划资源局、市房管局等

在杨浦滨江明华糖仓举办 2023 年“文化和自然遗产日”主会场活动，发布“最上海”城市文脉推荐线路，上线杨浦文物数字管理平台，揭牌上海市文物建筑保护利用创新中心。同日，市住房城乡建设管理委、市房管局、虹口区政府在虹口区东长治路 505 号雷士德工学院旧址联合举办“文化和自然遗产日”主题活动，围绕“赓续历史文脉，提升城市品质”核心理念，以上海近年来在历史文化风貌和历史建筑保护工作方面的重要成果和优秀案例作为载体，回溯传统修缮技艺，展望历史建筑保护行业在数字化转型下的变革和发展，推广数字化技术在保护历史建筑方面的应用和价值，推动文化遗产工作与时代同频共振，提高市民群众对历史建筑的保护意识，传播历史文化遗产保护理念，弘扬优秀传统文化。次日，市文化和旅游局围绕“发现‘最上海’文脉，体验‘不一般’非遗”主题，开展一系列宣传展示活动，深入挖掘各区区域特色，精心设计文化游线和体验活动，串联起区域内经典建筑、文博场馆、非遗活动、公共文化特色空间等点位，倡导城市文脉微旅行，围绕“漫游赏非遗”“品购享非遗”“沉浸传非遗”“互鉴知非遗”四大特色主题，引导广大民众畅享非遗购、探访非遗味、共赴非遗游，展示传播上海非遗迷人魅力。

2023 年 12 月 8 日，由市文化和旅游局（市文物局）指导、上海市文物保护工程行业协会主办的第四届“上海市建筑遗产保护利用示范项目推介活动”举行。经过公开、公平、公正的遴选，十个“上海市建筑遗产保护利用示范项目”从 20 多个参赛项目中脱颖而出。这些项目包括：汇丰银行大楼中华厅保护修缮工程、佘山天文台保护修缮工程、

图 7-5 “2023 年上海文化和自然遗产日”主题活动在雷士德工学院旧址举办

图 7-6　第四届上海市建筑遗产保护利用十大示范项目

兴国宾馆 1 号楼保护修缮工程、方塔园何陋轩保护修缮工程、上海市基督教国际礼拜堂保护修缮工程、永安栈房旧址（世界技能博物馆）保护修缮工程、美丰大楼保护更新工程、上海展览中心外立面保护修缮工程、张园西区保护修缮和更新工程、雷士德工学院旧址保护修缮工程。通过推广建筑遗产保护性开发的全新范本，归纳总结本市建筑遗产保护利用工作中的典型做法和经验，发挥好科技创新的引领作用，助力文物保护工程质量稳步提升。

（八）强化内容更新，活化利用优秀历史建筑

在风貌保护工作中，除主管遗产保护的部门开展大量管理、服务类工作之外，负责活化利用的相关部门也积极引导开展功能业态的优化调整工作。例如市商务委，2023 年，大力发掘商业街区功能定位、业态特色、历史风貌、人文底蕴，推动街区商产旅文体深度融合、在全市打造 82 个主题鲜明、内涵丰富、生态优美、管理先进的特色商业街区。比如，针对衡复风貌区保护，聚焦海派文化特色，充分突出历史底蕴和风貌特色，发展首发经济、夜间经济、品牌经济，培育成具有国际消费服务水平的慢生活文化休闲街区。依托城市更新，融合海派风貌、艺

术设计、生活美学、时尚潮流，焕新打造展现美式文艺风貌的衡山路8号、古典韵味与西式摩登和谐并存的张园—丰盛里，以及上生·新所、幸福里、今潮8弄、愚园路生活美学街区、东平路音乐街区等一批“小而美”的潮流街区。

（九）放大示范效应，推广文物保护利用经验

2023年11月20日至21日，国家文物局在上海市杨浦区组织开展上海杨浦生活秀带国家文物保护利用示范区创建评估。22日，国家文物保护利用示范区创建工作现场会在上海举行，国家文物局与上海市人民政府签署全面深化上海文物保护利用改革创新合作协议，更加系统、更加全面、更大力度支持上海文物保护利用改革创新，推广拓展国家文物保护利用示范区建设经验。会上，北京市、天津市、辽宁省、上海市、江苏省、浙江省、江西省、山东省、河南省、四川省、陕西省文物局共同发布《保护传承工业遗产的上海杨浦联合倡议》。

2024年初，“上海杨浦生活秀带”经过三年创建，正式获得“国家文物保护利用示范区”称号。上海以“上海杨浦生活秀带”为主题入选首批国家文物保护利用示范区创建名单的三年来，始终坚持“保护第一、加强管理、挖掘价值、有效利用，让文物活起来”的文物工作要求，探索形成了“全方位摸底、全要素保护、全方位赋能、全周期管理、全民性参与”的“五全工作法”，推动文物本体保护向文物本体与

图7-7 “上海杨浦生活秀带”获得“国家文物保护利用示范区”授牌

场所记忆、文化生态的整体保护转变，文物保护利用与城市有机更新、产业创新升级、文旅融合发展协同互进，以示范区创建赋能文物事业高质量发展，赋能经济社会发展，赋能人民美好生活，取得了新的成绩。

三、优秀实践

（一）杨浦区长白 228 街坊更新项目

长白 228 街坊位于杨浦区长白街道，原属于长白一村工人新村，1952 年 8 月全面开工，1953 年 9 月全部竣工，是上海首批完成的“两万户”工人新村，也是上海现存唯一的成套“两万户”历史风貌住宅。

虽然 228 街坊并不具备遗产身份，也没有一栋是优秀历史建筑，却在城市更新中得到了保护与传承。2016 年，228 街坊被列为上海市第一批 12 个城市更新示范项目之一，同年 7 月 5 日完成整体协商搬迁，随后对 12 栋建筑采取原地复建的方式进行风貌延续。228 街坊周边以居住区为主，该更新项目也是长白街道打造“15 分钟社区生活圈”的示范项目。目前功能包括保障性租赁住房、智慧型净菜集市、特色餐饮美食、文化艺术培训、休闲健身运动、中心绿地广场和社区配套服务等。2023 年 4 月，228 街坊更新成为复合型社会文化活动场所，正式完工并投入运营，不仅成为住房城乡建设部推荐参评 2023 年联合国人居奖的国内唯一项目，也是杨浦区“15 分钟社区生活圈”样板街坊。历经时代变迁与修缮改造，228 街坊实现华丽回归，成为一个留得住历史、摸得着当下、看得见未来、品得出时尚的烟火气与时尚范交织地。

更新后的 228 街坊共有 8 栋楼，其中 1 号楼、8 号楼原样保留了建筑的外立面、原有结构及客堂邻里模式，承担传承记忆的重要功能，统一打造“工人文化”沉浸式展陈；2 号楼统筹融入裁缝店、修鞋店、修表店等便民服务业态；4 号楼与 5 号楼分别为党群服务站点和市民健身中心；3 号楼与 6 号楼入驻一批特色商户，丰富周边居民生活；7 号楼是长租公寓。保留下来的中心草坪作为户外活动空间，定期开展露天市集、老电影轮播、音乐会和少儿球赛等各类特色文化活动，真正成为社区品质生活的打卡聚集地，城市更新叠加“15分钟社区生活圈”的样板街坊。

一是保持原建筑型制和设计元素。228街坊秉持“修旧如旧、整旧出新”原则，最大程度保留素墙红瓦的建筑外观、简约明快的建筑线条以及邻里共享的建筑理念，着力还原和展示工人新村曾经的风貌。比如，228街坊将一层由原来的3.0米加高至3.6米，二层由2.7米加高至3.2米，总体高度增加1.1米，在空间比例上维持原1层单坡、2层双坡等屋顶形式，整体建筑相当于放大约1.2倍，通过与“两万户”屋顶形式呼应的顶盖连接前后排建筑，使优化后的历史建筑具有适用性。又如，228街坊对“两万户”建筑外墙面、门窗、屋面、内部空间和特色构件进行了保护更新：保留原规划布局形式和建筑尺寸，虽然体量不大，但颜值很高，处处细节透露出“小而美”的精致氛围；保留“两万户”立面门窗元素的类型、样式，同时从规范及使用要求上对所有门窗进行归纳优化，形成标准化体系；保留提取了相应材料的质感和色系，强调原“两万户”建筑的砖、木、玻璃等元素，主要是砖红色平板瓦屋面、浅灰色肌理涂料、朱红色漆木门窗，用质感接近的、现代耐久的材质来更新。

二是留住社区文化基因和市民记忆。将8号楼作为上海市工人新村文化的展示馆，聘请专业策展团队，运用历史信息展示、老物件展陈、数字化互动等方式展示上海市的工人新村历史与变迁。在展陈设计中，保留原地坪并进行地基加固、完全按原貌修复外立面、保留内部主要结构、保留空间特征和特色构件，唤醒传统的“两万户”记忆。例如在居住房间特征方面，采用红色平瓦、立帖式木柱、木梁露出、白色纸筋灰墙面、红色木质踢脚线、特色家具、特色隔断、局部吊顶储藏等，并完全按照原有木门窗的形式和位置进行更新。除硬件展陈外，还举办《时光——一个人的杨树浦叙事》阅读分享会；开展“何以228”系列讲座活动，主题包括“长相忆，最忆工人新村”“长白新村：人民城市的历史回望”“工业上海与中国现代化先行区域的形成”等；由228街坊原居民和周边居民演绎反映228街坊生活实景的舞蹈节目《老宅情深》等。市政府新闻办微信平台“上海发布”公众号称其为“上海市首个全方位立体呈现全市工人新村建设发展历程的综合性文化展馆”。

三是打造全龄友好的“15分钟社区生活圈”。作为一个开放式、综合性街区，228街坊有助于引导传统的工人新村居住区走上一条社区生态圈改善与升级的路径。从15分钟步行的辐射范围看，位于敦化路的长白228街坊，可覆盖长白新村街道、延吉街道、定海街道等，这些小区大多为老旧小区，空间使用已饱和，能增设的服务空间不多，且老龄化程度较高，这些都对社区服务提出了更高要求。而长白228街坊构建的开放式街区，建立起与周围区域的紧密联系，正可弥补这些需求。更新后，长白228街坊持续地吸引周边居民前往，成为全龄友好的开放式、服务式街区：第一是职住平衡，长白新村街道长期以来缺乏大型业态，一个综合性服务街区的引入，创造了一大批在地的就业岗位与工作机会，从而有效改善辖区以居住为主的功能格局。第二是社群平衡，228街坊内最大体量建筑为450套标准化保障性租赁公寓，吸引年轻人居住生活，对辖区社会年龄结构与生活消费方式带来深远影响。第三是供需平衡，辖区原有的功能业态在数量、类型、品质方面均存在较大改善空间，228街坊项目的投入使用给长白新村街道带来丰富多元的消费、休闲、游憩以及公共服务功能，从而在供给侧实质性改善辖区的供需关系，为使用者与消费者带来更高的满意度与更好的生活体验。

四是践行全过程人民民主重要理念。在228街坊项目的更新过程中，所在区政府、街道办事处、居委会协同组织多场公众参与活动。2016年7月和8月，228街坊刚完成动迁，就展开了两场公众讨论会，邀请了原228街坊居民和周边居民一起讨论，“听听大家居民的需求，大家对这一块两万户的改造更新有些什么想法”。在讨论会上，有很多原228街坊居民希望保留下一些“两万户”的记忆，不少居民都意识到228街坊作为上海最后的成套“两万户”的历史价值。在建造过程中，居委会带着仍住在附近的居民到现场参观，听取各方面意见。

图 7-8　228 街坊更新前后对比及其功能分区示意图

就像“上海人大”公众号题为《全过程人民民主在上海：有“烟火气”的民主形式，助力 228 街坊蝶变全过程》一文所总结的那样，228 街坊以“政策说明会”赢得人民信任，“征收”首创三个 100%；以“电视问政会”集聚人民智慧，“规划”体现群众需求；以“代表建议信”采纳人民建言，“建设”成片整体焕新；以“调查问卷星”收集人民心愿，“业态”符合全龄需求；以“人人议事厅”聆听人民感受，“运营”优化深入人心；以“人大家站点”激发人民行动，“治理”汇聚各方力量，总之，取得了公众参与的良好效果，有原居民欣慰地说，“最开心的还是把我们这里原来的模样保留下来。如果重新建高楼，可能就跟我们没关系了”。

（二）奉贤区南桥源更新项目

南桥源更新项目位于奉贤区南桥镇中心地段，是南桥老城区的发源地，也是奉贤区城市有机更新的第一个项目。该项目围绕提升基础设施服务水平、改善居住环境、增强城市功能的目标要求，坚持文化为源，最大限度对历史文脉进行挖掘、传承、保护、修缮，全面提升老百姓的获得感和幸福感。

该项目以打造卓越的新江南历史文化街区为目标，通过对区域内历史文化发展脉络的充分挖掘和系统梳理，结合周边公共空间要素及城市功能，打造“一廊六街二十四弄”的慢行街巷及集绿色、运动、旅游、生活、商业、宜老为一体的综合功能系统。改造后的沈家花园形成“一园多馆”的格局，相关建筑被赋予展示等公共文化功能。南桥书院整体城市设计方案按照“学区 + 社区”相互融合的设计理念，在确保教育功能的基础上，最大限度开放公共空间，释放公共功能，缓解老城区停车难、公共空间和民防设施缺乏等问题。浦南运河滨河景观带项目通过拆除滨河废弃建筑，腾出亲水活动空间，为周边居民提供开阔的滨水景观空间。古华项目未来将打造集特色文化和沉浸式消费体验为一体的全时段、全气候、全区域的“街区式”商业区域。

该项目具有三方面特点：一是组织方面，南桥源城市更新项目采用“推进办 + 项目公司”的模式。2017 年 10 月成立上海市奉贤区城市更新工作领导小组，下设推进办公室于区建设管理委，2017 年 11 月由上海奉贤发展（集团）有限公司申请注册成立上海奉贤南桥源建设发展有限公司。二是政策方面，研究建立“推进办会议会审制”的南桥源行政审批机制，确保按计划完成各项建设任务。三是资金方面，由区发展改革委、区财政局根据城市更新方案进行整体研究，建立“政府 + 市场”的平衡机制。通过努力，取得显著成效，包括有效改善老城区人居环境和公共配套设施不足等问题，深度挖掘本土历史文化，形成《沈家花园与沈梦莲》《江南第一梅与奉贤曹家》等文化研究报告，举办各类文化活动，充分发挥文化在彰显历史底蕴、提升城市品位、展现传统风貌等方面的重要作用。

该项目取得五方面经验：一是坚持以人为本，深入践行人民城市重要理念，完善公众有效参与城市更新决策的体制机制，充分发挥社区居民在城市更新建设中的主体作用。二是多方合作，发挥国企的担当和影

图 7-9　沈家花园街区更新后效果图和主楼更新后实景

响力，在项目推进过程中积极对接相关委办局，公司领导班子及技术负责人积极协调施工、监理参建单位，发挥各方优势。三是注重文化挖掘，重点梳理了本土历史文化脉络，由专业文化顾问对项目全过程设计提供文化指导，遵循城市内在的秩序和规律，引导各类项目开发中顺应城市肌理和人文记忆。四是规划引领，由总规划师全面统筹区域内各地块的开发建设，对各类空间打造提出引导性、控制性要求，统筹全域空间营造，注重各类空间互联互通，全面提升景观生态环境。五是优化运营管理，倡导各项目在满足自身功能需求的同时，通过分时分区管理措施，开放停车位、公共活动空间等，满足周边居民休闲活动需求。

（三）嘉定区西门历史文化街区更新项目

嘉定区西门历史文化街区位于嘉定老城的西城门外，历史底蕴深厚，被称为“嘉定之根”，街区内建筑功能混杂，形成年代久远，风貌肌理亟待保护。作为上海市“五个新城”的十个示范样板区之一，嘉定区结合项目特点对西门历史文化街区进行保护与再生，形成集文化休闲、商业办公、高端度假和品质居住为一体的复合式活力文化街区，着力打造嘉定文商旅新地标，让古城重现新韵。

该项目规划方案以“印象西大街”为设计主题，以“人文教化高地、嘉定韵味古街”为总体定位，以嘉定历史水乡空间为载体，以西大街为核心轴线，通过对原有空间肌理、历史风貌变迁的梳理，重新组织历史建筑、街道与社区空间，强化鱼骨状的路网体系，保护并恢复街巷

图 7-10　嘉定西门老街规划设计效果图

中的历史环境要素。通过保护修缮、保留改造、更新改建等方式，以文化创意和旅游休闲为主要业态，打造商业、办公、文化、居住等功能复合的活力街区。

该项目在各市级部门的指导下，采取“政企合作”模式，由实施主体进行融资动迁、开发建设。取得土地所有权后进行二级开发，后续引入社会资本，缓解资金压力。过程中，积极争取中心城区旧改的优惠政策落地。目前项目正在进行征收并推进先行启动区的方案设计工作，后续将根据动拆迁进度，有序推进整体开发建设。更新后将形成集历史文化、人文旅游、艺术展览、生活体验、商业零售、休闲娱乐、文创办公、旅居等功能于一体的创意历史文化时尚街区，实现“可重塑的空间，可阅读的建筑，可漫步的街区，可发展的文化”。开放运营后将与周边历史文化场馆形成互动，唤醒嘉定老城商业。

该项目取得三方面经验：一是商业规划前置，商业团队提前介入，在前期提出符合业态运营的规划要求，实现街区风貌保护与商业运营更好地融合。二是进行有针对性的消防设计，对于无法满足现行规范的以木结构建筑为主的历史街区，结合实际情况制定针对性的消防设计相关文件。三是征收工作高效、高质完成，成立征收工作指挥部和征收工作组等，全面负责旧改项目的推进。

（四）徐汇区衡山路 53 号（国际礼拜堂）保护性修缮项目

国际礼拜堂位于徐汇区衡山路 53 号，始建于 1923 年，建成于

1925 年，占地面积 940 余平方米，建筑面积约 1950 平方米，是上海市文物保护单位、上海市优秀历史建筑。国际礼拜堂是一幢较为典型的哥特式风格的基督教堂，由布雷克设计，江裕记营造厂承建，是上海现存规模最大的基督教堂之一。

2021 年 5 月，近“百年高龄”的国际礼拜堂的保护性修缮工作正式启动，历时两年，于 2023 年 3 月修缮完成。本次保护性修缮的方针是“保护为主、抢救第一、合理利用、加强管理”，旨在正确处理保护和合理利用的关系，并使建筑本体及周边环境获得有效保护及整体提升。该项目已入选由上海市施工行业协会发布的《2023 年度上海市白玉兰优质建设工程预评入选工程公示》名单。

国际礼拜堂外部重点保护部位为东、南、西、北立面和屋面等，包括红砖清水墙、水泥勒脚、红砖线脚、石砌线脚、门窗洞口造型、券形双联花玻璃窗、铸铁落水管、两坡式屋面等要素。内部重点保护部位为建筑布局、原始结构、原始门窗、木地板、教堂圣台、圣杯等，包括大堂吊灯及砖柱上的壁灯的造型样式、窄条硬木地板、汉白玉洗礼台、通风口、走道水磨石地坪、木楼梯（表面贴卷材）、木栏杆及扶手等。本次修缮为了保证建筑及周边地区风貌的完整性，周边的相关建筑及构筑物作为构成该项历史建筑总体价值的组成部分适当保留。

衡山路 53 号（国际礼拜堂）保护性修缮工程的主要内容及其亮点包括：

一是充分遵从历史真实性。此次修缮充分保护现存建筑本体的原状，保留建筑的历史信息，所有恢复和修复工作都建立在充分的考证和历史研究的基础上，按照建筑物原有的特征、材料质地、施工工艺进行修缮。在工匠们的精雕细琢下，国际礼拜堂修缮工程迎来了新生，不仅保留了其作为宗教场所的神圣与庄严，更成了一个展示历史文化和建筑艺术的窗口，吸引无数信徒和游客前来参观，同时也成为城市文化景观的重要组成部分，为城市增添了独特的魅力和文化底蕴。

二是系统开展室内装饰装修和室外环境整治。一方面体现在室内装饰装修上。主要包括砌筑、木结构、吊顶、楼地面装饰、地板铺贴、墙柱面、装饰涂料、抹灰、门窗、给排水、电气等一系列施工环节。另一方面体现在室外环境整治上。主要包括基地内办公楼、门卫间、主入口、绿化、道路、景观提升改建等。采用通透式或半开放式的绿化提升改造策略，将历史建筑与绿化区域自然分隔，同时保持视觉上的连通性。这样，市民在欣赏绿植的同时，也能清晰地看到历史建筑的身影，感受到城市的历史脉络和文化传承。

三是采取精细的墙面、屋面保护性修缮方式。一方面体现在墙面修缮上。砖面风化深度较浅的，原则上不做修补。外墙清水墙原始砖面差异较大的，予以凿除，并按特点方式进行修复。若外墙清水墙表面原砖面风化≤ 5 mm，为保留建筑历史沧桑感，不做修复。局部损坏严重或砖面风化< 20 mm 的，先清除损坏部位的灰尘，采用专用增强剂进行处理，然后用专用成品砖粉浆料逐块批嵌。清水墙灰缝损坏，应剔除、清理损坏的灰缝，浇水湿润，按原灰缝的形式，用专用石灰基勾缝砂浆勾嵌密实、规整，保持与原有墙面的灰缝基本一致。对风化深度不小于 20 mm 的墙面，先将红砖的风化、碱蚀、剥皮等酥松层全部斩除，露出坚实的砖面，清理干净后浇水湿润，然后采用与房屋清水红砖外墙规格相同、颜色相近的红砖切割成相应厚度砖片（不小于 10 mm）进行修补，砖片外墙面应打磨光滑。灰缝修补按原嵌缝形式（平缝）采用专用石灰基勾缝砂浆修补复原。由于红砖清水墙大多存在不同程度的风化，清水墙清洗后，采用专用增强剂进行增强处理。清水墙修复完成后，墙面统一刷无机透气、透明硅氧烷憎水保护剂。另一方面，体现在屋面修缮上。大堂原屋面为青石板瓦，西楼原屋面为机制平瓦，因年久损坏及风化严重以及统一风格材料等原因，在本次修缮工程中全部予以调换为页岩瓦。新换页岩瓦的形式、规格和颜色与原青石板瓦基本相同。由于屋面坡度较陡，页岩瓦通过不锈钢挂钩以及钻孔后螺栓固定在挂瓦条上，增加稳定性和安全性。屋面天沟、泛水、水落管全部替换为紫铜材质；檐口水落、立面雨水管等全部按原样翻新。

图 7-11　国际礼拜堂历史旧影、修缮后新貌及修缮工程场景

（五）静安区北京西路 1320 号（雷士德医学院旧址）优秀历史建筑修缮项目

北京西路 1320 号（雷士德医学院旧址）建于 1933 年，原使用功能为医学研究，现使用功能为办公，建筑层数为地下一层、地上三层、局部四层，总建筑面积为 5082 平方米。建筑结构为钢筋混凝土结构，保护等级是上海市优秀历史建筑（第二批），保护级别为三类。南立面、东立面和北立面为外部重点保护部位，进厅和两侧大厅空间格局及其他

原有特色装饰为内部重点保护部位。该装修（修缮）工程于 2023 年 8 月正式开工，2024 年 1 月完工。

该工程对北京西路 1320 号主楼进行保护修缮和室内装修，消除结构安全隐患，恢复建筑历史风貌和装饰特色，并结合当代办公的功能需求增加必要的机电设备，提升建筑使用性能和条件，传承历史文脉：

为恢复建筑外立面的历史风貌，该工程根据不同部位、不同材质污染损坏程度，采取相应工艺进行处理，对石材墙面和水刷石墙面进行清洗，并对大部分损坏的水刷石墙面进行翻做，在尽量保留原始痕迹与沧桑感的同时，达到外立面的整体和谐。为了更多地保留历史痕迹和修缮过程的印记，在北立面保留了两处原始水刷石墙面，与本次新做的水刷石墙面相映成趣。

通过历史照片可知，建筑外立面采用黑色钢窗，由于使用时间较久，多处出现脱漆、锈蚀，局部存在窗洞被封堵、玻璃和五金件等部件缺失等情况。修缮工程对现存尚好的钢门窗予以除锈、校正，修复后重做防锈漆及黑色面漆；对严重锈蚀、无法使用或缺失的钢窗，按照原形式重新定制、替换；现状部分缺失或损坏的执手、风钩等五金件，按照相邻钢窗完好的五金件进行仿制，予以更换。

建筑主入口和西侧入口两侧均立有一对铜灯柱，柱身装饰有卷涡形纹样，是典型的装饰艺术派风格。修缮工程 1∶1 复原了入口铜质灯柱，完整恢复了历史建筑的原有风貌。

内部门厅、东侧礼堂、阶梯教室、西侧图书馆、两侧楼梯间等重点空间将承载展示、接待、交流等主体功能。修缮工程对重点保护空间的室内原有格局进行了恢复，对门厅天花藻井、两侧大空间柱头装饰、走道木护壁、木门、铁艺灯具等历史原物进行了修缮，对门厅原大理石墙面、水磨石地面的图案样式和东西两侧大空间柱身线条装饰等细节进行了复原。

其他空间虽然不是重点保护部位，也都尽可能体现室内风格和特点，尤其是各层 U 形贯通走道，是该历史建筑空间格局的重要体现。修缮前仅一层走道基本保持原有尺度，二、三走道已被两侧房间占据，吊顶较低，空间感受颇为逼仄。修缮过程中，均复原了原有走道尺度和建筑装饰特征。

北京西路 1320 号（雷士德医学院旧址）修缮后为医疗国际医学交流中心与企业总部办公室，结合历史建筑的文化底蕴，面向国际医学学术交流的空间需求，通过建筑空间设计展示企业形象，打造南京西路地区医疗服务新标杆。建筑原有功能与未来功能的契合，使雷士德医学院旧址充分体现文化价值和使用价值，成为建筑文化展示与医学交流的多重载体。

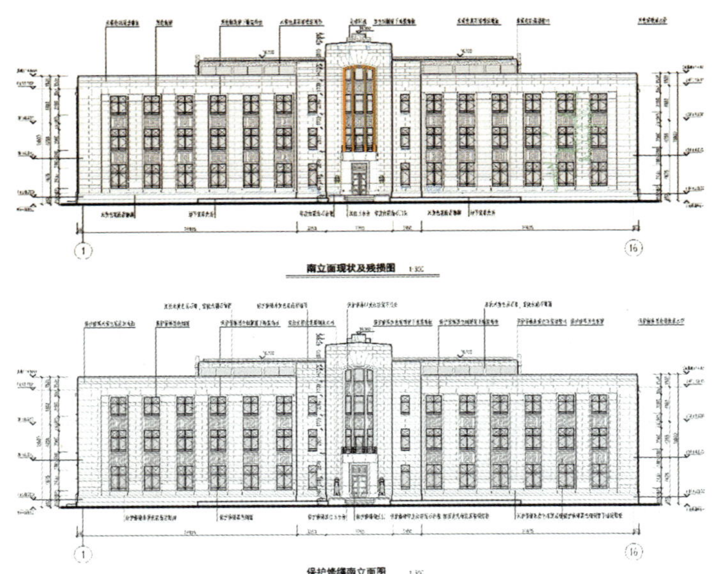

图 7-12　上：修缮前的南立面现状破损图，下：修缮后的南立面图

图 7-13　左：修缮后的外立面景观，右：修缮后的报告厅

（六）徐汇区淮海中路 1131 号（上海音乐学院）优秀历史建筑修缮项目

上海音乐学院淮海中路 1131 号建筑，建成于 1905—1911 年间，原为住宅，现使用功能为上音会客厅，地上 3 层，总建筑面积约 1278 平方米，为砖、木、混凝土混合结构，保护等级为上海市优秀历史建筑（第三批），保护级别为二类。保护内容包括：建筑东立面、屋顶、平台为外部重点保护部位，平面基本格局、二楼东侧房间、主卧室、一楼进厅天花、壁炉、楼梯及其他原有特色装饰等为内部重点保护部位。修缮工程于 2022 年 11 月正式开工，2023 年 11 月竣工。

淮海中路 1131 号曾一度被沿街的非历史建筑包裹，除了隐约露出的铜顶，行人几乎很难注意到它。尽管已矗立百年，很多人却对它并无印象。修缮过程中，拆除环绕在西北面的“L”形非历史建筑，历经百年沧桑的老建筑终于露出真容。

修缮后的淮海中路 1131 号建筑直接面向淮海中路，间以别致的景观绿化过渡，开放的自然环境与历史建筑充分结合。北立面作为临街的主立面，设计精巧，汇集了绿色铜顶、巴洛克式山花、希腊式凸窗、罗马式柱头等众多德式风格要素。东立面在历史使用中加建了室外楼梯和雨棚，修缮过程中拆除了历史加建元素，恢复了原始门窗洞口、木构装饰山花、铜质披水板、烟囱和尖顶等建筑主要构件。南立面依据历史照片和现状查勘，拆除了阳台后期加建的玻璃房，梳理并恢复了一层的入口大台阶和上下两层栏杆的水泥花饰。西立面有中世纪碉楼、六角塔楼、弧形拱券等德国文艺复兴风格元素，与西立面型制相呼应的屋顶老虎窗、阳台木排门窗、转角八边形尖顶塔楼、底层花岗岩石墙基等，都在修缮中得到了保护。

修缮工程恢复了西立面的历史风貌，特别是那些纤细的绳柱、精心雕刻的拱形木装饰、充满韵律的木栏板等部件。体块的凹凸变化赋予建筑立面以更多的光影动感，使其更加错落有致。修缮设计通过梳理建筑不同空间的型制特征，使建筑功能呈现出一定的灵活性。古董艺术品的木楼梯、绚丽的彩色玻璃花窗、雕镂精美的历史壁炉，组成门厅空间，组织了东南向高大敞亮的大厅空间和西北向布局集约的辅助空间，使建筑与公共开放功能完美结合。

修缮后的淮海中路 1131 号共有四层（含地下空间），首层为咖啡、阅览和活动空间，二、三层为展览和接待空间，四层为办公和展览空间。该建筑将作为“音乐大师空间与上音会客厅”向全社会开放，以实际行动践行“人民城市人民建，人民城市为人民”的重要理念。

图 7-14　上：修缮后的外立面景观及其测绘图，下：修缮后的室内场景

第八章　区域类城市更新

以“一江一河”沿岸地区、外滩“第二立面”、衡复历史风貌区、北外滩、吴淞创新城、虹桥国际中央商务区等重点区域为代表的区域更新，尺度大、难点多，集中展示了上海城市更新面临的复杂性和挑战性。区域更新的对象通常是城市或区域地标，他们的更新涉及方方面面：既要调动各类主体参与的积极性，又要统筹区域更新的整体性实施；既需要积极引入新业态新功能，还需要考虑如何带动周边共同发展；既要解决短期资金投入的压力，还需要考虑长期运营的效能。

一、持续推进，加快地区战略转型

2023 年，上海各区在明确综合区域整体焕新重点区域的基础上，通过整体规划、重大项目建设等工作持续推进这些重点区域的更新。具体来看，各区都有牛鼻子工程，形成中心城区以区域更新引领城市增长新空间，郊区新城以新城建设和区域城市更新共同推进高质量发展的战略格局。

其中：浦东聚焦新民洋区域、金滩区域及张江科学城，积极探索推进多类型的城市更新；黄浦聚焦外滩“第二立面”、老城厢、中央科创区（浦西世博园）等区域；静安聚焦南东商圈、苏河两岸、中环两翼等；徐汇聚焦大徐家汇、西岸滨江、漕河泾、徐汇中城、华泾门户等区域；虹口深入推进“北外滩 + 提篮桥”、四川北路沿线、北中环科创集聚带等区域更新；长宁聚焦老虹桥商务区、一纺机区域等；杨浦深入推进杨浦滨江南段和中北段、环高校创新社区等区域；普陀推进曹杨新村、桃浦智创城等区域更新；闵行聚焦莘庄城市副中心、虹桥前湾、吴湘江生态廊道、黄浦江十字水域；五大新城和南北两翼聚焦嘉定苏河源、北虹桥，松江经开区中部、松江枢纽、松江科技影都，奉贤南桥源，宝山南大智慧城、吴淞创新城，金山乐高乐园度假区等。

浦东新区紧扣引领区建设总体要求，聚焦新民洋区域、金滩区域及张江科学城，积极探索推进多类型的城市更新改造。持续推动新民洋工业遗存活化利用，重构区域发展脉络；探索推进位于黄浦江北部的金滩区域更新，打造北滨江地区转型发展的滨水智造创新示范区；持续推动张江西北片区的更新，率先在张江科学城试点产业综合用地政策。

图 8-1　浦东新华—民生—洋泾码头区域

黄浦区深入推进外滩“第二立面”、老城厢及中央科创区等区域的城市更新。黄浦区会同上海地产集团，按照“近、中、远”三个三年的任务框架，以建设世界级金融文化中央活动区为目标，积极推进外滩“第二立面”城市更新。2023 年编制完成的《黄浦区外滩第二立面区域城市更新行动计划》（全市首个上报的区域更新行动计划）明确了更新的范围、目标、规划设计条件以及统筹主体的确认方式等关键要素，并根据行动计划及相关法规文件指定上海外滩城市更新投资发展有限公司为统筹主体。聚焦“第二立面”北部片区等重点区域，积极探索运用征收更新、自主更新、保留更新、划转更新、统筹更新等多种途径加快老大楼的更新改造。目前，近 3200 户居民实现居住条件改善，完成 42 幢老大楼产权归集；统筹推动圣三一堂、卡内门洋行、中南大楼等 24 幢老大楼的更新改造。2023 年底，黄浦老城厢中轴核心的重点项目，拿到工程规划许可证，黄浦老城厢的城市更新进入了新的节点，核心区的新风貌不断显现。黄浦世博滨江区域也在后世博更新建设的基础上，根据“中央科创区”的规划，以“中央科创区”牵手“文化博览区”“最佳实践区”，以“科创”融合“文博”，以“科技”演绎“城市最佳实践”，打造上海科创版图升级的“点睛之笔”，全球顶尖创新要素的“融汇之地”，前沿科技展示交流的“创新之眼”。

图 8-2　黄浦世博滨江区域风貌

静安区统筹推进综合区域更新，聚焦南京西路商圈、苏州河两岸、中环两翼集聚带，强化分区分类引导。一是促进南京西路文商旅融合发展。其中，张园西区自 2022 年 11 月 27 日正式开放以来，获得社会各界的广泛关注，其区域整体综合应对方式的探索将成为未来上海历史风貌片区开发的标杆，2023 年多次接待外国首脑以及各省市的调研考察，交流张园保护更新的机制与实施情况。目前，该项目持续推进西区招商与酒店、美术馆、演艺中心前期筹备工作，注重“首店”“首秀”“首发”效应，东区项目 2023 年内全面开工，计划 2026 年建成。二是提升苏州河两岸片区能级。东斯文里区域是静安区“一轴三带”发展战略中南北高架复合发展轴与苏河湾滨水商务聚集带的交汇处，作为市规划资源局“三师联创”试点项目，依托责任规划师、建筑师、评估师三方专业合作力量，通过高品质设计，推动区域统筹、提升区域整体价值，形成静安发展新的增长引擎，辐射带动苏河湾地区整体价值提升。三是加快中环两翼集聚带存量工业用地盘活，中环南翼重点推进大徐家阁片区规划研究，中环北翼以成片低效工业用地的整体转型为重点，推动走马塘片区城市更新建设，打造领先的国际化创新型产业社区。

图 8-3　静安区张园

徐汇区规划布局五大功能区，项目聚焦五条新战线。规划层面，打破行政区划，把街镇重新组团，构建大徐家汇、西岸滨江、漕开发拓展、徐汇中城、华泾门户“五大功能区”，均成立管委会实体运作。每个地块适当扩大规划研究范围，优化产业、交通、生活、商业、生态等功能，更大尺度上统筹资源，推动产城融合、职住平衡。比如，西岸滨江功能区的数智中心地块，原本是零散的旧工厂区，经过高起点规划、土地收储，以 240.16 亿元出让，打造承载国家战略的人工智能产业地标，成为“工业锈带”变身“科创绣带”的新样本。项目层面，聚焦五条主战线。坚持向存量要空间、向更新要效益，盘活中心城区低效用地，提升经济密度。聚焦中山南二路、肇嘉浜路、龙吴路、桂林路、漕宝路这 5 条发展有需要、群众有感受的主干道，深入腹地，全线梳理土地，理出产业更新、民生保障等 6 类 108 个更新项目，涉及土地 334 公顷，已启动 48 个项目。

图 8-4 徐汇滨江风貌与规划

长宁区按照“以区域更新为重点，分层、分类、分区域系统化推进城市更新”的目标要求，全力推进六大行动重点项目。《长宁区城市更新2022—2024年行动计划》中将城市更新的重点区域按照内环线、中环线为界划分为东、中、西三大重点区域，东区的城市更新以中山公园商圈提升、历史风貌街区打造和环东华时尚创意产业集聚为重点；中区的城市更新以“拓展新功能，复兴虹桥经济技术开发区”为主题，着力推动老旧商务楼宇更新，对接虹桥国际开放枢纽打造，再创虹桥开发区辉煌；西区的城市更新以凸显虹桥国际开放枢纽核心区区位优势为要点，创造一切条件加紧建设与虹桥国际开放枢纽地位相匹配的产业载体和区域配套市政基础设施。2023年，长宁区重点推进一纺机地块整体更新，以打造苏州河高品质滨水生活岸线为目标，建成后将成为苏州河沿岸重要的开放空间节点和具有游憩及生态功能的大型绿地。同时，为配合高品质滨水生活岸线建设，正在积极开展万航渡路一纺机地块下穿前期研究。推进上海影城改造提升、虹桥公园改造提升、新虹桥中心花

图 8-5　长宁区新象限 · 武夷

园桥下空间提升、飞乐地块及相邻洋房空间提升、虹桥天地存量楼宇改造等项目竣工，推进华东政法大学文物建筑修缮、上海国际体操中心整体改造等项目按计划施工，基本完成 2023 年度目标任务。

普陀区以强功能为目标，聚焦桃浦区域转型发展，统筹推进综合性区域的城市更新。一是不断加速产业园区转型升级。推动存量工业用地转型升级、创新发展，促进空间利用向集约紧凑、功能复合、低碳高效转变，培育新兴产业发展优势。年内完成桃浦智创城 604 地块英雄商

图 8-6　中以（上海）创新园

办项目（新建建筑），该项目是国家级科创合作项目中以（上海）创新园一期载体的延续。二是推进厂房改造。普陀桃浦智慧冷链产业园项目开工建设，该项目实现从功能定位、设计理念、绿色建筑到智慧运营的全方位升级，助力桃浦区域转型发展。产业园采用原址重建的方式，借助产地联动政策帮助企业实现物理空间扩容、做大供应链载体的基本盘，提升总体容积率之余，加快新旧动能转化、培育产业新动能。

虹口区积极推进“北外滩 + 提篮桥”、四川北路沿线、北中环科创集聚带等区域更新。北外滩区域积极推进重点工程建设，按照北外滩“一心两片”的规划布局，围绕总体量 840 万平方米的总体要求，有序推进修复式、更新式的区域开发探索。目前，高 480 米的北外滩中心等开工建设，世界会客厅、友邦大剧院等投入使用，滨水岸线公共空间日益成为市民休闲娱乐的首选地。2023 年北外滩 22 项重大工程有序推进，“上海北外滩、都市新标杆”的美好蓝图加快变成施工图和实景画。坚持以北外滩为引擎，坚持全区“一盘棋”，立足四川北路和北中环科创集聚带的资源禀赋和发展基础，强化全域空间资源的统筹联动，最大限度地提升虹口有限资源的利用效率和高端要素资源的集聚配置能力。另外，整体规划提篮桥风貌片区更新发展，围绕北外滩新一轮开发

图 8-7 虹口北外滩 180 米地标——友邦金融中心

建设明确的“一心两片”发展规划，联合市规划资源局，成立工作专班，对整个片区资源状况进行总体评估，开展功能业态等针对性研究。

杨浦区城市更新开展“添亮点”行动，以滨江区域整体焕新为重点，区域更新与零星更新相结合，系统推进“点亮新域、美好新居、品质新景、焕活新筑、迭代新产、再造新业”等“六新”行动。2023 年 5 月，结合专家咨询与市、区各职能部门，各街道，国企集团意见建议，杨浦区发布了《杨浦区城市更新添亮点行动方案（2023—2025 年）》。2023 年推进完成 6 大类 25 个分项 152 个更新项目，其中滨江综合区域焕新具体项目有 58 项。通过全面整合政府、企业、社会各方力量，协同推进、积极探索创新机制，为城市发展打开新空间、注入新动力。其中在区域更新中，杨浦统筹推进区域更新，打造城市更新示范区。2023 年，杨浦区聚焦滨江整体焕新，开展滨江新一轮产业功能定位研究；滨江城市更新重点示范区研究形成宁国路、杨树浦港等重点片区方案；开展环高校国际创新社区城市更新策略研究及复旦大学邯郸路以南片区公共空间提升研究；以国企存量土地资源盘活、滨江中北段控规编制为重点，开展滨江中北段上海电气片区更新策划方案研究；深化市、区联动，成立滨江区域联合开发平台和杨浦滨江区域联合开发实

图 8-8　2023 上海城市空间艺术季杨浦滨江展

施平台公司，建立前期工作专项小组机制，推进滨江土地储备工作。

闵行区全力推进莘庄城市副中心和虹桥前湾地区建设，同时积极谋划吴湘江生态廊道、黄浦江十字水域整体规划方案。2023 年 9 月 12 日，闵行区政府常务会议审议并原则通过《2023—2025 年莘庄主城副中心建设滚动计划》，计划共有 57 项重点任务。其中，涉及七莘路沿线提升带 3 项、莘庄商务区核心区 10 项、枢纽核心区 3 项、友东路片区 4 项、老街片区 2 项、顾戴路以北片区 1 项、其他片区 6 项、基础设施项目 21 项、重大市政项目 7 项。莘庄地铁站上盖综合项目是莘庄镇打造枢纽核心区的重点项目之一，该项目也将成为莘庄作为上海 2035 主城副中心的重要地标，是国内首个在既有运行的铁路及地铁线路上进行开发的上盖工程，2023 年 12 月 15 日莘庄地铁站老天桥正式完成拆除。此外，虹桥前湾地区在历经多轮收储动迁后，也已逐步进入大开发、大建设阶段。区内既有前湾公园、华东师大新虹桥教育园等重点公服配套陆续开工，也有信达生物、新文创电竞中心、卓然等航母型、引领型龙头企业争相布局，还有虹桥前湾中心等标志性项目紧锣密鼓研究推进中。

图 8-9　虹桥前湾地区鸟瞰效果图

宝山区重点推进南大智慧城项目建设、吴淞创新城整体规划与重大项目落地。南大智慧城加快重大项目建设，形成集聚开发态势。在前期全面完成整板块区域收储的基础上，加强与临港、华润、金茂等大集团合作，加快产业转型和城市品质提升。南大数智中心已交付使用；科创之门、数智绿洲一期已基本完工，正在推进外立面装修；数智绿洲二期正在进行地下结构施工；丰翔路 TOD 一期完成土地出让，进入施工阶段。吴淞创新城启动整体规划研究，加快重大项目落地。吴淞创新城区域，在规划层面，与市级部门共同推进大吴淞地区 110 平方公里规划研究，形成“三江交汇、上海之门”总体意向，已形成阶段性成果。项目层面，一是重大功能性项目有序实施，高铁宝山站完成站房综合体暨站城融合核心区建筑概念设计方案征集、实施方案深化与初步设计方案审查，上海大学上海美术学院 9 月开工，18 号线二期、19 号线开工建设。二是土地收储出让加快推进，市、区联合收储有序进行，两个平方公里先行启动。特钢和不锈钢区域累计交地 1666 亩，剩余 4 平方公里启动收储交地工作，与宝武完成协议签订，江杨南路 TOD、三江交汇区域、上大美院生活区按计划有序收储，首幅公开出让的特钢 03-02 地块已经开工建设。三是宝武项目加快建设，特钢区域吴淞口国际科创城部分建成并投入运营，首发一期南楼引入宝武中央研究院、

图 8-10　南大智慧城“科创之门”基本完工，数智绿洲二期进行地下结构施工

宝山科创人才港，183 米超高层项目结构封顶，同济路宝杨路沿线区域已形成总部聚集形态，并逐步导入宝武系相关产业链。

嘉定区在综合区域整体焕新方面，推进“一江一河”真新南四块项目建设，加快北虹桥“一区一城一湾”建设。其中，作为真新街道“苏河源”城市更新项目的重要组成部分，由上海电气（集团）、久事（集团）、东方国际（集团）3 家市属国企联合打造的“航空智谷”项目正在紧锣密鼓建设推进中。苏河源公园项目已经启动了 1 号和 2 号两个地块的建设，整个项目将在 2025 年建成交付。北虹桥建设方面，2023 年持续推进“一区、一城、一湾”的建设。“一区”是指北虹桥城市更新片区，控规已经获批，招商工作同步推进，首发地块出让和基础设施建设都已经在紧锣密鼓准备中。“一城”是指临港嘉定科技城，首发项目 2024 年 9 月竣工投入使用，二期土地供应正在准备中，周边园区的整体城市更新改造方案也在编制过程中。“一湾”是指虹桥新慧总部湾，已出让土地 14 幅，11 个项目开工建设，截至 2024 年 8 月已有 5 个项目竣工投产。

图 8-11　嘉定北虹桥区域现状与规划

金山区聚焦上海乐高度假区等项目。上海乐高乐园度假区项目总占地面积为 31.8 公顷、总建筑面积约 97889.56 平方米，总投资约 483731 万元。目前乐园后勤保障区域工程已基本建成，主题酒店二层结构施工中，8 个主题片区建设正全力推进、80% 骑乘设备已经在海外生产，部分乐高模型道具已到货。此外，广缘大酒店改建项目历经评估报告、实施计划、控规局部调整等程序，于 2020 年 10 月获市政府控规批准。通过存量用地更新改造，在B1796街坊内补充公益性服务设施及公共空间，改善朱泾镇南社区公共服务设施不足的情况。2023年，该项目主体结构施工已完成，并继续进行内粉刷、外立面及内部装修工程施工。

松江经开区中部产业园区域城市更新，是松江区实践《上海市城市更新条例》的典型性区域更新项目。该项目用地范围76公顷，总建设规模达137.9万平方米，主要采用产业升级、“工业上楼”的方式提升产业用地效率，已基本确定区域内新的土地利用方案和城市基础设施方案，并已在松江新城单元规划中予以落实。除此之外，松江枢纽、松江科技影都等松江新城重点区域的建设，既涉及新建城市区域，也涉及城市更新的内容，例如科技影都中车墩区域的开发建设，就涉及多种类型的城市更新，包括保留工业用地的产业提升，拆除新建居住和公共服务街区，以及自主更新和收储后再出让相结合的有机更新等。

青浦区按照“一城两翼”新时代战略布局，从多方面加快推进城市更新项目落地。青浦的“一城两翼”，中间是青浦新城，西翼是长三角一体化示范区的先行启动区，东翼是西虹桥片区。除了新城建设外，区域城市更新也是青浦落实战略布局的重要抓手。其中，西虹桥片区已进入增量开发和存量更新并行的新阶段，西虹桥片区中国家会展中心周边

图8-12　青浦西虹桥片区城市风貌

徐泾 2.5 平方公里工业区转型，是打造丝路电商产业创新区，并在区级层面拓展毗邻的华新、赵巷两镇，打造联动创新区的重要更新项目。

奉贤区推进“南桥源”区域更新。重点围绕“2 + 1 + X”项目（2：沈家花园地块和古华地块；1：南桥书院地块；X：鼎丰酱园、南桥电影院等需要进行更新改造的地块），规划增加公共活动空间 8 万平方米，增加机动车位 2000 个，增加公共设施 16 万平方米，保留改造建筑 4 万平方米，高效更新利用土地面积 20 万平方米，有效改善老城区人居环境和公共配套设施不足等问题。

二、形成合力，实现区域统筹集成

（一）明确区域更新对全市战略发展的牵引作用

2023 年，市委、市政府主要领导曾多次调研考察区域类城市更新的重点区域，对相关区域的规划、建设、更新等工作进行指示，明确相关区域对上海落实党的二十大重要战略部署、建设具有世界影响力的社会主义现代化国际大都市、走好经济高质量发展之路以及建设人民城市的重要战略意义。

一是中心城区的重点更新区域是上海经济高质量发展的重要战略空间。中心城区的重点更新区域，是市中心成片规划、深度开发的黄金地段，是不可多得的战略空间。因此，这些区域的城市更新和开发建设必须坚持高起点、高标准、高品质：既要延续城市记忆、守护城市文脉、彰显城市底蕴，也要注重营造良好生态、打造核心功能、做强高端产业，加快培育标杆企业、集聚功能机构，打造经济高质量发展新引擎，还要整体推进市政路网、轨道交通和慢行系统建设，高水平规划建设公共配套设施，更好实现便捷通达、绿色低碳、智慧创新；要把握新机遇、抢抓新赛道，把更多符合区域战略定位、引领未来发展的重量级项目、高能级平台、标杆性企业集聚起来；加快完善创新生态和产业生态，引进和培育并重，持续放大产业溢出效应，打造经济高质量发展强劲增长极。

二是南北转型等产业区域转型是上海新时代现代化转型的样本。加快南北转型，是振兴上海老工业基地、构建城市发展新格局的战略之举。因此，要进一步深化对南北转型发展战略的认识，坚持从区域实际出发，加快优化空间布局、产业布局、功能布局，努力推进生产、生活、生态相互融合，功能、形态、环境相互促进，在传统工业地区转型上树立新样板，在绿色低碳转型发展上勇当主力军，为上海高质量发展作出更大贡献。

三是“一江一河”等公共空间的区域更新是人民城市建设的新地标。“一江一河”公共空间贯通开放后深受市民游客欢迎，要结合区域实际，着眼空间提升、品质提升、功能提升，将海绵城市、绿色低碳等先进理念充分融入项目建设运行之中，持续打造“一江一河”新亮点、宜乐宜游新空间、人民城市新地标，把最好的资源留给人民、用优质的供给服务人民。

四是重点区域的城市更新与郊区新城建设要形成互补格局。要准确把握新城与中心城区的关系、新城与原有老城的关系、开发与更新的关系、短期与长期的关系。新城和中心城区是全市发展的“一盘棋”，新城是中心城区功能的互补、延伸和配套，中心城区是新城建设的重要依托，要形成梯次发展、优势互补、相互赋能的格局。要建好新城、提升老城，坚持一体推进，推动功能协调，生产布局、生活环境、生态空间要一体安排，交通设施建设与其他市政设施建设要一体谋划，依靠完善的城市功能发展产、留住人，使老城为新城发展添底蕴，新城为老城发展增动力。

（二）以空间规划引领区域更新

一是把城市更新放在实现城市总规的大目标下思考。在 2024 年 1 月 2 日的全市城市更新大会上，陈吉宁强调了空间规划对城市更新的引领。他指出，城市总规明确了城市的定位、功能和布局，是城市发展大格局、大思路的集中体现。要把城市更新放在实现城市总规的大目标下思考，围绕“五个中心”核心功能，加强统筹规划、补齐短板弱项，促进空间布局优化，改善职住平衡，提升城市品质。围绕总规，实施总规统筹行动，坚持一张蓝图绘到底、干到底，算好总量、结构、模式三本大账，跳出单一更新项目，推动空间扩围，聚焦城市更新单元，统筹空间规划和各类资源。

二是确保高品质的规划设计。一是坚持国际视野、全球标准、高点定位。如黄浦区外滩地区更新单元坚持高点定位、规划统筹，立足打造上海最具标志性的世界级金融文化中央活动区，突出显现外滩建筑基因，重现风貌，重构功能。通过强化北、南、中 3 个分区的功能定位和产业导入，构建以金融商务为特色的“和平之心”复合功能体系；二是设计源头上确保高标准、高水平，如浦东金滩区域、虹桥前湾地区、莘庄城市副中心、吴淞创新城等重点地区均采用了国际方案征集方式，确保了规划方案的高品质。

三是采用“三师联创”机制，贯彻与区域更新相适应的规划理念。2023 年，上海开展了试点更新单元的“三师”联创概念设计及实施规划方案编制，并发布了《关于建立“三师”联创工作机制　推进城市更新高质量发展的指导意见（试行）》。该意见面向实施、系统谋划、集成创新，分工明确，强化专业技术力量的全流程统筹支撑作用：充分发挥责任规划师对于城市更新谋划、协调、统筹的重要作用，制定城市更新单元规划实施方案；发挥责任建筑师对于强化设计赋能、破解技术瓶颈的主导作用，制定项目建筑设计方案；发挥责任评估师在城市更新“强资信、明期权、可平衡”模式中的支撑作用，制定综合价值评估报告。区域更新中，有多个项目采用了“三师联创”工作机制，确保方案的全流程统筹支撑作用，如外滩“第二立面”、衡复风貌区、大吴淞区域的相关更新单元规划参与了“三师联创”更新单元规划方案编制的试点。通过“三师联创”，强调区域统筹、系统性思考、整体性谋划。在“三师联创”的规划方案编制中，赋能“三师”形成合力，共同发挥专业团队的全流程统筹支撑作用，实现城市更新的整体性谋划、专业性策划、合理性评估、陪伴式服务，共同推动实现城市更新的综合成本平衡、区域发展平衡、近远衔接平衡，进而带动整个地区的品质提升、品牌打造、价值彰显。

（三）以组织机制优化加强统筹协同

区域更新的重点区域范围大、功能多样、产权复杂，更新运营周期长。针对这样的特点，重点更新区域多采用成立管理委员会、综合开发指挥部、工作专班、领导小组等组织机构的方式来统筹推进区域更新进程。同时，区属国企通常作为区域开发建设的实施主体，负责区域内的土地收储、基础设施建设及公共空间的运营管理。

徐汇滨江：2012 年，上海徐汇滨江地区综合开发建设管理委员会、上海西岸开发（集团）有限公司正式成立。上海徐汇滨江地区综合开发建设管理委员会总揽地区建设发展全局工作。管委会下设办公室，承担管委会日常工作，统筹协调地区综合开发建设任务的落实。上海西岸开发（集团）有限公司，是全面负责并实施上海六大重点开发区域之一——徐汇滨江地区综合开发建设的区属国有独资企业集团。目前管委会的主要工作是：规划建设、产业集聚和共治共享。早在 2008 年，为了迎接 2010 年的世博会，徐汇滨江启动整体土地收储和动迁，包括一些央企、市属企业、部队等。地腾出来之后，整个区域的规划和产业研究、重要组团的建设，都由管委会牵头组织落地。

杨浦滨江：在管理机制上，2020 年 2 月，区委、区政府成立了杨浦滨江综合开发管理指挥部，下设办公室和四个工作组：党的建设和社会事业、规划建设、产业招商运营、社会治理，再加上全市首个杨浦滨江综合开发管理决策咨询委员会，采用“五位一体”方式推进工作。上海杨浦滨江投资开发（集团）有限公司作为区域开发建设的实施主体，主要工作是滨江区域内的基础设施开发建设和公共空间的运营管理。

外滩“第二立面”：市城市更新中心和区外滩投资集团成立了外滩更新平台公司，负责外滩区域成片地块一、二级土地开发联动，规划研究，开发建设等工作。在市城市更新领导小组下，建立外滩“第二立面”协调议事专班。黄浦区在区级层面建立工作专班，负责基础信息收集、政策法规研究、具体项目推进。

衡复历史风貌区：徐汇区成立了衡复风貌区领导小组和管理委员会，下设办公室、规划建设组和管理执法组，形成“一组、一委、一个办公室和两个推进组”的总体组织构架来统筹、统领风貌区保护工作。

虹口北外滩：2020年4月11日，上海虹口区举行北外滩开发建设动员大会，调整北外滩功能区管理委员会，委员会实行双主任领导机制，由区委书记和区长担任。会议决定成立北外滩开发建设办公室，并选派百名机关事业单位干部，助力北外滩大开发。

吴淞创新城：成立吴淞创新城开发建设领导小组办公室（简称吴淞创新办），实行区委书记、区长“双组长”模式，领导小组办公室设在区发展改革委，由分管城建的副区长兼任办公室主任，常务副主任由发展改革委主任担任，发展改革委1名副主任和平台公司总经理兼任副主任，相关职能部门和属地街镇分管领导组成办公室领导成员。将新成立的吴淞开发建设有限公司纳入吴淞创新城开发建设领导小组成员单位。吴淞创新办托管吴淞开发建设有限公司，兼顾“全局统筹”和“定点发力”，发挥“行政”和“市场”两大主体优势。日常工作方面，由吴淞创新办主任或委托常务副主任统筹安排，协调政府部门与公司具体职责分工。重大任务方面，采取主任例会制度等方式，解决疑难复杂问题，充分发挥成员单位合力。

虹桥国际中央商务区：根据《上海市促进虹桥国际中央商务区发展条例》第五条规定，上海虹桥国际中央商务区管理委员会（以下简称商务区管委会）作为市人民政府派出机构，统筹协调市人民政府相关部门和管理单位以及四区人民政府，主要履行下列职责：编制商务区发展规划，统筹推进商务区开发建设和功能提升；参与编制商务区内的国土空间规划，统筹国土空间规划的落地实施，组织编制商务区内的专项规划；编制商务区产业发展规划和产业目录，统筹指导商务区内产业布局和功能培育；统筹推进投资促进、营商环境优化、公共服务完善、人才高地建设等工作；统筹商务区开发建设计划，拟定商务区区域内土地年度储备计划，协调推进重大投资项目建设；建立管理标准和服务规范，推进城市管理精细化；建立并完善统计工作合作机制；推进政策制度创新与实施；服务保障中国国际进口博览会；统筹协调虹桥综合交通枢纽内交通设施管理以及不同交通方式的衔接、集散和转换；统筹安排商务区专项发展资金；指导协调四区人民政府履行商务区的相关行政管理职责，监督、检查工作落实情况。

（四）以统筹主体整合区域资源

在《上海市城市更新条例》与《上海市城市更新指引》的立法基础上，2023 年，上海在城市更新实践中开展区域统筹主体的遴选与认定，充分发挥其对区域更新的带动作用。

一是运用指定更新主体的程序，确定具有统筹能力的主体。在外滩“第二立面”区域更新的行动计划中，明确在上海市外滩历史文化风貌区内，由黄浦区人民政府以指定方式确定更新统筹主体。统筹主体与黄浦区人民政府签署区域更新统筹实施协议，承担本区域更新的统筹职责。统筹主体负责编制街坊层面的更新方案，统筹公共公益项目建设，整合内外部市场资源，协调各方利益，推动达成更新意愿，统筹推进更新项目的实施。2023 年 12 月，黄浦区政府指定上海外滩城市更新投资发展有限公司作为外滩“第二立面”区域更新的统筹主体，已获得原则同意。

二是充分发挥国企开发平台等主体的区域统筹能力。以临港集团为例，按照上海市构建“中心辐射、两翼齐飞、新城发力、南北转型”的空间新格局要求，临港集团深入参与漕河泾开发区、莘庄友东路片区以及宝山南大智慧城、普陀桃浦智创城、金山二工区等全市重点产业区域更新，参与区域更新规划及行动计划编制，统筹区域更新意愿、推动更新项目落地。例如，在闵行区莘庄友东路片区的更新中，采用临港集团与闵行区区合作的方式，签署《关于闵行区与临港集团全面深化“区区合作，品牌联动”的合作协议》。临港集团发挥产业建设和运营优势，进行区域更新总控，主导编制区域更新方案和更新规划，同步推进临港集团与闵行区、镇联合项目公司申报城市更新统筹主体，由区属、镇属、市属三家国企共同出资成立上海临港莘庄科技城发展有限公司，作为该片区城市更新统筹主体，负责编制更新方案、土地前期准备、产业招商、企业服务、产权归集、盈亏平衡、项目实施等工作。

（五）以产业导入赋能区域更新

一是以“产业转型”为核心推动区域转型。陈吉宁 2023 年 11 月 23 日在金山区调研并指导开展第二批主题教育时指出，产业转型是南北转型发展的重中之重，要加强战略性系统性整体性谋划，加快完善产业链配套和供应链体系，做大做强生产性服务业，为培育引进具有引领性带动性的重大产业项目提供坚实支撑，努力打造世界级产业集群，明确了产业转型在相关区域更新中的核心作用。

二是围绕产业资源定位空间载体。各区域在更新中将产业资源与空间载体有机结合。例如杨浦区当前紧扣全市发展战略，正在开展滨江新一轮产业布局和空间规划研究，围绕以产业导入赋能空间转型、以空间载体支撑产业发展，不断优化交通设施、消费配套、文体场馆等功能布局，更好打造城市更新转型示范样本。

三是鼓励自主转型，导入产业资源。还有一些区域充分发挥企业的产业资源优势，鼓励企业利用自主转型导入产业资源。宝山区创造性提出“企业自主转型 + 政府局部收储”模式，宝武等在地国企保留的产业地块由企业自主投资建设、导入旗下的专业公司总部和新兴产业，其余地块由市区联合收储委托专业第三方进行开发。

四是区企合作，加强招商职能。通过政府和企业的合作，形成更加有效的市场化招商机制。如吴淞创新城通过宝地资产和宝山区联手，按照“产业定位共谋、政策资源共享、招商项目共谈、服务赋能共协、专业队伍共育”的方针构建联合招商机制，携手开展招商引资。

（六）以流程优化加快项目推进

一是建立规范的实施路径。2023 年，上海城市更新已建立“更新项目入库—行动计划编制—更新方案制订—实施城市更新”的规范实施路径，加快项目实施。黄浦外滩“第二立面”项目已完成行动计划审查程序，徐汇张家弄、闵行友东路、松江经开区中部片区、静安走马塘首批申报进入市级城市更新项目库。

二是建立健全城市更新项目库。通过城市体检、更新指引制定等工作，进一步发现民生和安全短板，注重挖掘潜力发展区域。市更新办已印发《上海市城市更新项目库管理办法》，加快建设市、区两级更新项目库，实行项目常态化入库申报和动态管理机制。

三是提升城市更新数字化水平。建立健全全市统一的城市更新信息系统，加强数据归集共享，建设数字化档案、形成城市更新全生命周期的信息化支撑。2023 年，已完成包括大屏展示、对外发布、年度计划、项目管理、评估评价等功能的 1.0 版本构建。同时，在外滩“第二立面”区域更新项目中深化系统平台建设，加强进度、质量、投资管理，努力实现城市更新项目全生命周期的数字化、精细化、智慧化管理。

四是优化面向区域更新的规划编制审批流程。如在外滩“第二立面”的更新中，区域层面初步形成外滩“第二立面”区域更新方案，地块层面编制节点项目规划设计方案，管理层面在排摸基础信息的基础上建立了外滩更新信息平台，形成了点面结合的规划审批管理体系。

（七）以模式转型实现更新运营品质

一是提高物业持有比例，鼓励长期运营。例如黄浦区支持参与更新的市场主体提高物业持有比例和期限，推动区域更新主体由传统的房地产开发模式转变为区域长期运营模式，通过后续项目运营收入以及部分销售收入逐步回收前期投资，最终实现长期资金平衡。

二是引入有实力的开发运营主体。例如闵行区在运营主体上确保实力强、业务精，召稼楼“城中村”改造引入了瑞安集团，莘庄上盖项目引入了新鸿基，友东路存量转型片区引入了临港集团，使更新项目出标杆、出精品成为可能。

三是采用整体开发模式。例如虹桥前湾地区 10 个平方公里采用整体动迁、整体开发模式，又如上海首批典型城市更新项目友东路片区

1.2 平方公里采用整体转型模式，大大提升了区域更新的整体性。

（八）推动区域更新中的产城融合与功能复合

一是在城市更新中贯彻产城融合的理念。上海大量的区域类城市更新项目在规划、更新中，贯彻了产城融合的理念。例如，吴淞创新城按照“科创引领、产业为先、产城融合、生态宜居”的总定位，以新材料、新硬件和新经济“三新”产业为支撑，打造全球城市科技创新功能的重要承载区，规划中坚持按照高品质城区要求，增加公共服务、居住、休闲等功能，使功能由单一变为复合，由厂区向城区转变。又如桃浦区域更新中除了不断积聚产业动力，还始终坚持以服务居民群众为出发点和落脚点，扎实做好民生服务保障，持续提升城区面貌品质，全面推动医疗、教育、住宅、商业、文化休闲等配套项目落地，持续推进保障性住房供应，加快高品质住宅楼宇建设，进一步打造新时代城市建设者管理者之家，改造升级群众家门口的卫生服务站点，配合推动桃浦智创城九年一贯制学校、西部区域性医疗中心、国华人寿养老院等重点项目建设，让高起点规划的“未来之城”，变为产城深度融合、宜创宜业宜居的“幸福之城”。

二是开展用地弹性规划和功能复合试点。2023 年 11 月，上海市规划资源局印发《关于促进城市功能融合发展　创新规划土地弹性管理的实施意见（试行）》，提出了产业融合管理、公共设施融合管理、居住融合管理、绿化融合管理以及物流仓储融合管理的要求，这些要求也适用于存量用地，其中对存量用地管理提出了以下几点：既有合同履行完毕后，对规划明确为融合管理要求的城市更新项目，在更新方案制定阶段，由区政府确定各类综合用地的具体用途功能、混合比例等规划建设要求，作为更新条件纳入出让合同，计算相关地价。对于叠加产业融合管理要求（M0）的存量研发用地，允许企业根据不同生产阶段的实际需求，在满足产业、环保、安全等要求下，将研发功能与实体制造在同一地块或同一建筑内实现使用转换。该实施意见有助于上海在城市更新中进行功能复合利用。

三、优秀案例

（一）黄浦区外滩“第二立面”区域更新

根据建筑与黄浦江邻近关系和开发时序，外滩历史文化风貌区黄浦部分包括“第一立面”和“第二立面”两个片区。其中，“第一立面”指紧邻中山东一路的第一排建筑群和外滩源一期，“第二立面”在“第一立面”后排，由苏州河、河南中路、延安东路围合而成。20 世纪 90 年代以来，外滩“第一立面”已逐步完成功能转型升级，“第二立面”的城市更新进程仍有待加速推进。外滩的单日流量为 40 万人次，主要集中在沿江一线，即外滩第一立面，很少有人走进非沿江街区，即“第二立面”。究其原因，是“第二立面”空间活力不足，对市民游客难有吸引力。同时，其空间背后的问题较为复杂，包括权属关系复杂、建筑普遍缺乏养护、业态功能分散、使用效率不高。若不焕新，外滩就很难真正打造成世界级金融文化中央活动区。

为破解这些难题，市、区两级政府从顶层设计出发，制定区域更新方案，明确发展定位、功能布局、风貌保护、交通组织和设施布局，按照不同阶段任务进行推进。2023 年，外滩“第二立面”被列为上海 10 个城市更新单元之一，探索落地责任规划师、责任建筑师和责任估价师“三师联创”机制，让规划师、建筑师、估价师能够充分沟通，优化细节和指标，最终得出一个成熟、经济、可持续的更新方案。

该项目主要的更新经验主要包括以下几点：

一是市、区联手，政企合作，搭建多层级、多维度更新主体组织架构。依托市城市更新领导小组办公室建立市级外滩更新协调机制；黄浦区城市更新领导小组下设外滩“第二立面”更新工作组（以下简称“工作组”），由区级相关职能部门共同组建，按职责分工、分类推进，实体化运作与工作例会制度相结合，由区域统筹主体承担统筹推进和组织协调工作，由实施主体承担具体更新项目的建设运营。

二是以区域统筹的方式，整合政府、社会、市场多元力量。区域范围内的物业权利人具有自主更新和功能升级的意愿，既往以零星更新为主，需要进一步加强区域更新总体统筹，但受限于复杂的权属关系难以推进更新进程。目前“第二立面”区域包含系统产、军产、私产、宗教产等多种权属类型，呈现出不同产权属性的房屋并存、公私同幢现象，在城市更新的具体工作中，多方利益并存，协调工作难度大、周期长。未来将通过区域统筹，综合解决民生、安全、保护、发展等多方面问题，明确共识、凝聚合力，以更高的目标站位、更强的推进机制、更多的政策支持，共同推进区域功能升级和空间更新。

三是指定区属国企平台为区域统筹主体，充分发挥统筹职能。外滩“第二立面”更新区域在上海市外滩历史文化风貌区内，依据《上海市城市更新条例》，由黄浦区人民政府以指定方式确定更新统筹主体，2023 年 12 月，黄浦区政府指定上海外滩城市更新投资发展有限公司作为外滩“第二立面”区域更新的统筹主体并已获得原则同意。统筹主体与黄浦区人民政府签署区域更新统筹实施协议，承担本区域更新的统筹职责。统筹主体负责编制街坊层面的更新方案，统筹公共公益项目建设，整合内外部市场资源，协调各方利益，推动达成更新意愿，统筹推进更新项目的实施。在统筹主体协调下，积极鼓励国资国企和多元市场主体共同参与，以自主改、合作改、政府改、成片改等多种形式推进更新项目建设实施。统筹主体作为托底责任人，推动全域更新实施。在相关部门和工作组的指导下，由统筹主体会同实施主体，按照可持续发展要求，通过编制更新实施方案进一步明确实施路径和适用政策。

四是探索分类更新方式。由单一的征收方式，转变为征收更新、统筹更新、划转更新、自主更新、保留更新 5 种方式，调动产权人共同参与城市更新积极性，有效控制成本，共赢共享共生。（1）征收更新。即对居住类房屋（居住功能为主、含居非混合），以及建筑质量较差、功能业态混乱的非居大楼，按照有关规定开展房屋征收，实施更新改造。（2）统筹更新。在整街坊更新改造时，对其中的国有企业产权的非居大楼，采取委托更新或股权合作的方式，由产权人委托区域统筹主体实施房屋更新和经营，获得租金回报；或者成立合资公司，共同推进区域更新工作。（3）划转更新。即对政府机关、事业单位等拥有的房屋，现状使用与区域功能不相符合的，经批准后，采取产权划转方式，由更新统筹主体统一更新改造和经营。（4）自主更新。对少数产权相对单一的非居建筑，在所在街坊其他房屋大都已实施过更新改造情况下，可由产权人提出申请，并编制更新方案，愿意分摊区域更新范围内市政公建配套费用的，经批准后可实施自主更新。（5）保留更新。即指产权人5年内已经按照规划要求实施过房屋整体更新，房屋风貌形态、质量安全、功能业态等符合区域发展要求和规范标准，由产权人提出，在现状基础上适当提升更新，愿意分摊区域更新范围内市政公建配套费用的，经认定，可实施保留更新。

五是优化规划设计方案。在严格保护历史风貌的基础上，重点从两方面着手，提高区域价值和品质。一是适度合理增加更新建设容量。在民生优先、风貌优先、公益优先的原则下，拆除部分非历史建筑，适当提高局部沿街建筑和里弄建筑高度，增加开发容量，实现更新容量“提一点”，包括合理抬高“里弄住宅”、局部抬高“老大楼”及“非历史建筑”改旧建新等具体实施举措。二是统筹提升地区功能复合利用程度，探索建立“综合用地”的规划管理地类，更新迭代高品质的商业消费、文化艺术和商业办公功能，同时维持一定比例的居住功能，营造开放空间和人气活力，实现功能复合“增一点”，包括适当放开功能使用管控要求及积极开展老大楼统筹综合利用等。

六是统筹区域运营管理。建立区域运营管理平台，统一标准、统一要求，分门别类实施管理。（1）加强运营管理统筹协调保障。谋划由区域更新统筹主体建立区域运营管理统筹平台，成立区域空间业态治理委员会，编制外滩区域运营管理公约，做好与政府公共管理、社会治理体系的衔接，加强工作协同。（2）实施运营管理统筹工作前置。一是在总图规划阶段，功能定位和运营策划提前介入，前瞻考虑区域的整体功能、产业布局、业态规划、经营策略及区域管理等要素；二是编制“运营统筹”方案，以区域整体价值最大化为目标，以市场化运作为导向，前置考虑客户画像、项目定位、合作模式、产业定位、业态分布及租赁策略等。（3）统筹实施一体化运营管理。确保更新完成后区域整体运营符合规划和更新要求，体现区域整体品质，在主体身份、实施路径、管理标准、协调组织、公众参与等方面，探索可持续发展、全生命周期管理的新路。

七是以部分代表性历史建筑的更新形成街区亮点。2018 年，黄浦启动外滩“第二立面”城市更新项目，为历史建筑建立“一楼一档”，推进南京东路 179 街坊中央商场、老市府大楼、外滩源二期等首批更新项目。率先进行更新的老建筑，正在点亮街区。“外滩·中央”项目采用现代技术在内街顶部打造一座玻璃穹顶，吸引了众多市民游客前往打卡。老市府大楼新设灯光融于外滩“第二立面”历史保护建筑群中，与周边圣三一堂、金城银行大楼、新城饭店等优秀历保建筑成为整体，在街区中形成光的导向和指引。

八是攻克历史建筑保护修缮和活化利用的关键技术。聚焦外滩“第二立面”保护性更新过程中的关键问题，老市府大楼综合改造和南京东路 179 号街坊成片保护改建工程两个示范项目创新更新策略和成套设计技术，攻克了历史建筑保护修缮与活化利用和地下空间等系列关键技术，总结可复制可推广经验，为后续上海更大规模的历史建筑保护与活化利用奠定了基础，成为上海建设领域具有原创性、引领性的科技创新成果。

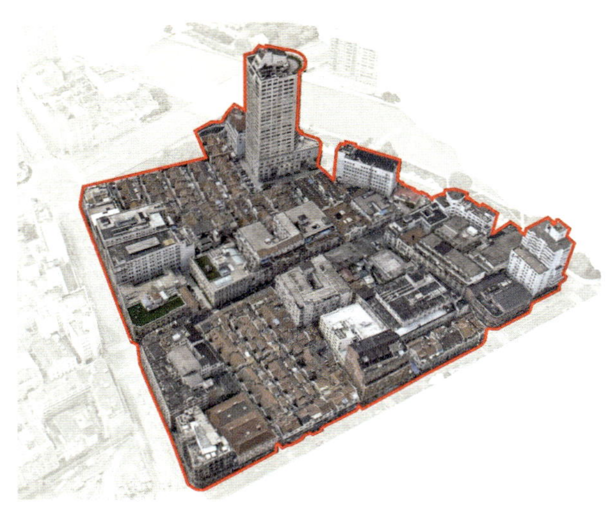

图 8-13　黄浦区 166、167、168 等街坊现状总体鸟瞰图

图 8-14　黄浦区 160 街坊保护性综合改造项目（左）、
南京东路 179 号街坊成片保护改建工程（右）

（二）杨浦区杨浦滨江南段区域更新

杨浦滨江地区是上海黄浦江两岸综合开发的重要组成部分，岸线长约 15 公里，可开发范围近 13 平方公里，距离市中心（人民广场）仅 5 公里，区位优势和资源优势显著。2013 年，上海正式启动杨浦滨江片区收储和综合开发，先后克服产业落后、财政压力较大、公建配套不足、权属复杂等一系列困难，实现了杨浦滨江南段生产岸线向生活服务岸线的转变，努力打造“人民城市人民建，人民城市为人民”的重要理念示范区。

杨浦滨江城市更新充分发挥了科教、商业、总部等资源优势，以核心区带动滨江区发展，取得了多方面的发展成效：（1）显著的产业结构升级。以服务经济为核心、创新经济为引领的新型产业发展格局进一步完善。“两个优先”产业逐渐发展成为区域经济的主要助推力。（2）强劲的重点产业发展。聚焦现代设计、智能制造研发服务产业，科技金融、信息技术、电子商务产业年均增加值增速达到 11%—19%。（3）充足的产业创新动力。科创园与“一廊一圈一谷一园”、四大创新创业街区和滨江国际创新带在区域地理空间上，形成“20 + 4 + 4 + 1”的创新“U”场。（4）优化的产业空间布局。形成“西部核心区 + 中部提升区 + 东部战略区”的创新协调新格局。其中，东部战略区聚焦滨江南段，以城市更新推动“工业锈带”变为“生活秀带”。

该项目主要的更新经验主要包括以下几点：

一是人民城市人民建，把最好的资源留给人民。杨浦滨江更新中，最优先完成的是公共空间的改造。通过主动作为实现滨江岸线全面贯通，推进杨浦大桥以东 2.7 公里公共空间贯通工程。多点开花打造滨江公共空间，建设充满活力、具有特色生态、舒适便捷的世界一流滨水公共开放空间。通过加强市政服务设施建设，解决配套公共设施不足和市政基础设施薄弱等问题，致力于营造蕴含文化底蕴的城市公共空间或设施。上海市专门设立区域性开发公司，具体负责公共服务设施建设等前期开发工作。在滨江南段土地储备范围内，结合岸线特点建设了广场道路、滨水设施、公共绿地，建成“三道”（漫步道、跑步道、骑行道）近 17 公里，开放公共空间约 21.6 万平方米，打造市民休闲、游憩的生态空间，实现“还江于民”。同时，按照“重现风貌、重塑功能、重赋价值”的原则，积极推动工业遗存“再利用”。滨江沿线工业遗存被改造成旱冰场、咖啡馆、休闲运动码头、工业遗址公园等，提升了杨浦滨江地区的功能配套。

二是充分发挥政策支持引领作用。国家和地方政府相继出台相关政策，并成立杨浦滨江综合开发管理指挥部，支持和推动上海杨浦滨江区域的城市更新工作。2019 年 11 月，习近平总书记考察杨浦滨江时提出了“人民城市人民建、人民城市为人民”重要理念，为推动杨浦“四高城区”建设指明了新方向。2020 年 6 月，十一届上海市委九次全会要求把握人民城市的根本属性，杨浦滨江将借势“一江一河”的大繁荣大发展迎来新机遇。同期，杨浦区委发布《杨浦滨江全力争创人民城市建设示范区三年行动计划》，明确提出把滨江区域作为杨浦新一轮发展的重点区域。2021 年 8 月，杨浦区人民政府印发《杨浦区滨江发展“十四五”规划》，指出要多方位保障滨江的转型发展，高效率实施滨江城市更新。

三是优化土地收储机制。近年来，滨江地区土地相关权利人越来越认识到滨江资源的价值，故而“惜售”，对政府的土地收购补偿价格抱有很大预期，部分企业还提出了异地安置的补偿要求，以保障企业持续发展。对此，杨浦滨江地区探索实践了土地出让溢价分成机制、存量更新机制，在坚持公共利益优先的原则下，促成“政企合作、利益共享、责任共担”。根据《上海市关于本市盘活存量工业用地的实施办法》，存量工业用地收储并出让土地使用权后，原土地权利人可以参与土地溢价分成，这充分调动了企业积极性。杨浦滨江片区依托市、区土地联合收储机制，加强统筹协调，解决了部分企业要求土地置换等诉求，逐步扫除了历史遗留问题等工作障碍。同时，存量土地收储释放了大量的优质土地资源，为规划落地和滨江开发建设做好保障。

四是产业与业态同步更新。通过整合形成市场化招商机制加快杨浦滨江地区产业升级。杨浦区整合了投资促进办公室和滨江公司的招商职能，形成市场化企业招商服务机制，实施“组团开发”，聚焦上海船厂、杨浦大桥、杨树浦电厂三大区域组团，集聚一批特色产业，并先后引入美团上海总部、哔哩哔哩、字节跳动、新思科技等重大产业项目，在杨浦滨江南段打造在线新经济“总部秀园”，助力杨浦滨江区域转型升级。

五是多元主体共同参与。主体上，实现政府部门和社会主体联合开发，打造城市综合运营商；资金上，争取重大项目，发挥市场力量，强

图 8-15　杨浦滨江南段重要景观地标

化市场主体作用，加大资本注入。联合存量主体，实施转型发展。指挥部、指挥部办公室、滨江公司“三位一体”联合开发，加强与市属国企及其他存量主体的合作。鼓励存量主体、区级国资平台、有开发运营能力的社会主体联合。滨江公司全面参与滨江综合开发管理，承担投资、融资、建设、运营、管理等综合职能，打造知名城市综合运营商。加强资金保障，高效推进项目。积极争取国家及市级重大产业项目、重大基础设施、重大公共服务项目和公共空间营造项目在杨浦滨江落地。借助市场力量推动杨浦滨江综合开发工作，引入战略合作伙伴，加大市场投资力度。强化滨江公司市场主体和平台作用，加大资本金注入，将滨江区域相关资产注入滨江公司，更好服务滨江区域基础设施开发、产业发展和公共服务。

（三）宝山区吴淞创新城区域更新

吴淞创新城，北至友谊路、东至同济路—黄浦江、南至长江西路—军工路、西至江杨北路—虎林路，占地 26 平方公里。其中，金色炉台位于创新城南部，建筑面积 4.5 万平方米；首发项目位于创新城东北角，建筑面积 2 万平方米。吴淞创新城是不可多得的成片开发区域，在《上海市城市总体规划（2017—2035 年）》中，被明确定位为上海市六大城市副中心之一，新定位凸显了新形势下吴淞创新城的发展价值。该区域原为吴淞工业区，现有 300 余家企业，以工业仓储为主。在企业多而复杂的客观情况下，如何成为全市产业前瞻布局承载区和产业高质量发展新标杆，在上海“五个中心”尤其是科创中心建设中发挥好关键支撑作用，已成为吴淞创新城不断探索的实践主题。

根据开发建设计划及开发时序，吴淞创新城近期正开展外环以南 9 平方公里、19 号线轨交沿线、江杨南路 TOD、三水交汇区域以及重点国企转型项目控规编制工作，加快推进外环以南 9 平方公里区域实质性启动建设。同时，宝武已批控规的两个一平方公里区域，产业转型项目已全面启动建设；商办、居住用地的储备及供应正有序开展。吴淞创新城大型国企占比多，发展基础较好，企业转型态势如火如荼，蓄势待发。宝武吴淞科创园十大首发产业项目已开工建设，总投资约 135.6 亿元，建筑规模约 51.3 万平方米，形成以宝武中央研究院、欧冶云商、宝信软件为代表的新材料、新经济、新能源等产业研发集聚地。同时东方集团半岛 1919 项目规划打造以“科创 + 文创”双轮驱动、“产城 + 商旅”融合发展的宝山区双创双融的标杆园区，总体开发规模约 17 万平方米；申能集团项目规划打造上海国际能源创新中心，总体开发规模约 29 万平方米；华谊集团、中铜上铜、节能环保园、南山集团、中集集团等大型企业的地块正加快创新协同和存量转型。区域已经形成成片成面的转型开发态势。此外，吴淞创新城内，上大美院，江杨南路 TOD，铁山路大桥，轨道 18、19 号线，中央钢铁公园等一批文化地标、重大基础设施项目已全面启动，为打造生产、生活、生态相融合的 24 小时活力城市奠定了基础。

该项目主要的更新经验主要包括以下几点：

一是反复沟通，调动企业更新转型意愿。吴淞创新城 26 平方公里，有 300 多家央企、国企和民企，利益主体分散导致利益协调和平衡困难，每家企业的转型意愿和转型能力都不同，还存在权属不清的问题，要促成权利主体的更新行动，吴淞创新城依靠的是攻坚克难的决心，与每一家企业反复沟通、反复协商、反复确认。

二是央地合作，以先行启动区为抓手推动整体转型。有别于增量型开发，吴淞创新城是在已建成的工业园区基础上，重新盘活产业用地。因为每一块土地都有产权人，所以必须尊重原产权人的意愿，同时也要最大限度地发挥他们的能量。宝武集团和吴淞创新城的合作模式，解决了资金和项目两大难题，是值得复制推广的经验。吴淞创新城采用大部分土地由政府收储、宝武开发一小部分产业地块的模式，既发挥央企在产业链上的优势，也发挥出政府在政策、资源上的优势。在“统一规划、合作开发”的原则下，宝武特钢、不锈钢两个一平方公里先行启动区的开发工作驶入了快车道。以两个一平方公里先行启动区为切入点，引入区域总部、研发中心等功能性项目，以规模化产业创新集群推动整体板块转型。

图 8-16　左：不锈钢先行启动区更新前鸟瞰，右：更新后效果图

三是以政府资金引导撬动社会资本的参与。吴淞创新城的存量开发主要包括三种模式，第一种是对于宝武在内的一批行业龙头企业，他们不仅有自主转型的意愿，同时具有资金雄厚、产业基础坚实的优势，因此充分利用好这些资源，促进这些龙头企业做好产业升级转型，就是最好的产业导入和资金利用。第二种是对于资金实力不强，却有转型发展意愿的企业，可以和宝山区联合开发，通过成立合资公司共同做好资源保障。第三种由政府收储土地，引入市场化力量，导入新产业、新动能。在吴淞创新城的建设过程中，政府资金起到的是引导撬动作用，吸引更多金融资本、社会力量参与城市更新改造。

四是以产业升级作为城市更新的核心驱动力。宝地资产和宝山区联手，按照“产业定位共谋、政策资源共享、招商项目共谈、服务赋能共协、专业队伍共育”的方针构建联合招商机制，携手开展招商引资。宝地资产成立了产业赋能中心，深入研究哪些产业适合在吴淞创新城发展，然后精细化筛选和分析。例如，特钢首发区域未来要发展新材料和智能硬件产业，但在大方向的下面，还有很多细分的产业门类，从中寻找和判断最可持续、应用性最广、带动性最大、前景最好的门类是关键。有了细分的产业方向，再去寻找有代表性的新企业。沿袭这个思路，发掘优质项目，借助宝山区政府推行的一揽子政策，吴淞创新城将形成具有强大带动性的新产业，成为城市更新过程中的核心驱动力。

五是保留保护工业遗产，塑造区域的文化魅力。走过百年吴淞，要在原地打造一座创新城，必然避不开保护与利用、留存与开发、拆旧与立新的问题。工业遗迹的转型升级不仅是一种眼光，更是一种心境和文化追求，它不单单是创造性的改造空间，更重要的是创新性的功能布局和产业定位。吴淞创新城对工业遗迹的保护与再利用，为其带来了文脉的延续和创新性的产业引入。2022 年 9 月，上海市教委、上海大学、宝武集团和宝山区政府签署了《上海大学上海美术学院主校区项目建设框架协议》，明确将在 1 公里长、120 米宽、20 多米高，总体量达 23 万平方米的宝武不锈钢厂区型钢厂房中建设上大美院的主校区。占地面积约为 400 亩的吴淞煤气厂，拥有约 80 年的产业历史，曾经为上海煤气生产、输配、供应作出过巨大贡献，2014 年停工后，厂区原有的空间肌理被完整保存。吴淞煤气厂的焕新，不是修旧如旧，而是新旧共生，这里将入驻新型研发实验室、能源研究中心，也有一些创意创新产业。上棉八厂原址建起来的“半岛 1919”，则将保留西区的文创产业园定位，对区域内的 6 幢历史保护建筑进行修旧如旧的保护；同时东区的工业用地性质已经转型为科研用地，未来将矗立起一座高约 60 米的标志性总部办公楼，并规划多栋低密度总部研发办公空间，将滨水空间留给科创“种子选手”。在已建成的上海国际节能环保园，有一片以工业遗存为特色的“钢雕公园”，这是仪电集团拿出 90 亩地，以零租金形式租给政府，再由政府与企业共同投资建设的，该项目以“租地建绿”的形式找到了企业与政府之间的利益平衡点。

图 8-17　上海大学美术学院吴淞院区东南侧改造前后夜景鸟瞰图

六是充分发挥区一级的协调统筹职能，优化营商环境。宝山区充分发挥吴淞创新办综合协调和重大产业项目统筹推进等职能，从产业发展、基础配套、政策支持等方面加大倾斜支持力度，积极引导央企和市属企业等通过参与宝山城市更新，助力吴淞创新城建设全面提速。特钢01—03转型项目位于宝山区吴淞创新城15更新单元内北侧区域，用地面积10896平方米，总建筑面积66727平方米，总投资约7.6亿元，拟建设一栋高度约149米超高层办公楼，聚焦打造区域产业总部中心，建设科教创新引领、新兴产业集聚、产城深度融合的新一代国际科创社区，是宝山推进“北转型”和城市更新的重点项目，也是宝山区2023年重大产业项目。为推动该项目尽快开工，区发展改革委结合投资备案改革和降低制度性交易成本的有关要求，积极对接宝武集团，会同区规资、区建管、区投促等相关委办局，专题研究加快行政审批的创新举措和责任分工。宝山区还推动投资备案容缺受理，区发展改革委安排窗口专人负责该项目的投资备案指导，鼓励项目单位实行信用承诺制，在办理土地手续的同时，提前容缺受理企业的投资立项和报批报建等手续，并优化投资备案申报流程，大幅压减审批时间，确保在一天内完成了项目备案、报建，并取得地块边界确认单，实现了“只跑一次”。除此之外，宝山区还深化全流程并联审查，区发展改革委为吴淞创新城项目量身定制审批方案，对一般审批流程进行优化，积极支持规资、建管、投促、电力等部门提前介入，结合产业准入和项目供地，实行同步审查、同步征询，让企业少跑路、方案少折腾。

专题一：上海城市更新开拓者联盟

一、联盟基本情况

为深入学习贯彻习近平总书记考察上海重要讲话精神，全面落实十二届市委四次全会精神，根据市委、市政府工作部署，按照推动主题教育大调研成果转化落地的要求，进一步统筹更新力量，打造政府引导、市场运作、公众参与的城市更新格局，在此背景下，上海城市更新开拓者联盟应运而生。

（一）联盟定位

上海城市更新开拓者联盟（以下简称“联盟”）是以支撑上海城市更新优质高效发展为导向，旨在凝聚更大共识、汇聚更多力量，搭建跨学科、跨领域的社会多方合作开放平台，共同促进上海可持续城市更新实践的联盟。

（二）口号、宗旨、角色和作用

口号：海纳共识，开拓更新。

宗旨：共拓更新实践、共促永续发展，集聚各方智慧、协同合作创新，开拓城市更新、共建人民城市。

角色：政府与市场的桥梁和纽带。

作用：搭建跨学科、跨领域的社会多方合作开放平台，系统链接各方资源和多元行动，有效解决各类更新问题，积累形成城市更新的上海经验、上海模式。

（三）组织架构

上海城市更新开拓者联盟受上海市规划资源局指导。

理事会是联盟的最高决策机构，由理事长单位、副理事长单位和理事单位代表组成。上海市城市更新促进会为理事长单位，上海市城市规划设计研究院等 7 家单位为副理事长单位，中国建设银行股份有限公司上海市分行等 12 家单位为理事单位。理事会设理事长 1 名、副理事长 7 名（分别由理事长单位、副理事长单位主要领导担任）。经理事会会议审议同意，可从成员单位中增补理事单位。每季度召开理事会会议，研究决策联盟重大事宜。经理事长单位、副理事长单位或 3 家以上理事单位提议，可召开临时理事会会议。结合工作需要召开理事长办公会。

秘书处是联盟的日常办事机构，设在上海市城市规划设计研究院，秘书处办公地点设在促进会（岳阳路 45 号）。负责处理联盟日常事务，向理事会负责。联盟设秘书长和副秘书长，由理事长单位和副理事长单位派员。秘书处设秘书长 1 名，由上海市城市规划设计研究院选派；副秘书长 3 名，由上海市城市规划设计研究院选派 2 名和上海市城市更新促进会选派 1 名，副秘书长人选后续可经理事会会议决策，从理事单位中进一步增补。

成员单位以联盟推荐和自主申请方式加入，涵盖地产开发、金融投资、科研、资产评估测算、产业策划咨询、规划建筑和法律服务等专业领域。成员单位支持联盟组织的各类活动，承担一定的工作任务，并依托联盟共享信息、共研案例、共解难题，努力成为推动上海城市更新高质量发展的先锋力量，共同开创上海城市更新的美好未来。

二、联盟十大倡议

结合 2023 年主题教育大调研课题研究，2023 年 8 月，市更新促进会、市规划院等若干专业机构联合发起上海城市更新开拓者联盟成立倡议：

为凝聚共识、形成合力、攻坚克难，共同推进上海城市更新可持续发展，我们倡议汇聚社会各方力量，共商共议成立上海城市更新开拓者联盟。据此倡议：

一是聚焦城市更新共同目标、齐心协力。切实落实新发展理念，构建新发展格局，共创共建、携力推进城市更新可持续发展模式创新，实施“上海 2035”总规，全面推进建设具有世界影响力的社会主义现代化国际大都市。

二是聚焦高质量发展、高品质生活、高效能治理。强化前瞻性思考、战略性谋划、系统性思维、整体性推进，突出开放协同、优势互补、集成创新、融合发展，坚持一张蓝图绘到底、干到底，探索超大城市的城市更新全生命周期发展模式，全面推进中国式现代化建设。

三是坚持国际视野、世界标准、中国特色、高点定位。统筹国际国内资源要素，借鉴全球经验和先进理念，聚焦提升核心功能、核心竞争力，打通城市更新的关键瓶颈、路径障碍和突出问题，分区分类，突出重点，因地制宜，因案施策，着力推进上海“五个中心”“四大功能”建设。

四是坚持以人民为中心，营造美好生活。聚焦上海城市更新中比较紧迫的民生难题、“两旧一村”等群众急难愁盼的突出问题，统筹各方力量，安全优先，规划引领，优布局、配资源，强功能、重服务，提品质、塑品牌，集中推进上海宜居、宜业、宜游、宜养、宜学的人民城市建设。

五是坚持高起点规划、高水平设计、高质量建设、高标准管理。尊重城市更新客观规律，强化专业的人干专业的事，依托责任规划师、责任建筑师、责任评估师“三师联创一张图”机制，充分调动城市更新全领域、全周期的专业优势、要素资源和社会各界力量，突出设计引领、精品营造、匠心打造、时空锻造，力争在新征程上塑造出城市更新高质量发展的标杆和示范。

六是坚持转变发展方式，强化改革，综合施策、精准对策，创新政策。针对上海超大城市的城市更新特点，统筹空间资源的总量、存量、增量、流量、数量、质量，创新优化多专业开放联创和集成规划范式、资源配置方式、开发建设模式和投资运营形式，用好增量空间，创造融合空间，盘活低效土地，做实集约用地，坚持一条可持续发展主线和一张图统筹机制，贯通资源、资产、资信、资金机制和路径，实现城市更新的综合平衡、近远平衡、整体平衡。

七是坚持绿色低碳发展，人与自然和谐共生。贯彻可持续发展原则，以人与自然的和谐共生为目标，确保城市更新工作中社会民生可持续、经济发展可持续和生态环境可持续。推进各类资源节约集约和循环利用，降低建筑和产业能耗，加快形成集约紧凑和睿智空间发展模式，促进职住平衡、产城融合，提升环境品质，鼓励绿色出行，倡导简约适度、绿色低碳的生活方式。

八是坚持文化传承、特色彰显，保护历史风貌。强化对城市风貌的整体保护和积极保护，传承红色文化、江南文化和海派文化，强化规划统筹与引导，深度挖掘城市历史文化内涵。结合城市功能发展和人民美好生活要求，在严格保护传承的基础上，科学推动历史文化空间的活化利用和更新焕新。强化功能策划与设计赋能，充分挖掘和运用特色历史建筑，提高土地使用价值、历史文化价值、区域整体价值，建设上海国际文化大都市。

九是坚持科技创新、智能发展，提升城市发展能级。按照城市数字智能发展目标要求，推进城市更新数字化发展，强化城市更新全生命周期的信息化、智能化创新与探索。充分运用 CIM、BIM 等技术手段和元宇宙、大模型等基础支撑保障，探索上海城市更新“一张图、全周期、全时空”、虚拟与现实双线联动的数字空间可溯系统、业态应用实践场景，助力建设适应超大城市特点的数字孪生城市。

十是坚持共同协商、一体推进，追求科学发展、可持续发展。充分调动社会各界的积极性和各方的资源优势，集思广益、协作共进，完善机制、统筹力量、攻坚克难，创造精品、追求卓越，着力营造全社会广泛发动、深度参与、同向发力、共建共治、开放共享的城市更新格局。

三、联盟近期重点工作

（一）组织召开联盟成立仪式

自 2023 年 8 月发布上海城市更新开拓者联盟成立倡议以来，经过近半年的组织筹备，得到了共100余家企业机构的积极响应，涵盖地产开发、金融投资、咨询智库等相关行业领域。2024年2月5日，由上海市规划资源局指导，市城市更新促进会和市规划院联合主办的上海城市更新开拓者联盟成立仪式在上海设计中心举办。各家联盟成员单位代表和北京城市更新联盟代表参加此次活动。

（二）组织召开联盟第一次理事会

2024年4月8日，上海城市更新开拓者联盟第一次理事会在上海设计中心木棉厅顺利召开。上海市城市更新促进会、上海市城市规划设计研究院、国家开发银行上海市分行、上海万科企业有限公司、嘉里（中国）项目管理有限公司上海分公司、同济大学建筑设计研究院（集团）有限公司、上海市地质调查研究院等17家理事单位参加会议。会议通报了联盟2024年工作计划，审议通过了联盟章程、会议机制、会员单位发展情况等议题，增补了上海市规划编审中心和瑞安管理（上海）有限公司两家单位为理事单位，上海金桥（集团）有限公司等20家单位为新入盟成员单位。

（三）跟踪、关注城市更新试点项目

一是跟踪全市更新项目信息。对上海城市更新项目信息进行持续跟踪，包括2023年和2024年“三师”试点、《2024年度更新单元规划实施报告》中更新项目等，全面了解上海更新工作进展。二是关注更新重点领域重点地区。对上海重点更新工作进行持续关注，包括《上海市商务楼宇更新提升》《黄浦江沿岸功能融合发展和空间品质提升专项规划》《苏州河沿岸地区整体风貌和开放空间提升专项规划》等。

（四）开展成员单位调研走访与培训

对联盟成员单位开展调研，内容聚焦在了解成员单位特长和更新问题诉求两方面。调研工作分两种方式进行，一是面对面调研，如座谈调研、专题调研、专题座谈等；二是开展问卷调查，通过微信群全面发放，实现调研全覆盖。另外，组织理事单位、会员单位、申请入盟单位参加“上海城市更新高质量发展规划资源公开课”培训。

（五）组织参观“三师联创”设计成果展

应广大成员单位呼吁，上海城市更新开拓者联盟组织参观上海试点城市更新单元“三师联创”设计成果展，为广大成员单位提供近距离观摩学习、现场沟通交流的机会。参观过程中，相关成员单位就“三师联创”工作机制、试点单元开发方案等进行深入探讨，现场感受首轮“三师联创”试点工作成效，进一步加强了对“三师联创”试点工作背景、思路、做法的理解。本次展览由市规划资源局牵头举办，展览汇集了10个区域的“三师联创”试点阶段性成果，是一次全面综合的展示，为本市加快探索城市更新可持续发展模式和路径提供了基础支撑。

（六）制定并推进实施联盟“十大计划”

联盟制定了十个方面的工作计划：一是开展政策宣传、定期解惑、专题解读。二是确定重点跟踪的城市更新试点项目，形成城市更新项目落地方案，梳理形成政策建言。三是回顾与总结全年城市更新工作总体情况，编写总报告，开展专题研究，组织案例汇编。四是建设城市更新项目信息库，建立联络员制度，明确项目申报、公布和推介机制，加大推介力度。五是深化完善金融服务供给改革，推动全周期资金平衡，服务市场化运作。六是牵头编制城市更新数据标准，建设统一时空基底的城市更新数字底座，营造开放包容氛围以培育城市更新数字化生态。七是每年组织一系列论坛，共建广泛、深入、紧密、高效的交流平台。八是每年组织开展全市城市更新实践项目优秀案例评选，为可持续城市更新提供典型案例借鉴。九是组织开展国内外城市更新案例研究，共同讨论和创立适应上海市城市更新发展的“理想模型”。十是针对一些规模不太大、微利润或者存在困难的社区民生类更新项目，组织与发挥成员单位的专业特长和资源优势，提供资金、技术、工程等方面援助。

附：上海城市更新开拓者联盟成员名单

截至 2024 年 4 月 8 日，上海城市更新开拓者联盟成员单位总计 126 家（排名不分先后）。

理事单位	
理事长单位	
上海市城市更新促进会	
副理事长单位	
上海市城市规划设计研究院	国家开发银行上海市分行
上海万科企业有限公司	同济大学建筑设计研究院（集团）有限公司
嘉里（中国）项目管理有限公司上海分公司	上海市地质调查研究院
上海临港经济发展（集团）有限公司	
其他理事单位	
中国建设银行股份有限公司上海市分行	上海同济城市规划设计研究院有限公司
中国银行股份有限公司上海市分行	上海市测绘院
华润置地（上海）有限公司	上海市规划编审中心
上海上实（集团）有限公司	阿里云计算有限公司
上海城投控股股份有限公司	上海城市更新建设发展有限公司
上海浦置瑞滨企业管理咨询有限公司	瑞安管理（上海）有限公司
成员单位	
地产开发领域	
上海外滩投资开发（集团）有限公司	上海久事城市建设开发有限公司
中国建筑第八工程局有限公司	上海招商置业有限公司
上海东岸投资（集团）有限公司	上海绿发实业投资有限公司
上海静安置业（集团）有限公司	上海张江（集团）有限公司
上海虹房（集团）有限公司	上海锦和投资集团有限公司
上海徐房（集团）有限公司	嘉佩乐酒店集团私人有限公司
上海保利建锦城市发展有限公司	大华（集团）有限公司
上海龙湖置业发展有限公司	上海建元资产管理有限公司
上海绿城申皓城市更新建设有限公司	中交新凤溪（上海）城市建设发展有限公司

（续表）

成员单位	
地产开发领域	
上海融创房地产开发集团有限公司	上海创邑实业有限公司
九龙仓（上海）企业管理有限公司	光明房地产集团股份有限公司
新鸿基企业管理（上海）有限公司	上海德必文化创意产业发展集团有限公司
香港太古地产有限公司上海代表处	融通地产（上海）有限责任公司
凯德管理（上海）有限公司	上海百联资产控股有限公司
中海发展（上海）有限公司	上海金桥（集团）有限公司
金地集团华东区域上海地产公司	中铁二十四局集团上海建设投资有限公司
上海陆家嘴（集团）有限公司	上海市工商联房地产商会
金融投资领域	
中国工商银行股份有限公司上海市分行	上海银行股份有限公司
中国农业银行股份有限公司上海市分行	兴业银行股份有限公司上海分行
交通银行股份有限公司上海市分行	中信银行股份有限公司上海分行
上海浦东发展银行股份有限公司上海分行	中交投资有限公司
上海农村商业银行股份有限公司	南宁国寿申润投资发展基金合伙企业
智库机构领域	
中国城市规划设计研究院上海分院	中国建筑设计研究院有限公司
中国建筑科学研究院有限公司 中国建筑技术集团有限公司	上海社会科学院
戴德梁行房地产咨询（上海）有限公司	上海城市房地产估价有限公司
第一太平戴维斯物业顾问（上海）有限公司	中国美术学院风景建筑设计研究总院
株式会社日本设计	仲量联行测量师事务所（上海）有限公司
中国建设科技集团股份有限公司	泛亚景观设计（上海）有限公司
亨派建筑设计咨询（上海）有限公司	东大（深圳）设计有限公司上海第一分公司
上海同测房地产评估咨询有限公司	包赞巴克事务所（2 Portzamparc）
上海营邑城市规划设计股份有限公司	史基摩欧文美尔（上海）建筑设计事务所—SOM
上海现代城市更新研究院	盖尔建筑事务所
上海同济工程咨询有限公司	上海瀛舫城市建设发展有限公司
上海水石建筑规划设计股份有限公司	福克萨斯建筑设计事务所

（续表）

成员单位	
智库机构领域	
珮帕施（上海）建设工程顾问有限公司（ppas）	世邦魏理仕（上海）管理咨询有限公司
福斯特建筑设计事务所	上海天华建筑设计有限公司
上海福睿智库有限公司	上海市地矿工程勘察（集团）有限公司
查普门泰勒建筑设计咨询（上海）有限公司	上海三益建筑设计有限公司
上海高力物业顾问有限公司	上海亚新城市建设有限公司
清华大学建筑设计研究院有限公司	孚提埃（上海）建筑设计事务所有限公司
华东建筑设计研究院有限公司	上海广境规划设计有限公司
上海城市交通设计院有限公司	上海海波建筑设计事务所（普通合伙）
长三角（嘉兴）城乡建设设计集团有限公司	上海建科建筑设计院有限公司
上海市城市建设设计研究总院（集团）有限公司	上海闵行规划设计研究院有限公司
北京市建筑设计研究院有限公司	株式会社日建设计
上海建筑设计研究院有限公司	汇张思建筑设计事务所（上海）有限公司
上海市政工程设计研究总院（集团）有限公司	铿晓设计咨询（上海）有限公司（Hassell）
上海玉龙光碧文化投资有限公司	上海正象建筑设计事务所有限公司
上海漂视网络股份有限公司	青岛海尔智能家电科技有限公司
上海东海华庆工程有限公司	
其他支撑领域	
北京中指信息技术研究院	能源基金会（美国）北京办事处
北京飞渡科技股份有限公司	易智瑞信息技术有限公司
上海市海华永泰律师事务所	北京超图软件股份有限公司
上海市金茂律师事务所	

专题二：城市更新课题研究

本专题对 2023 年上海城市更新相关部门开展的各项课题研究进行了搜集和整理，并对其中重要课题的摘要进行汇编和推介。专题共汇编了六个课题，分别来自市住房城乡建设管理委、市房管局、市经济信息化委、市商务委等部门，内容涉及居住类、产业类、商业商务类等多方面的城市更新，研究的视角包括了策略、机制、规划和政策优化等多个方面。这些课题体现了上海城市更新工作中对重点难点问题的研究和思考，也可为未来城市更新工作的优化提供参考。

一、以党建引领共建共治共享促进城市有机更新的策略和路径研究

课题以“人民城市人民建”为根本出发点，聚焦通过发挥党建引领的作用，发动群众共建共治共享，发挥城市体检的作用，在新的社会经济形势下，继续提升“两旧一村”更新改造工作推进的成效，促进形成更可持续的更新路径。

课题选取宝兴里旧区改造、彭浦新村旧住房成套改造、蕃瓜弄小区旧住房成套改造、红旗村“城中村”改造、蟠龙天地“城中村”改造、江苏路街道城市更新专项体检工作作为重点调研对象，实施现场踏勘，分别对市、区两级行业主管部门和更新统筹主体开展访谈。

课题发现上海“两旧一村”改造的主要难点与挑战体现在“价值导向尚不统一”“管理机制亟须创新”“组织工作错综复杂”三个方面。围绕上述三个方面的问题，总结梳理既有经验，分别从价值引领、机制引领、组织引领以及通过体检促更新等角度，阐述了策略路径。

研究提出：第一，价值层面，是新阶段最需要在各工作层级统一思想的层面，该层面一方面需要梳理大局观，算好综合账、长远账尤其是品质提升账，另一方面要通过党建联建，促进“两旧一村”协商共

议；第二，机制层面，也是经过各基层实践，最需要在全市层面完善的内容，具体包括完善全流程管理机制、健全政策保障机制、健全资源共建共享机制、建立技术规范支持机制、完善司法保障机制等；第三，组织层面，经过历年的更新实践，基层积累了大量经验，需要在全市总结与推广，其中包括创新基层党组织工作模式，开展广泛扎实又系统科学化的群众工作等；第四，随着全市城市体检工作体系和技术体系的逐渐完善，以城市体检促“两旧一村”改造的工作基础日益成熟，通过城市体检工作可以将“两旧一村”改造从项目更新走向区域焕新，促进更系统科学的更新计划，推动共建共治共享，为此，需要建立“无体检不更新”的分层对接机制，建立面向更新的体检指标库。

课题立项单位：上海市建设交通工作党委、上海市住房和城乡建设管理委员会

二、上海市“两旧一村”改造专项规划研究

“两旧一村”改造是一项标志性的重大民生民心工程。按照市委、市政府总体工作部署，为更好地落实“两旧一村”改造实施意见和支持政策等文件精神，坚持规划引领、强化全市层面顶层设计，课题研究立足空间规划视角，从全市层面对“两旧一村”更新改造提出空间差异化引导的策略建议。

课题研究梳理了旧区改造、旧住房成套改造和城中村改造三类对象的规模总量、空间分布等现状数据底板。通过大数据分析得出，“两旧一村”改造地块中老年人口多、租房需求高、小规模家庭多、就近通勤等人群特征。针对国内和上海典型案例，开展社会调研工作，提炼当下“两旧一村”改造工作在更新方式、更新范围、发展定位、开发模式、政策机制五个方面的工作成效，并剖析在规划维度、人本维度、风貌维度、政策维度四个方面仍面临的工作挑战。通过借鉴国内城市旧区改造和城中村改造经验，结合国家和上海对城市更新可持续发展模式的工作要求，从价值导向、资源统筹、分类引导、政策创新、多主体参与等方

面提出策略与建议。

课题立项单位：上海市建设交通工作党委、上海市住房和城乡建设管理委员会

三、全力以赴推进住房民生领域城市更新调研报告

课题按照市委深入学习贯彻习近平新时代中国特色社会主义思想主题教育安排和大兴调查研究部署要求，围绕参与市委城市更新可持续模式创新研究课题，就住房民生领域城市更新工作开展调查研究。通过调研住房民生领域的基本情况，主要包括不成套职工住宅改造、不成套里弄（公寓、花园住宅）改造、城中村改造以及既有多层住宅加装电梯和老旧小区改造几个方面，课题主要形成了以下几方面的研究成果：

一是探索控成本、提品质、可持续发展的住房民生领域城市更新方式。第一，坚持以习近平总书记关于住房方面城市更新的重要论述为指导，明确了住房发展的价值观和方法论。第二，加快推进不成套职工住宅改造。不成套职工住宅拟通过拆除重建、原址改建、征收等三类方式改造。研究统筹房型、投入与产出，重点测算拆除重建和原址改建项目，从房型确定、改造策略、成本投入、资金回收等方面开展分析研究。协调政府投入与群众利益，探索推广投入绝对值较小、改造成本较低、操作模式成熟的民生类保障类项目。第三，积极探索不成套里弄（公寓、花园住宅）腾退改造。一方面，增加政府财政投入，将通过长周期的项目持续运营，进一步为国有企业运行提供支持；另一方面，强化承担企业责任，更好发挥市场作用。第四，整体提效城中村改造。城中村改造项目通常能实现自平衡，但项目开发前期存在阶段性现金流短缺，成本压力较大。通过城中村改造，改变房地产业高周转、高杠杆、高负债的模式，探索中低回报率的城中村可持续的开发经营模式。

二是强化政策研究和支持。课题研究提出五个坚持：（一）坚持民生性导向，包括完善改造方式、强化规范标准引领和健全群众工作机制。（二）坚持系统性谋划，包括全过程政策支持改造、系统性谋划公

房管理以及协调性统筹租赁住房。（三）坚持整体性推进，包括探索整镇域（区域）、整地块、整小区推进城市更新，加强规划统筹、政策激励引导区域更新以及统筹好“两旧一村”改造项目与老旧小区改造的关系。（四）坚持前瞻性思考，一方面，处理好长期持有和资金平衡的关系，另一方面，针对老旧住房占比持续攀升的问题，亟须研究解决维修资金怎么来、怎么用的问题。（五）坚持配套性保障，要抓好探索研究完善国有土地上房屋征收政策、协调司法保障收尾、优化规划建设流程并持续推进大型居住社区市政公建配套设施三年行动计划的各个环节。

课题立项单位：上海市房屋管理局

四、提速扩容、控本增效，全力推进城中村改造可持续发展

2023 年 4 月 28 日，中共中央政治局会议提出，在超大特大城市要积极稳步推进城中村改造。根据中央和市委、市政府有关部署，市房管局深入学习贯彻主题教育指示要求，将《提速扩容、控本增效，全力推进“城中村”改造可持续发展》作为重点调研课题，以破解当前城中村改造推进中面临的瓶颈难题。严格按照中央和本市主题教育活动有关要求，深化落实联组学习、联手调研、联动整改、联推发展“四联”机制，将主题教育、大兴调查研究和城中村改造工作紧密结合，共计开展 21 次调研活动。调研课题主要取得了以下成果：

一是形成了课题调研报告。课题调研报告全面回顾了上海市城中村改造的发展历程，梳理了目前城中村的底数和现状，分析了城中村改造面临的形势和任务，找准了问题和难点，提出了破解瓶颈难题的对策建议，并形成了问题清单、成果清单等。

二是促进了城中村改造的提速扩容。坚持将课题调研和城中村改造推进工作紧密结合，今年城中村目标任务是新启动 10 个项目，上半年已启动 6 个项目，超额完成年初提出的上半年启动 3 个项目的目标任务。切实做到三个“更加注重”：更加注重提前组织实施，市房管局充分发挥市“两旧一村”改造工作专班的综合协调作用，联动项目所在区

相关部门，所在镇、村（居）等基层单位，通过倒排时间节点，提前组织城中村项目的现场踏勘和预审，联动推进，加快启动；更加注重现场解决问题，针对区里推进城中村项目启动中遇到的问题，市房管牵头市发展改革、财政、规划资源、农业农村、人社、绿化市容等成员单位，共同研究，现场解决；更加注重创新机制模式，结合城中村点位实际情况，建立整镇域推进机制，通过项目整体改造、实施规划拔点、环境综合整治等多种改造方式，助推城中村改造的提速扩容。

三是出台了一批城中村改造工作指引。城中村改造项目认定等 6 个指引的出台，将进一步强化全过程管理，规范各区操作，缩短改造周期，降低改造成本，提高城中村改造的经济和社会效益，促进城中村改造可持续发展。

课题立项单位：上海市房屋管理局

五、关于优化本市产业布局推进完善“制造新空间”的研究

制造业是上海实体经济的主战场，全市工业增加值长期保持全国城市前三，制造业质量竞争力指数连续 13 年排名全国第一，并已初步构建起以三大先导产业为引领、六大重点产业为支撑、四大新赛道产业壮大、五大未来产业前瞻布局的新型产业体系。

与此同时，作为传统的老工业基地和新兴的全球科技创新中心，上海面临着加速经济转型升级和工业用地资源紧张的双重压力。在构建以战略性新兴产业为引领、先进制造业为支撑的新型产业体系中，上海亟待通过加快存量工业用地的再开发、提高工业用地的效率，实施制造业上楼，以及在中心城区拓展与城市环境和功能相适应的制造业空间，为城市新一轮发展提供空间支持。

课题通过对国内外（纽约、深圳等）制造业发展空间的实践案例分析、经验借鉴和政策解析，并结合上海优化制造业空间布局的特点和需求，提出构筑上海“制造新空间”的总体思路，包括“制造新空间”的三大主要类型、四点布局原则，以及推进完善“制造新空间”的具体设

想，涵盖了“在中心城区鼓励‘制造业进楼’”和“在郊区重点产业发展区域加快‘制造业上楼’”这两种不同区位的基本条件和产业门类。

其中，“在中心城区鼓励‘制造业进楼’”的产业门类主要包括“高消费属性的制造”、“高科技属性的制造”和“劳动密集属性的制造”；“在郊区重点产业发展区域加快‘制造业上楼’”则主要围绕上海“3＋6”新型产业体系和产业“新赛道”进行探索实践。

课题最后从六个方面提出推进构筑上海“制造新空间”的相关政策和措施，包括“明确中心城区‘制造新空间’的战略定位”、“支持重点产业发展区域推进‘制造新空间’向垂直化、立体化发展”、“充分发挥国有企业在建设‘制造新空间’中的基础性和导向性作用”、“积极鼓励支持各区在城市更新中改造建设‘制造新空间’”、“建立专项引导资金”和“加强全过程监管”。

课题立项单位：上海市经济和信息化委员会

六、商业设施城市更新指引专项调研

课题基于城市更新的一般规律和上海经验，采用政策分析、文献研究、客户访谈等研究方法，总结了上海商业设施城市更新的指导思想、总体目标和重点任务，为上海商业设施城市更新提出了策略指引和政策建议。

课题编制了国内外商业设施城市更新案例汇编，梳理了国内外塔尖型、片区型和社区型三类商业成功经验，通过对 100 余个国内外成功案例分析研究，形成了商业设施城市更新的实施策略与保障措施。塔尖型商业重点关注商业的多元化发展，并且强调平衡保护与消费之间的关系。除此之外，还关注区域自治，通过多主体合作推动商圈长远发展。片区型商业通过商业与其他功能融合、意见征询与公开透明、释放低效空间等手段，发挥项目的区域带动作用。社区型商业则强调社区的原真性和本土性，从社区商业生态保护、提升社区商业复合性、增强社区商业社交属性、提升公众参与积极性四大方面构建策略体系。

课题报告还从上海与商业城市更新相关的规划及政策文件出发，结合国内外先进经验，从“规划与政策”、“认定与评估”、“更新与改造”、“后期监管”和“保障措施”五大方面，提出了具体工作内容建议。例如，在梳理多重低效闲置空间工作中，开展商业商办用地资源效率评价，挖掘商业化利用潜力和价值。增加对原有商业生态调研和历史载体改造潜力评估。发挥商业领域专家协助商业更新项目中控详或建筑使用功能调整作用。探索构建商业改善区（BID）和地方自治组织。以更新指导目录形式，对组织公众参与的方式和关注要素提供指引等。

课题立项单位：上海市商务委员会

七、市属国有企业存量土地盘活新机制研究

课题旨在通过对市属国企存量土地资源现状的系统分析，揭示存在的主要问题，并结合国家和上海市的相关政策，提出盘活利用的具体路径和政策建议。这对于提升市属国企资产利用效率、促进其转型升级以及推动上海市经济高质量发展具有重要意义。

课题从问题、需求导向出发，基于市属国企存量土地资源调查摸底情况，分析市属国企存量土地资源利用现状和问题，组织调研、开展政策研究与案例分析，梳理总结先进经验、优秀案例以及政策措施，为解决市属国有企业存在的土地资产低效、闲置等突出问题提供盘活路径、措施和政策建议，有利于市属国有企业转型升级，盘活和显化国企存量土地资源资产，优化国资布局和结构，对推动本市国有企业改革和国企高质量发展，有序实施上海“2035”总规，完善要素市场化配置体制机制具有重要的现实意义。

课题建议：一是完善不动产登记制度，解决产权关系复杂问题，确保土地资产底数清晰；二是根据实际需求调整土地用途，避免低效利用现象，提升整体利用效率；三是通过政策引导和激励机制，鼓励国有企业积极参与存量土地盘活工作；四是根据土地所在区域和实际情况，实施差异化管理策略，确保盘活工作有序推进。

课题立项单位：上海市国有资产监督管理委员会

八、基于全生命周期管理的产业用地提质增效研究

全生命周期管理是促进产业用地高质量利用的重要举措。2014 年，上海在全国率先开展土地全生命周期管理，对促进土地高质量利用发挥了重要作用。2020 年出台的《关于上海市推进产业用地高质量利用的实施细则》中提出全面加强产业准入和土地全生命周期管理，提高产业用地绩效，促进实体产业提质增效。然而，随着产业迭代发展，存量产业用地低效利用问题日益突出。基于此，该课题通过对 2014 年以前出让的产业用地典型案例的调研分析，基于上海市产业社区用地绩效评价结果，综合土地管理部门专家的建议，选取莘庄工业园区、吴淞创新城、松江经济开发区、浦南工业园区四个工业园区作为调研对象，通过实地走访或与管委会、平台公司和企业部门进行访谈，重点了解园区在“非全生命—全生命”产业用地盘活的典型案例和主要做法，针对存量产业用地盘活过程中的难点问题，从加强全生命周期管理的角度，提出存量产业用地提质增效的对策建议。课题基于全生命周期管理的视角，以产业用地高质量利用为目标，聚焦于如何将“非全生命”产业用地盘活纳入“全生命”的管理模式中，是对产业用地全生命周期管理内涵的深化和细化。

课题立项单位：上海市土地交易事务中心

九、上海商办用地现状评估及土地利用策略研究

随着全球化和城市化的快速发展，上海作为一座全球中心城市，其土地资源的有效利用对于推动城市的可持续发展、应对资源和环境挑战、促进经济转型升级具有重要意义。课题旨在通过深入分析上海商办用地的现状，采用定量统计分析法、案例分析研究法和文献参考研究法等多种研究方法，对 2010—2023 年间上海商办用地及科研设计用地

的开发利用现状进行系统梳理。通过对超过 1000 宗商办地块和 287 宗科研设计地块的详细调研，从城市分级商圈的角度出发，结合数据系统和分析工具，从土地用途、供应节奏、区域分布、开发主体以及开发建设进展等多个维度全面分析，旨在揭示上海商办用地利用的现状及存在的关键问题，并提出针对性的解决方案。

经整理发现，上海已出台相关政策，调整供应总量，明确未来治理方向。然而，相比国内外其他城市，后续仍需从实施维度来完善具体的评估机制，辅助政策有效落地，实现规划政策闭环。建议在制定相关政策时，应因地制宜，确保政策的可行性与有效性，从而更好地实现治理目标。同时，在政策执行过程中，还需加强监督和评估，及时发现问题并采取相应措施，保障政策的顺利推进。

课题立项单位：上海市土地交易事务中心

专题三：城市更新观点摘编

（一）

城市更新并不是为了新，而是为了城市的发展。总规确定了上海的发展目标，2035 年基本建成卓越的全球城市，令人向往的创新之城、人文之城、生态之城，具有世界影响力的社会主义现代化国际大都市。总规还规定了上海产业的布局和 200 平方公里的留白等，这些也都是城市更新的目标。城市更新的内涵，已经从物质环境改善，逐步拓展到聚焦经济复兴、社会公平与城市综合竞争力提升。

具体而言，城市更新涉及物质性的更新和非物质性的更新，包括城市产业结构和城市空间的更新，建筑的更新，城市环境和道路的更新。包括新区开发、旧区改造、土地二次开发，用地性质和功能的转换、工业区转型，港区和滨水区的整治改造，以及城市生态修复和可持续发展等。

城市更新会涉及很多政策的调整，比如有效动员社会资金参与城市更新等。不可能都是政府投入，要动员社会的资金，就要在制度、政策、工作的规程方面有一些比较完善的措施。

——上海市城市更新专家委员会主任、中国科学院院士郑时龄 2024 年 7 月 15 日在上海市城市更新专家委员会座谈会上的发言节选

（二）

要推进有中国特色上海特点的城市更新。比如，上海本身就极具风格，是万国建筑博览会、红色之都、演艺之都、文博之都、时尚之都，要在城市更新中把上海风格保护好，并且凸显出来。

——上海市城市更新专家委员会副主任、上海市社会科学界联合会主席、上海市社科院原院长王战 2024 年 7 月 15 日在上海市城市更新专家委员会座谈会上的发言节选

（三）

当前要找准城市更新的堵点、难点。一是要聚焦人民群众急盼解决的问题，比如老旧小区的改造、生活品质的提升、城市的适老性更新等。二是要加强城市体检，提高城市体检单元的颗粒度，清点城市核心服务功能的缺项到底有多少，生活基础服务设施的洼地在哪里，有序释放城市存量低效空间资源。要研究时代的新需求，特别是新质生产力带来的新的产业空间需求，上海的空间是否适应于新的生产需求。

目前的土地交易体系适应于之前房地产快速发展阶段，上海要探索解决城市更新问题的路径，就要建立健全与城市更新相适应的法律法规体系、管理制度，培育完善与城市更新要求相适应的土地产权交易体系、资金平衡机制，及时总结城市更新的案例，也要鼓励城市更新实施主体多元化。

——上海市城市更新专家委员会副主任、上海市城市规划学会理事长伍江 2024 年 7 月 15 日在上海市城市更新专家委员会座谈会上的发言节选

（四）

城市更新是时下的大词、热词和关键词，实际上我国当代的城市更新已经走过了逾 40 载的历程。于今而言，城市更新的认知水平和运维能力的提升，关联着城市的演进方向和未来命运，城市建成环境的高质量发展和经济社会及人文城市的全面复兴。

为此，需要总结既往城市更新中的经验及教训，从除旧而新（renewal），走向因旧而新（regeneration），即适应性再生。这种更新不是动辄推倒重来，而是注重留改拆；不是刻意今昔分离，而是倡导新旧共生；不是限于地段内单一行动，而是寻求区域间协同互动。

总之，从国家高层到社会各界，城市更新正在启动新议程，迈入新阶段，这是针对错综复杂城市问题优选方略、调整路径和守正创新的全

面计划和行动，上海的城市更新应在其中起到示范性作用。

——中国科学院院士、同济大学建筑与城市规划学院教授常青2023年12月12日在“共生·共享·共为—2023澎湃城市更新大会”分享中指出

（五）

中国城市规划发展建设已经从增量时代走向存量时代，那么城市更新，可以说现在正出现五大趋势，从过去的单一到复合，从均质到多元，从分散到集成，从割裂到共享，以及从封闭到开放。

那么如何面向未来呢，我认为应该用一种整体观来看待城市更新，可以分别用网络性、同构性和渐进性来阐述这样一个整体观。

第一个是网络性，是指城市的本质特征，它是网络化的，城市更新区域的不同的组员，要通过网络系统和城市建立起一种关联和联系。第二个是同构性，它是指城市的任何一个组成部分，都具有与城市整体结构相似的一种同构特征，就如同我们中医的整体医学观一样。第三个是渐进性，是指城市在更新过程当中，各种变化是逐步进行的。我们在具体的城市更新的实践当中，要认识到上述三个整体观。

——中国工程院院士、全国工程勘察设计大师孟建民2023年12月12日在“共生·共享·共为—2023澎湃城市更新大会”发言节选

专题四：上海市城市更新信息系统介绍

一、信息系统建设背景

2021 年 9 月《上海市城市更新条例》正式发布，条例第十条明确指出，本市依托“一网通办”“一网统管”平台，建立全市统一的城市更新信息系统。城市更新指引、更新行动计划、更新方案以及城市更新有关技术标准、政策措施等，应当同步通过城市更新信息系统向社会公布。市、区人民政府及其有关部门依托城市更新信息系统，对城市更新活动进行统筹推进、监督管理，为城市更新项目的实施和全生命周期管理提供服务保障。条例第五十条指出，市、区有关部门应当将土地使用权出让合同明确的管理要求以及履行情况纳入城市更新信息系统，通过信息共享、协同监管，实现更新项目的全生命周期管理。

2022 年 3 月，“上海市城市更新信息系统”经上海市住房和城乡建设管理委员会批复，由上海市城市更新中心承担具体建设工作。通过上海市城市更新信息系统，可以将城市更新有关信息通过现场调查、资料收集、多平台对接等多种方式进行数据集成，建立基础数据库，并通过系统平台进行可视化的管理，形成城市更新的数据底座。同时有利于通过数字化手段对各项城市更新工作进行可视化展示、分析，对城市更新项目进行全生命周期的统筹管理和宏观管控，实现数字赋能。

二、信息系统总体框架

根据《上海市城市更新条例》、“2035”总规及“十四五”规划等文件，通过聚焦区域、分类梳理，信息系统项目类型重点对应《上海市城市更新行动方案（2023—2025 年）》六大城市更新行动。

信息系统具有“全要素、全平台、全流程、一张图”四大特色。全要素即搭建一个全要素覆盖的可视化项目数据库，全平台即建设一个全

图 1　城市更新六大行动

平台对接的业务管理平台，全流程即形成一套全流程可控的流程体系，一张图即实现一张图展示的可视化大屏。

三、信息系统建设内容

（一）信息系统主体功能模块

信息系统主体功能模块建设内容主要包括明确整体构架设计、基础模块开发，以及政务云相关基础环境部署等。

信息系统包含 5 大功能模块，分别为数据大屏、项目实施、项目储备、社会公布及城市体检。

数据大屏模块将城市更新所有数据进行集成和展示，运用 GIS 技术形成一张展示大屏，直观展示 6 大行动城市更新项目的分布情况、总量规模以及项目实施进度等。

图 2　系统登录界面

图 3　五大功能模块

同时在大屏中植入多级下钻、分类展示、图层叠加、数据分析、交互应用、筛选查询等多种应用功能，构建一项目一档，便于对城市更新项目进行精细化管理，为各级用户提供以图查项目服务。

图 4　城市更新总屏

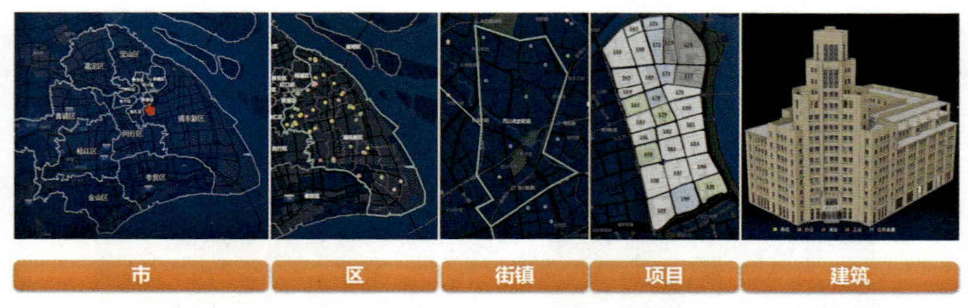

图 5　逐级下钻示意图

信息系统实施模块主要围绕前期准备、规划管理、建设管理、运营管理四个阶段，对正在推进的城市更新项目关键节点开展监督管理，起到全生命周期管理作用。

信息系统储备模块主要针对城市更新项目构建基础数据库，包括对各类储备项目、计划项目、实施项目等进行台账管理，并结合业务需求开展各类更新项目的信息上报数据采集工作、流程审批工作等。

信息系统社会公布模块将建设多维度的信息发布板块，将城市更新指引、计划、方案以及有关技术标准、政策措施等信息进行及时更新和发布，依法向社会公布，贯彻落实《上海市城市更新条例》对本系统向社会公布相关信息的要求，建成一个上海城市更新领域权威、实时、综合的信息发布平台。

信息系统城市体检模块从宜居共建、安全韧性、交通便捷、多元共享、精细共治等方面对城市更新项目进行体检评估，并进行数据分析以辅助决策。

（二）“两旧一村”模块建设

信息系统二期主要包括“两旧一村”模块以及典型城市更新项目模块两部分。

随着上海市“两旧一村”工作的开展，并根据《关于加快推进旧区改造、旧住房成套改造和“城中村”改造工作的实施意见》政策要求，为加快推进“两旧一村”改造工作，推进数字赋能，需依托“一网通办”“一网统管”，建立完善全市统一并覆盖“两旧一村”改造全过程的城市更新信息系统。

因此，在信息系统一期功能基础上，针对“两旧一村”项目，系统中增加了各类“两旧一村”改造计划、项目情况、月度完成情况、实施过程等信息。

其中，信息系统数据大屏模块在原有基础上新增“1＋3”大屏，即一张“两旧一村”总屏，及零星旧改、旧住房改造、城中村三个业务分屏，将“两旧一村”各类项目进行空间位置和信息可视化展示，构建一项目一档，并反映“两旧一村”三年计划情况及实施进度情况。

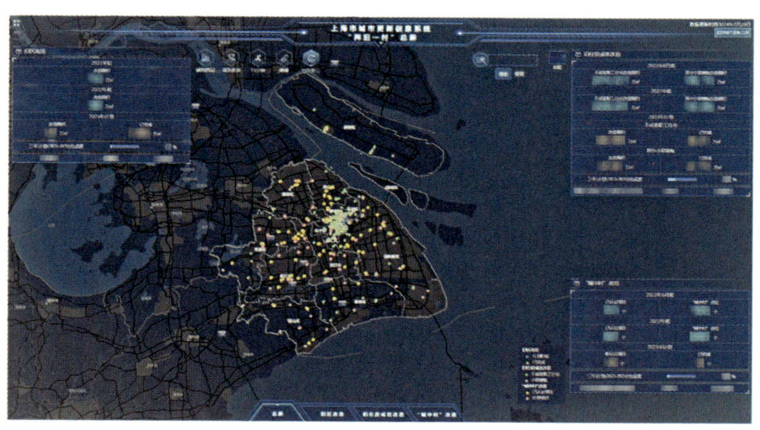

图 6 “两旧一村”总屏

信息系统储备模块则将“两旧一村”三年计划项目情况进行集成，并对“两旧一村”改造情况建立月度数据更新机制。

（三）典型城市更新项目模块

信息系统针对不同类型城市更新项目开展对接，分别构建了单独的子模块。对接本市区域更新、旧住房、风貌保护等典型城市更新项目案例，探索不同类型城市更新项目的标准化应用场景建设。其中，区域更新模块与黄浦区大外滩区域更新项目和虹口区提篮桥区域更新项目对接，旧住房更新模块与静安区蕃瓜弄旧住房成套改造项目对接，风貌保护模块与虹口区弘安里风貌保护项目对接。

1. 区域更新模块

为强化区域更新项目的全生命周期管理，同时响应市委、市政府“推进城市更新数字化发展”的要求，结合本市更新条例对信息系统“对城市更新活动进行统筹推进、监督管理，为城市更新项目的实施和全生命周期管理提供服务保障”的要求建设。

区域更新系统平台的建设聚焦七大应用功能模块展开，具体包括区域纵览、现状概况、功能规划、建设管理、运营资管、分析评价和政策法规，在此基础上针对不同用户使用需求确定对应权限的应用功能模块，形成功能模块组合包。

图 7　外滩系统界面

信息系统具备以下特色：三维建模、文化传承、智慧管理、投资测算等。

核心技术：通过三维建模技术，展现外滩与提篮桥区域的历史风

图 8　外滩—现状鸟瞰

貌、现状鸟瞰与未来蓝图。全面、直观地向公众呈现区域更新项目的昨天、今天和明天。

图 9　提篮桥—现状鸟瞰

文化传承：精心打造“历史沿革博物馆”，通过收集珍贵的历史影像及人文研究的资料，让公众能够穿越时空，沉浸式感受外滩与提篮桥区域不同时期的风貌。

图 10　外滩—历史沿革

智慧管理：平台覆盖从规划、建设、管理到运营的全流程，集成各类数据及资料，实现了全生命周期数字化管理。无论是优历文保建筑的维护，还是新项目的推进，都能高效、精准地进行。

投资测算：结合区域内地块基础信息，建立了资金测算的底层参数数据库，搭建了满足多种模式的组合应用，易操作、可兼容的一二三级房地产开发联动测算算法模型，对多种规划、设计、运营方案下的资金情况进行快速估算，辅助方案论证，帮助决策者进行决策分析。

未来，平台将继续深化建筑 BIM 应用、招商运营、对外宣介等应用场景，提升服务能级。

图 11　外滩—建筑 BIM

2. 旧住房成套改造模块

本模块分别突出数字孪生、全生命周期管理、全过程民主三大特点，已接入了本市 2023 年旧住房成套改造的重点项目“静安区蕃瓜弄”。

模块中，数字孪生包括项目纵览与数据仓库两大功能模块，通过无人机航拍、三维建模、多媒体影像、可视化数据库等方式，对蕃瓜弄小区的前世今生、改造前后进行数字化全息呈现，并对居民信息进行数字化精细管理。

图 12　蕃瓜弄改造前全景模型

图 13　蕃瓜弄改造后全景模型

全生命周期管理包括规划实施、建设管理、管理运维三大功能模块，涵盖项目“规、建、管、运”的全生命周期数字化管理，并将建筑 BIM 模型、电子档案数据库、多平台数据协同等技术应用到数字赋能管理中。

全过程民主包括分析评价和公示导览两大功能模块。通过对改造项目的监督评估以及对改造政策、签约、选房等的公示，以信息化公开的方式充分体现全过程民主理念。

蕃瓜弄项目的更新正在实施，本系统也将持续为整个项目的实施提供数字化支撑。

3. 风貌保护模块

更新条例第二条指出，城市更新包括“加强历史文化保护，塑造城市特色风貌”。因此，系统开展了历史风貌区的保护更新相关信息收集，助力历史风貌保护和文化传承。

本模块已对接了虹口区弘安里城市更新项目，该项目是虹口区首批“政企合作”旧区改造试点项目，也是上海市第二批历史风貌保护街坊。为了加强对历史风貌区保护项目更新改造的监督管理，也为了更好地记录和展示风貌保护项目的更新过程和更新成果，本模块开发了风貌保护更新信息展示功能，归集了保护开发过程中的数据文档资料、图片影像资料，并纳入建筑三维模型等，可实现数据查询统计、资料下载以及三维场景漫游等功能。

本模块包括 4 个功能子模块：弘安记忆、弘安风貌、弘安焕新和畅游弘安。

图 14　系统功能模块

弘安记忆，风貌保护的核心是通过历史传承来呈现地区独特的文化魅力。为此，“弘安记忆”模块将从弘安里的沿革和轶事两个方面入手，深入阐述其风貌演变的历程，并积淀历史人文遗产。通过该模块，可以让用户更好地了解弘安里的独特历史文化资源，感受其深沉的历史积淀和人文底蕴。

图 15　弘安记忆

弘安风貌，主要展示弘安里的建筑甄别、风貌评估、保留保护情况。通过 GIS 底图，对风貌现状和保护建筑甄别过程中涉及的各种文本、图片等资料进行数字化记录与展示。系统可以幢为单位，展示建筑位置、底图和相关资料提供风貌保护的总览概况，介绍风貌保护街坊每幢老建筑的保护情况。系统可根据不同关键词进行条件查询，展示符合条件的地块、楼幢、房屋、构建四级数据，并用文本、列表和图片等从不同维度，展开其保护过程中的各类信息。

弘安焕新，以弘安里焕新蝶变所涉及的规划、设计、建设、保护等环节为基础，归集每个环节的文本、图件、影像等资料，包括规划图、设计图、建设方案、保护方案、现场照片以及不同管理部门的审批文件等数字化信息。同时系统平台将接入项目区域内的视频探头，实时监控项目在开发建设阶段、后续运营的现场情况。

畅游弘安，该模块主要以 3D 模型的形式对弘安里更新前后的风貌进行展示，包括对弘安里整体风貌的展示、里弄景观的展示以及沿街立面的展示。

图 16　畅游弘安

附录一：2023 年上海城市更新重要政策清单

一、2023 年国家有关城市更新政策文件

序号	文件名称	文　号	发布单位
1	关于在超大特大城市积极稳步推进城中村改造的指导意见	国办发〔2023〕25 号	国务院办公厅
2	关于扎实有序推进城市更新工作的通知	建科〔2023〕30 号	住房城乡建设部
3	支持城市更新的规划与土地政策指引（2023 版）	自然资办发〔2023〕47 号	自然资源部办公厅
4	超大特大城市城中村改造贷款管理办法（试行）	金发〔2023〕17 号	金融监管总局、国家发展改革委、财政部、自然资源部、住建部、中国人民银行
5	关于通过专项借款支持城中村改造工作方案	建保〔2023〕80 号	住房城乡建设部、财政部、中国人民银行、金融监管总局
6	城市社区嵌入式服务设施建设工程实施方案	国办函〔2023〕121 号	国务院办公厅转发国家发展改革委
7	全面推进城市一刻钟便民生活圈建设三年行动计划（2023—2025）	商办流通函〔2023〕401 号	商务部、国家发展改革委、民政部等

二、2023 年上海市城市更新面上政策文件

序号	文件名称	文　号	发布单位
1	上海市城市更新行动方案（2023—2025 年）	沪府办〔2023〕10 号	市政府办公厅
2	“两旧一村”改造工程等民心工程三年行动计划（2023—2025 年）	沪委办〔2023〕19 号	市委办公厅、市政府办公厅

（续表）

序号	文件名称	文　号	发布单位
3	关于深化实施城市更新行动加快推动高质量发展的意见	沪委办〔2023〕43 号	市委办公厅、市政府办公厅
4	关于本市全面推进土地资源高质量利用的若干意见	沪府规〔2023〕12 号	市政府
5	上海市建筑师负责制工作指引（试行）	沪建建管〔2023〕421 号	市住房城乡建设管理委
6	关于建立“三师”联创工作机制　推进城市更新高质量发展的指导意见（试行）	沪规划资源风〔2023〕450 号	市规划资源局
7	关于促进城市功能融合发展　创新规划土地弹性管理的实施意见（试行）	沪规划资源详〔2023〕449 号	市规划资源局
8	上海市城市更新专家委员会工作规程（试行）	沪规划资源详〔2023〕376 号	市规划资源局
9	关于加快转变发展方式　集中推进本市城市更新高质量发展的规划资源实施意见（试行）	沪规划资源研〔2023〕448 号	市规划资源局

三、2023 年上海市居住类城市更新政策文件

序号	文件名称	文　号	发布单位
1	“两旧一村”改造工程三年行动计划（2023—2025 年）	沪委办〔2023〕19 号	市委办公厅、市政府办公厅
2	“城中村”改造项目认定工作指引	沪建房管〔2023〕269 号	市住房城乡建设管理委、市房管局
3	“城中村”改造项目实施方案备案工作指引		
4	“城中村”改造项目合作单位遴选工作指引		
5	“城中村”改造项目房屋土地征收工作指引		
6	“城中村”改造项目全过程管理工作指引	沪建房管〔2023〕343 号	市住房城乡建设管理委、市房管局
7	“城中村”环境综合整治工作指引		
8	“城中村”改造规划土地管理工作指引	沪规划资源用〔2023〕312 号	市规划资源局
9	上海市住房公积金个人购买征收安置房住房贷款管理试行办法	沪公积金管委会〔2023〕2 号	市住房公积金管理委员会

（续表）

序号	文件名称	文　号	发布单位
10	上海市中心城区零星旧改市级专项补贴资金操作细则	沪建旧改联〔2023〕60号	市住房城乡建设管理委
11	关于本市住房公积金支持城市更新有关政策的通知	沪公积金管委会〔2023〕11号	市住房公积金管理委员会
12	《关于本市住房公积金支持城市更新有关政策的通知》操作细则	沪公积金〔2023〕49号	市公积金管理中心
13	旧住房成套改造协议置换税收等事宜操作指引		市房管局、市税务局
14	本市郊区小梁薄板房屋改造市级支持资金实施办法	沪建房管联〔2023〕499号	市住房城乡建设管理委、市房管局、市发展改革委、市财政局
15	关于进一步明确旧改项目土地出让涉及相关建设管理要求的通知	沪建旧改联〔2023〕94号	市住房城乡建设管理委、市规划资源局、市房管局
16	上海市旧住房成套改造和拆除重建实施管理办法（试行）	沪房规范〔2023〕1号	市住房城乡建设管理委、市房管局、市规划资源局、市发展改革委
17	上海市旧住房成套改造项目施工图设计文件技术审查要点（拆除重建篇）	沪建质安联〔2023〕31号	市住房城乡建设管理委
18	关于旧住房改造增量房源统筹平衡商品住房项目配建指标的通知	沪房更新〔2023〕22号	市房管局
19	不成套职工住宅改造（拆除重建）改善型房型设计指引	沪房更新〔2023〕151号	市房管局
20	关于旧住房成套改造项目范围内产权房屋登记和税收等事宜的通知	沪房更新〔2023〕118号	市房管局
21	上海市在沪住宅修缮企业信用评价实施细则	沪房规范〔2023〕4号	市房管局

（续表）

序号	文件名称	文　号	发布单位
22	关于进一步加强既有多层住宅加装电梯代建单位管理的通知	沪建房管联〔2023〕388 号	市住房城乡建设管理委、市房管局
23	关于进一步加强本市既有多层住宅加装电梯工程质量安全管理的通知	沪建质安〔2023〕579 号	市住房城乡建设管理委

四、2023 年上海市产业类城市更新政策文件

序号	文件名称	文　号	发布单位
1	上海市推动制造业高质量发展三年行动计划（2023—2025 年）	沪府办发〔2023〕8 号	市政府办公厅
2	关于新时期强化投资促进加快建设现代化产业体系的政策措施	沪府办规〔2023〕12 号	市政府办公厅
3	上海市特色产业园区高质量发展行动方案（2024—2026 年）	沪府办发〔2023〕20 号	市政府办公厅
4	关于推动“工业上楼”打造“智造空间”的若干措施	沪府办规〔2023〕21 号	市政府办公厅
5	关于规范产业园区内新建租赁住房建筑设计的通知	沪经信产〔2023〕689 号	市经济信息化委、市住房城乡建设管理委、市规划资源局、市房管局
6	智造空间专项转移支付资金管理办法	沪经信规范〔2023〕8 号	市经济信息化委、市财政局
7	关于印发《上海市“智造空间”生态环境保护指引（2023 年版）》的通知	沪环评〔2023〕205 号	市生态环境局
8	关于印发《市属国企存量土地资源盘活利用三年行动方案（2023 年—2025 年）》的通知	沪规划资源用〔2023〕93 号	市规划资源局、市国资委
9	关于印发《关于加强上海市存量产业用地管理的若干意见》的通知	沪规划资源用〔2023〕129 号	市规划资源局、市经济信息化委
10	关于印发《上海市加强存量产业用地管理专项行动方案》的通知	沪规划资源用〔2023〕186 号	市规划资源局、市经济信息化委

（续表）

序号	文件名称	文　号	发布单位
11	关于印发《关于加强上海市产业用地综合绩效评估促进节约集约用地的实施意见》的通知	沪规划资源用〔2023〕370号	市规划资源局、市经济信息化委、市国资委
12	上海市产业用地综合绩效评估和分类处置行动工作方案	沪规划资源用〔2023〕375号	市规划资源局、市经济信息化委、市国资委
13	上海市产业用地综合绩效评估指标体系（试行）	沪规划资源用〔2023〕375号	市规划资源局、市经济信息化委、市国资委

五、2023年上海市商业商务类城市更新政策文件

序号	文　件　名	文　号	发布单位
1	2023年上海市示范性智慧菜场建设工作方案	沪商运行〔2023〕21号	市商务委
2	上海市加强消费市场创新扩大消费的若干措施	沪商商贸〔2023〕266号	市商务委
3	2023年上海市早餐民心工程实施方案	沪商服务〔2023〕155号	市商务委

六、2023年上海市公共空间设施类城市更新政策文件

序号	文　件　名	文　号	发布单位
1	上海市城市公园实行24小时开放管理指引（试行）	沪绿容〔2023〕475号	市绿化市容局
2	上海市单位附属绿地开放共享建设技术导则（试行）	沪绿委办〔2023〕1号	市绿化市容局
3	上海市单位附属绿地开放共享实施办法（暂行）	沪绿委办〔2023〕6号	市绿化市容局
4	外环绿带及沿线地区慢行空间贯通专项规划	沪绿容〔2023〕24号	市绿化市容局、市规划资源局

（续表）

序号	文 件 名	文 号	发布单位
5	关于进一步规范设摊经营活动的指导意见（试行）	沪绿容规〔2023〕4 号	市绿化市容局
6	上海市苏州河滨水公共空间户外招牌设置导则	沪绿容〔2023〕343 号	市绿化市容局
7	上海市户外招牌设置技术规范	沪绿容〔2023〕81 号	市绿化市容局
8	市绿化和市容管理局 2023 年深化“放管服”改革优化营商环境工作要点	沪绿容〔2023〕128 号	市绿化市容局
9	上海市海绵城市规划建设管理办法	沪住建规范联〔2023〕11 号	市住房城乡建设管理委等
10	关于推进本市绿色生态城区建设的指导意见	沪住建规范联〔2023〕13 号	市住房城乡建设管理委等
11	关于批准《黄浦江两岸滨江公共空间建设标准》为上海市工程建设规范的通知	沪建标定〔2023〕56 号	市住房城乡建设管理委
12	关于推进高质量发展，全面提升基础设施品质的指导意见	沪规划资源政〔2023〕184 号	市规划资源局
13	2023 年上海市“15 分钟社区生活圈”行动方案	沪规划资源详〔2023〕176 号	市规划资源局

七、2023 年上海市风貌类城市更新政策文件

序号	文件名称	文 号	发布单位
1	城乡历史文化保护利用项目规范	GB 55035-2023	住房城乡建设部
2	关于延长《上海市历史风貌保护及城市更新专项资金管理办法》有效期的通知	沪财发〔2023〕16 号	市财政局
3	上海市优秀历史建筑修缮（装修改造）设计方案审批管理办法	沪房规范〔2023〕8 号	市房管局

附录二：2023 年度上海城市更新优秀案例名录

一、住房城乡建设部城市更新典型案例名单（第一批）

为贯彻落实党中央、国务院有关决策部署，各地积极探索、分类推进实施城市更新行动，积累了一批好经验好做法好案例。为发挥典型案例示范作用，住房城乡建设部办公厅印发了 28 个城市更新典型案例，名单如下：

（一）既有建筑更新改造案例

1. 北京市中国建筑科学研究院建筑光伏零碳改造项目
2. 海南省琼海市博鳌零碳示范区项目

（二）城镇老旧小区改造案例

3. 重庆市红育坡片区老旧小区改造项目
4. 北京市昌盛园社区老旧小区改造项目
5. 辽宁省沈阳市牡丹社区改造项目

（三）完整社区建设案例

6. 浙江省杭州市滨江区缤纷完整社区更新项目
7. 重庆市九龙坡区民主村完整社区建设项目
8. 上海市临汾路 380 弄社区更新项目

（四）活力街区打造案例

9. 北京市首钢老工业区（北区）更新项目
10. 广东省深圳市元芬新村城中村有机更新项目
11. 重庆市戴家巷老街区更新改造项目

（五）城市功能完善案例

12. 江西省南昌市雷公坳文化体育产业园项目
13. 陕西省西安市建国门老菜场市井文化创意街区项目

14. 上海市杨浦滨江公共空间无障碍环境建设项目

（六）城市基础设施更新改造案例

15. 广东省广州市城市信息模型（CIM）基础平台建设项目
16. 上海市网格化管理信息系统“一网统管”建设项目
17. 安徽省合肥市基础设施生命线安全工程建设项目
18. 福建省福州市城区水系科学调度系统建设项目
19. 上海市静安区固体废弃物流转中心更新项目

（七）城市生态修复案例

20. 安徽省合肥市园博园项目
21. 陕西省延安市宝塔山景区保护提升项目
22. 广东省深圳市茅洲河治理项目
23. 江西省九江市长江国家文化公园更新项目

（八）城市历史文化保护传承案例

24. 福建省福州市三坊七巷历史文化街区保护更新项目
25. 江苏省苏州市平江路历史文化街区保护更新项目
26. 江西省景德镇市陶阳里历史城区保护更新项目
27. 北京市模式口历史文化街区保护更新项目
28. 江苏省南京市老城南小西湖片区保护更新项目

二、《2022—2023 年上海市城市更新案例选析》收录案例清单

上海市城市更新领导小组办公室、上海市住房和城乡建设管理委员会

类型	序号	名称	区位	项目规模	更新前功能	更新后功能	更新时间
综合区域整体焕新	1	黄浦区外滩“第二立面”区域更新	位于外滩历史文化风貌区（黄浦区域），北起苏州河，南至延安东路，东临中山东一路，西到河南中路	区域总面积 68 公顷	办公、商业、酒店、居住等	办公、商业、酒店、居住等	2021 年至今
	2	徐汇滨江西岸整体更新	北起日晖港，西临龙吴路，东至黄浦江，南及关港	区域面积 14.4 平方公里，规划建筑总量 1340 万平方米	工业、岸线	商业、办公、科研、居住、文化等	2008 年至今
	3	徐汇区衡复历史风貌区整体更新	位于华山路、肇嘉浜路、陕西南路、长乐路围合区域	440 万平方米	居住、商业、办公、市政	居住、商业、办公、市政	2022 年 1 月至今
	4	虹口区提篮桥片区更新	北至周家嘴路，东至大连路，西至公平路—海门路，南至杨树浦路，包含提篮桥历史文化风貌区及 13 处风貌保护街坊	约 1 平方公里	居住、商业、办公、文化	居住、商业、办公、文化	2022 年至今
	5	杨浦区滨江南段整体更新	西起秦皇岛路，东至定海路桥，北至平凉路，南至黄浦江，岸线长 5.5 公里	涉及占地面积约 7 公顷	仓储、工业、办公等	办公、餐饮、展览、市民活动中心、生态景观节点等	2021 年至今

（续表）

类型	序号	名称	区　位	项目规模	更新前功能	更新后功能	更新时间
综合区域整体焕新	6	宝山区吴淞创新城整体更新	位于宝山区，北至友谊路，东至同济路—黄浦江，南至长江西路—军工路，西至江杨北路—虎林路	总用地面积约 26 平方公里，其中建设用地约 23 平方公里，宝武不锈钢先行启动区总用地面积约 1.24 平方公里，宝武特钢先行启动区总用地面积约 1.04 平方公里，上海大学上海美术学院总用地面积约 12.65 万平方米，总建筑面积约 23.4 万平方米	工业、仓储	研发、办公、教育等	2020 年至今
	7	虹桥国际中央商务区核心区标志性 CBD 城市更新	北至天山西路，南至申兰路，西至申长路—扬虹路—嘉闵高架路，东至申贵路	占地面积约 3.7 平方公里，开发规模总建筑面积 585 万平方米，地上约 335 万平方米，地下约 250 万平方米	办公、商业、酒店、公寓、住宅、公共服务、文化	办公、商业、居住、文体、会展	2023 年至今
人居环境品质提升	8	浦东新区唐镇小湾村“城中村”改造	位于浦东新区唐镇镇域东南部	小湾村及暮二村等“城中村”改造地块总用地面积约 1467.3 亩	自然村落	居住、教育、研发、工业、市政等	2023 年 8 月至今
	9	静安区蕃瓜弄小区旧住房成套改造	位于静安区天目西路街道，东至共和新路，南至天目中路，西至大统路，北至铁路沪宁线	占地面积约 2.6 万平方米	居住	居住	2023 年 5 月至今
	10	虹口区瑞康里腾退更新	位于虹口区嘉兴路街道 167 街坊，东至哈尔滨路，南至嘉兴路—新嘉路，西至四平路，北至海伦路	占地面积约 1.7 万平方米，现状房屋面积约 2.3 万平方米	居住、沿街商业	居住、沿街商业	2023 年 8 月至今

（续表）

类型	序号	名称	区 位	项目规模	更新前功能	更新后功能	更新时间
人居环境品质提升	11	虹口区沽源二小区美丽家园	位于虹口区沽源路西侧	建筑面积 1.93 万平方米	居住	居住	2021 年 10 月至 2023 年 1 月
	12	杨浦区凤南一村旧住房成套改造	位于杨浦区控江路街道，东至黄兴路，南至周家嘴路，西至凤城路，北临控江路	拆除总建筑面积约 6.8 万平方米，新建总建筑面积约 19.7 万平方米	居住、教育、社区商业	居住、教育、社区公服配套	2023 年 3 月至今
	13	闵行区召稼楼“城中村”改造	位于闵行区浦江镇，东至规划稼耕路，南至姚家浜，西至汇驰路，北至规划潜湖	规划地上总建筑面积 23.17 万平方米	居住、商业等	商业、文旅、居住等	2022 年至今
	14	青浦区蟠龙古镇“城中村”改造	位于青浦区徐泾镇，东至蟠龙路北延伸段，南至崧泽大道，西至华徐公路，北至天山西路西延伸段	总面积 666 亩	居住、小工厂、小作坊、仓库等	居住、绿地、商业、文化等	2018—2023 年
公共空间设施优化	15	浦东新区世博文化公园	位于浦东滨江核心地区，西北部北邻黄浦江，东至卢浦大桥—长清北路，南至通耀路—龙滨路	总用地面积约 2 平方公里	厂房、2010 年世博会举办地	综合公园	2017 年 9 月至今
	16	虹口区和平公园更新改造	位于虹口区天宝路 891 号，北至大连路—畅心园路，西至天宝路，南至新港路，东至大连路	16.34 万平方米	综合公园	综合公园	2020—2022 年
	17	嘉定区白银路功能品质整体提升	位于嘉定区马陆镇，东起沪宜公路，西至永盛路	全长 1.52 公里	交通	交通	2021 年

（续表）

类型	序号	名称	区　位	项目规模	更新前功能	更新后功能	更新时间
公共空间设施优化	18	闵行区莲花路站改扩建	位于闵行区中环与外环之间，东近莲花南路，南侧紧邻轨道交通 1 号线莲花路站，北侧为沪闵路	总用地面积约 1.76 万平方米，总建筑面积约 5.0 万平方米	交通枢纽	交通枢纽、社区中心、商业中心	2018—2021 年
	19	临港滴水湖环湖景观带改造	位于临港新城，活力示范段北至临港大道北路，南至绿丽港，西至环湖西一路，东至滴水湖	占地面积 4.68 万平方米	公园	公园、商业、体育	2023 年至今
历史风貌魅力重塑	20	浦东新区民生码头城市更新	项目用地东起洋泾港，西至地块西侧边界，东西长度约 1.4 公里，沿江岸线长约 740 米	西区 3 个地块项目总用地面积约 7.7 万平方米，总开发建筑面积约 39.5 万平方米；东区 3 个地块项目总用地面积约 7.4 万平方米，改造更新后地块内总地上建筑面积约 14.5 万平方米	工业、市政等	住宅、商业、文化、办公	2022 年至今
	21	黄浦区外滩源（一期）更新	东至中山东一路，北至苏州河，西至虎丘路，南至滇池路（局部）	占地总面积 9.7 公顷	居住、办公、文化、商业	商务办公、商业、文化、展览、酒店、酒店式公寓等	2002—2022 年
	22	黄浦区金陵东路城市更新	东起四川南路，西至浙江南路，南至人民路，北临延安东路，包含 10 个风貌保护街坊	总建筑面积约 66.3 万平方米	居住、商业、办公等	居住、办公、商业、酒店、配套等	2019 年至今
	23	静安区张园保护性更新	位于南京西路历史文化风貌区，东至石门一路，南至威海路，西至茂名路，北至吴江路	用地面积约 4.68 万平方米	居住、商业、办公	商业、办公、居住	2018 年 9 月至今

（续表）

类型	序号	名称	区　位	项目规模	更新前功能	更新后功能	更新时间
历史风貌魅力重塑	24	虹口区雷士德工学院旧址保护修缮	位于虹口区东长治路 505 号	建筑面积约 7859 平方米	学校、医院	教学、研究、办公	2021—2023 年
	25	虹口区“今潮 8 弄”更新	位于虹口区四川北路街道 18 街坊，东至四川北路，西至江西北路，南至海宁路，北至武进路	约 1.5 万平方米	居住	商业、文化	2018—2021 年
	26	嘉定区西门历史文化街区更新	东至环城河，南至练祁河，西至沪宜公路，北至清河路	约 12.4 万平方米	居住、商业、办公、工业	居住、商业、办公	2021 年至今
	27	奉贤区南桥源更新	位于南桥镇，东至环城东路，西至南桥路，南至解放中路，北至浦南运河	规划面积 70 万平方米	行政办公、教育、工业、商业	文化、教育、科研、商业	2017 年至今
产业园区提质增效	28	徐汇区漕河泾元创未来中心	位于徐汇区虹梅街道，东至智汇园、嘉会医院，南至钦江路，西至桂果路，北至钦州北路	用地面积 2.65 万平方米	工业	研发、办公	2022 年至今
	29	杨浦区互联宝地转型升级	位于杨浦区黄兴路 211 号，东至黄兴路，西至兰州路，北至周家嘴路，南至九潭路	用地面积 155 亩，商办建筑面积 25 万平方米	工业厂房	商业、办公	2015—2023 年
	30	闵行区力波啤酒厂更新改造	位于闵行区梅陇镇虹梅南路 379 弄，东至虹梅南路，北至益梅路，南至梅陇港，西至益梅小院	东块用地 108 亩，西块 32 亩，设计总建筑面积 30.5 万平方米	工业	商业、办公、居住	2019 年至今
	31	嘉定区真新南四块城市更新	位于苏州河外环段西端，北至金沙江路，南至吴淞江，西至外环线，东至西浜	占地面积约 36 万平方米	工业仓储	研发办公、综合公园	2020 年至今

（续表）

类型	序号	名称	区 位	项目规模	更新前功能	更新后功能	更新时间
产业园区提质增效	32	金山区上海碳谷绿湾产业园	位于金山第二工业区，东临上海化工区，南与上海石化毗邻，西与浙江平湖接壤，北直通 G1501 高速公路	占地面积约 8.6 平方公里	工业	工业	2019 年至今
	33	松江区云间粮仓转型升级	位于松江区松汇东路 327 号 / 松金公路 10053 号东至松金公路，南至人民河，西至通波塘，北至松汇东路	项目占地面积 136 亩，建筑面积约 4 万平方米	工业仓储	办公、商业、文化	2019—2022 年
商业商务活力再造	34	黄浦区上海书城改造	位于黄浦区福州路 465 号	1.2 万平方米	商业	商业	2023 年
	35	静安区锦沧文华楼宇更新	位于静安区南京西路 1225 号	7.14 万平方米	酒店	办公和商业	2013—2022 年
	36	静安区苏河万象天地	位于静安区北站街道山西北路 99 号，北至天潼路，南至北苏州路，东至山西北路，西至浙江中路	约 23 万平方米	居住	商业、办公、公共绿地	2016—2022 年
	37	长宁区上生·新所	位于长宁区延安西路 1262 号	用地面积约 4.8 万平方米	教育科研	商业、办公	2016 年至今
	38	长宁区愚园路城市更新	位于长宁区愚园路	约 800 米道路两侧街区	商业	商业	2015 年至今
	39	普陀区鸿寿坊	位于普陀区西康路 1143 号，东至西康路，南至新会路，西至恒达项目，北至长寿路历史上为小沙渡、大自鸣钟地区	8.78 万平方米	居住、商业	商业、办公	2020—2023 年

三、《上海市城市更新案例集》收录案例清单

上海市规划资源局（2023年7月）

类型	序号	项目名称	区　位		占地面积	四至范围	起始时间
重大功能性地区城市更新案例	1	一江一河——从“工业锈带”到“生活秀带”	外环以内涉及浦东新区、杨浦区、虹口区、静安区、黄浦区、徐汇区、普陀区、长宁区等		市域范围内黄浦江长约113公里，苏州河长约53.1公里	黄浦江自吴淞口至淀山湖及太浦河流域的上海行政边界，苏州河由吴淞江自青浦区至外白渡桥流入黄浦江	2002年
	2	城市大型绿地区域——人、自然和城市有机融合	1. 延中绿地	黄浦区、静安区	26.57公顷	北至大沽路，南至金陵路，东至西藏南路，西至石门一路	1999年
			2. 徐家汇公园	徐汇区	8公顷，一期3.35公顷，二期3.32公顷，三期1.47公顷	北至衡山路，南至肇家浜路，东至宛平路，西至天平路	2001年
			3. 外环绿带	浦东新区、徐汇区、长宁区、普陀区、宝山区、闵行区、嘉定区	全长98千米，平均宽度500米，规划面积53.7平方公里，已建成40.4平方公里	/	1995年
			4. 世博文化公园	浦东新区	2平方公里，已开放的公园北区占地85公顷	西北至黄浦滨江，南至通耀路—龙滨路，东至卢浦大桥—长清北路	2017年
			5. 新城绿环	嘉定区、青浦区、松江区、奉贤区、浦东新区	总长度超过200公里，每个新城约40公里，主贯通空间宽100米，主环宽1公里	/	2023年
	3	世博会地区——重大事件带动区域整体转型升级	浦东新区、黄浦区		总占地范围528公顷，其中浦东片区393公顷，浦西片区135公顷	卢浦大桥到南浦大桥之间的黄浦江两岸，北至中山南路，南至雪野路、浦东南路	2003年

（续表）

类型	序号	项目名称	区　位	占地面积	四至范围	起始时间
居住类城市更新案例	4	曹杨新村——新中国第一个工人新村的焕新	普陀区	214 公顷	东与石泉路街道连接，南与长风新村街道相邻，西与长征镇接壤，北与真如镇街道毗连	2015 年
	5	中远两湾城——从“两湾一宅”到现代化大型社区的蝶变	普陀区	约 50 公顷	光复路以东，恒丰北路斜拉桥以西，中山北路以南，苏州河以北	1998 年
	6	瑞虹新城——企业长期深耕迭代升级的城市更新	虹口区	约 40 公顷	北至新港路，东至大夏环路，南至临平路，西至曲阳南路四平路	1996 年
	7	田子坊——自发式更新与多元治理的探索	黄浦区	7.2 公顷	东起思南路，西至瑞金二路，南起泰康路，北至建国中路	1998 年
	8	新华路社区——花园社区·人文新华	长宁区	总用地面积 2.2 平方公里	东至兴国路，南至淮海西路，西至凯旋路，北至延安西路	2019 年
	9	愚园路——用街区温度留住烟火气	长宁区	1.57 公里（长宁段）	东起镇宁路，西至定西路	2014 年
	10	浦东缤纷社区——以小见大、多元共治	浦东新区	总用地面积 1210 平方公里	全区 36 个街道（镇）	2017 年

（续表）

类型	序号	项目名称	区　位	占地面积	四至范围	起始时间
产业类城市更新案例	11	张江西北片区——从“园区”到“科学社区”的转型	浦东新区	445.12 公顷	北至龙东大道，西至罗山路，南至高科中路，东至金科路	2017 年
	12	杨浦滨江——百年工业遗存的保护与再生	杨浦区	610 公顷	东至军工路—黎平路，南至黄浦江，西至秦皇岛路—杨树浦路—大连路，北至榆林路—许昌路—平凉路	2006 年
	13	漕河泾开发区——以企业和就业人群为导向的园区更新	徐汇区、闵行区	5.3 平方公里	北至蒲汇塘，东至桂林路，南至漕宝路，西至合川路	/
	14	8 号桥——厂房改造“三不变”与创意产业的精准匹配	黄浦区	一期占地 9700 平方米，二期 7000 平方米，三期占地 5800 平方米，四期占地 1500 平方米，五期占地面积 17000 平方米，六期占地 2600 平方米	一期位于建国中路，二到四期位于局门路，五期位于打浦路，六期位于斜土东路	2003 年
	15	长风生态商务区——中心城区成片老工业基地全面转型	普陀区	2.2 平方公里（商务区规划总建筑面积 367 万平方米，已开发建筑面积 283 万平方米，未开发建筑面积 84 万平方米）	东至大渡河路，南至苏州河，西至中环线，北至金沙江路	2003 年

（续表）

类型	序号	项目名称	区 位	占地面积	四至范围	起始时间
产业类城市更新案例	16	创智天地——三区融合联动、持续运营样本	杨浦区	84 公顷	东联江湾体育场，西靠复旦大学和上海财经大学，北靠三门路	2003 年
	17	桃浦科技智慧城——从化工区到创智城的三次转型	普陀区	419.84 公顷，规划总建筑面积 427.66 万平方米	东至铁路南何支线，南至金昌路，西至外环线，北至沪嘉高速公路	2012 年
商业类城市更新案例	18	南京路步行街——最上海的世界级步行商业街区	黄浦区	全长 1528 米，总用地面积 3 万平方米	西起西藏中路，东至中山东一路外滩，其中东拓段为中山东一路至河南中路	1999—2020 年
	19	南京西路梅泰恒地区——持续迭代，品质引领的楼宇经济	静安区	8.6 公顷	梅泰恒地区位于南京西路地区沿线的中段，东至江宁路，南至南京西路，西至西康路，北至南阳路—奉贤路	20 世纪 90 年代
	20	北外滩航运功能区——世界会客厅	位于虹口区南部、黄浦江和苏州河交汇处，是“一江一河”世界级滨水区的核心板块	规划总用地面积约 4 平方公里	西至河南北路，北至海宁路—周家嘴路，东至大连路，南至黄浦江—苏州河	2019 年
	21	徐家汇商圈——以公共空间激活城市副中心区域活力	徐汇区	404 公顷	东至宛平路—宛平南路，西至淮海西路，南至零陵路—天钥桥路—中山南路—凯旋路，北至华山路—广元路—天平路—衡山路	2017 年

（续表）

类型	序号	项目名称	区　位	占地面积	四至范围	起始时间
商业类城市更新案例	22	五角场商圈——城市副中心地区的交通和城市一体化开发	杨浦区	96 公顷	国和路、国定路、政通路围合区域	2003 年
	23	苏河湾万象天地——以城市绿地打破历史、文化与商业的界限	静安区	4.2 公顷	北起天潼路，南至北苏州路，东起陕西北路，西至浙江北路	2016 年
	24	上生·新所——市场主体参与的更新模式探索	长宁区	总用地面积 4.7 公顷，原建筑规模约 4 万平方米，更新后建筑规模约 4.7 万平方米	东至番禺路，南至牛家浜路，西至安西路，北至延安西路	2014 年
	25	武夷路街区——从街面到腹地的街区更新样本	长宁区	研究范围 47 公顷	东至延安西路，西到定西路，北至安化路，南到昭化路的大致范围	2019 年
风貌类城市更新案例	26	新天地——政府主导、市场运作、持续演进的更新	黄浦区	约 50 公顷	东临西藏南路，南临合肥路，西临马当路，北临太仓路	1996 年
	27	外滩地区——重现风貌、重塑功能	黄浦区	82.7 公顷	东起黄浦江沿岸，西至河南中路，南起延安东路，北至外白渡桥	新中国成立后

（续表）

类型	序号	项目名称	区　位	占地面积	四至范围	起始时间
风貌类城市更新案例	28	露香园一期二期——老城厢上海之根的焕新	黄浦区	14.93 公顷（一期建筑面积 145202 平方米，二期建筑面积 196500 平方米）	北至人民路，南至方浜中路，西至中华路，东至河南南路	2005 年
	29	思南公馆——多维价值目标下的共赢	黄浦区	所在街区占地面积约 5 公顷	位于衡山路—复兴路历史文化风貌区内，北至复兴中路，西至思南路，东至重庆中路，南至交通大学医学院	2001 年
	30	张园——石库门建筑群的功能与价值重塑	静安区	5.6 公顷	东至石门一路，南至威海路，西至茂名北路，北至吴江路	2018 年
	31	嘉定州桥老街——江南城镇的风貌修复与肌理织补	嘉定区	2.5 公顷	位于博乐路、城中路、嘉定东大街和嘉定南大街之间	2019—2020 年

四、第三批上海市“一刻钟便民生活圈”示范社区建设试点

根据《商务部等12部门关于推进城市一刻钟便民生活圈建设的意见》和《市商务委关于组织开展2023年度上海“一刻钟便民生活圈”示范社区建设试点单位推选工作的通知》要求，在各区街镇自主申报的基础上，经第三方评审并向社会公示，市商务、发展改革、规划资源、住房城乡建设管理等部门确定了第三批30个上海“一刻钟便民生活圈”示范社区建设试点单位，名单如下：

长宁区新泾镇	闵行区新虹街道
静安区静安寺街	闵行区古美路街道
静安区江宁路街道	徐汇区湖南路街道
黄浦区老西门街道	普陀区万里街道
静安区共和新路街道	嘉定区真新街道金鼎社区
闵行区虹桥镇	宝山区杨行镇杨鑫社区
闵行区江川路街道	浦东新区金杨新村街道
徐汇区龙华街道	闵行区浦锦街道
浦东新区三林镇	嘉定工业区
静安区大宁路街道	静安区彭浦新村街道
静安区南京西路街道	普陀区甘泉路街道
松江区九里亭街道	普陀区长风新村街道
青浦区赵巷镇	青浦区盈浦街道盈中社区
青浦区练塘镇湾塘社区	普陀区桃浦镇
浦东新区潍坊新村街道	静安区彭浦镇

五、上海“15分钟社区生活圈”优秀案例

2023年12月至2024年1月，上海市全面推进“15分钟社区生活圈”行动联席会议办公室联合上海市城市规划学会和上海市城市规划行业协会，组织开展上海“15分钟社区生活圈”优秀案例评选工

作。本次评选包括“温馨家园、睦邻驿站、活力空间、漫步绿道、共享街区、烟火集市、艺术角落、人文风貌、美丽乡村、治理创新”十个赛道，通过专家评审，评选出 81 项创新创意、优秀组织案例；通过网络公开投票，选出公众最喜爱的 37 个优秀案例。

（一）温馨家园	
普陀区曹杨一村成套改造项目	杨浦区辽源花苑“一脉三园”更新项目（优秀创意奖）
闵行区新时代城市建设者管理者之家	浦东新区金桥镇佳虹家园
闵行区“一桥四方”老旧小区适老化改造示范基地	黄浦区山北小区（如意里）综合改造提升（美好创作奖）
闵行区力波转型更新项目	松江区润景苑架空层改造
黄浦区山北小区（如意里）综合改造提升（人民满意奖）	宝山区大场镇大华四村四居“温馨家园”
杨浦区辽源花苑“一脉三园”更新项目（匠心创意奖）	静安区彭三小区旧房改造
（二）睦邻驿站	
浦东新区望江驿	徐汇区河图洛书亭
普陀区半马苏河驿站（普陀公园驿站、武宁路桥下驿站、顺义路公园驿站）	浦东新区沪东新村街道“暖亭”社区之家
黄浦区“苏河之眸”零距离家园	徐汇区乌中公厕
浦东新区陆家嘴街道东园一党群服务站	徐汇区康晖里党群服务站（美好创作奖）
徐汇区徐汇滨江党群服务中心	徐汇区徐家汇公园母婴亭
徐汇区上澳塘党群服务中心	徐汇区康晖里党群服务站（人民满意奖）
闵行区九星家园党群服务站	青浦区清河湾社区中心
闵行区聚前湾党群服务中心	
（三）活力空间	
长宁区乐颐生境花园	杨浦区彩虹花园小微空间更新项目（优秀创意奖）
普陀区百禧公园	徐汇区永嘉路口袋公园
浦东新区周家渡街道昌里园	徐汇区康健体育公园
浦东新区沪东新村街道阳光运动场	静安区林绿空间生态样板

（续表）

（三）活力空间	
杨浦区双阳公寓小区云朵乐园更新项目	虹口区曲阳路巴林乐园儿童乐园
杨浦区彩虹花园小微空间更新项目（传播示范奖）	杨浦区“安康和美图”党建微花园
杨浦区政悦路社区市民运动球场更新项目	浦东新区三林镇“飞龙园”和“潜龙园”口袋公园
宝山区高境镇新境地公园 + 党群服务中心 B 区	
（四）漫步绿道	
杨浦区阜新路“美丽街区”更新项目	浦东新区陆家嘴焕彩水环（优秀创意奖）
徐汇区高安路、高安路 18 弄“一路一弄”品质提升与精细治理	静安区苏河湾公共绿地
徐汇区华石路绿地一期兜兜花园	黄浦区瑞金南路美丽街区
普陀区万里滨水活力带	浦东新区航头镇慢行步道景观绿地改造
浦东新区金桥镇曹家沟活力绿道	浦东新区陆家嘴焕彩水环（传播示范奖）
（五）共享街区	
长宁区华政中山公园融合开放	黄浦区复兴中路美丽街区
杨浦区 2021SUSAS 四平展艺术漫游街区	静安区德必宁享空间（幸福体验奖）
静安区一辞书出版社附属绿地开放（美好创作奖）	奉贤区南桥书院
宝山区顾村镇综合为老服务中心馨佳园分中心	徐汇区上音淮海中路沿线景观风貌提升设计
静安区一辞书出版社附属绿地开放（匠心创意奖）	杨浦区国定支路睦邻街区更新项目
（六）烟火集市	
普陀区高陵路集市	杨浦区大学路限时步行街（优秀创意奖）
静安区安义夜巷	青浦区蟠龙城中村
杨浦区“阳普邻里”菜场更新项目	嘉定区嘉保菜市场
黄浦区半淞园路街道西凌家宅路段更新项目（美好创作奖）	黄浦区半淞园路街道西凌家宅路段更新项目（人民满意奖）
徐汇区田林路街区更新	杨浦区大学路限时步行街（幸福体验奖）
崇明区新村乡稻香生态市集	杨浦区水丰路公益街区

（续表）

（七）艺术角落	
松江区叶榭井凌桥村	黄浦区万家灯盏
浦东新区东昌路街角花园 “为爱上色”行动	金山区“上海廊下郊野公园” 艺术角落——下腰女孩
静安区曹家渡市民园艺中心 （美好创作奖）	杨浦区磨幻森林桥下空间更新项目
静安区曹家渡市民园艺中心 （人民满意奖）	杨浦区龙江路街角花园更新项目
徐汇区漕河泾街道康健路	杨浦区彰武路彩虹公园更新项目
（八）人文风貌	
杨浦区 228 街坊更新项目	普陀区长寿路街道鸿寿坊
黄浦区金缮南昌路街区	杨浦区杨树浦电厂遗迹公园更新项目
黄浦区江阴—顺天村地区社区更新	徐汇区交大 4 号门围墙改造
虹口区欧阳路文化活动街提升工程 （美好创作奖）	松江区云间粮仓文创园（美好创作奖）
浦东新区高行镇周家嘴隧道门户城市 景观提升	徐汇区衡复风貌区历史街区 系列空间介入
松江区云间粮仓文创园（匠心创意奖）	虹口区欧阳路文化活动街提升工程 （传播示范奖）
（九）美丽乡村	
崇明区建设镇富安乡村美术馆（卓越创新奖）	金山区漕泾镇水库村藕遇公园
浦东新区老港镇“五福”原居养老服务项目	青浦区金泽镇岑卜村
浦东新区书院镇社区养老综合体 （美好创作奖）	金山区吕巷镇白漾村为民服务中心
崇明区港沿镇合兴村（美好创作奖）	宝山区月浦镇三村联动
崇明区港沿镇合兴村（人民满意奖）	浦东新区书院镇社区养老综合体 （幸福体验奖）
崇明区建设镇富安乡村美术馆 （匠心创意奖）	崇明区陈家镇瀛东村
（十）治理创新	
杨浦区“合五角力　致未来居”2023 五角场街道社区生活节暨 15 分钟社区生活圈规划成果展示行动	浦东新区金杨新村街道 “一刻钟兜金杨”小程序

（续表）

（十）治理创新	
长宁区新华社区营造中心	黄浦区“一街一路一圈”
杨浦区社区规划师团队	浦东新区洋泾街道“五全”工作法
浦东新区陆家嘴街道数字基座	徐汇区乐山片区 15 分钟社区生活圈建设
虹口区、宝山区、静安区三地联动打造“毗邻有爱”街区治理共同体	黄浦区“全域规划引领，多元共建共融”的生活圈机制建设

2023年上海城市更新领域大事记

一月

1月10日，市发展改革委、市住房城乡建设管理委、市规划资源局、市房管局联合印发《上海市旧住房成套改造和拆除重建实施管理办法（试行）》。

1月29日，时任静安区委副书记、区长王华专题研究2023年区“两旧”工作。同日，长宁区召开“两旧一村”改造部署推进大会，区委副书记、区长张伟等出席并讲话。

二月

2月7日，在召开2023年商务工作会议上，副市长华源提出2023年商务经济要重点做好八方面工作，其中提到要实施“商务便民惠民利民”行动。

2月9日，“加强党建引领基层治理，深化美好社区先锋行动”——徐汇区“满意物业”推进会暨旧房改造项目集中开工举行，徐汇区委书记曹立强出席会议并讲话。

2月16日，市绿化市容局召开2023年环城生态公园带建设推进会。市绿化市容局党组书记、局长邓建平等参加会议。

2月28日，市建设交通工作党委书记、市住房城乡建设管理委主任胡广杰召开专题会议，研究推进“两旧一村”改造工作。

2月份，市“两旧一村”改造工作专班、市房管局有关同志赴浦东、宝山、奉贤、金山开展城中村民心工程专题调研。

三月

3月1日，浦东新区“两旧一村”改造动员部署会暨2023年项目启动仪式在区“两旧一村”改造推进指挥部举行。市委常委、区委书记朱芝松，时任市政府副秘书长、区委副书记、区长杭迎伟出席仪式并讲话。

3 月 10 日，副市长张小宏至上海地产集团调研上海城市更新工作。张小宏一行来到市城市更新中心、市“两旧一村”改造工作专班，察看城市更新信息系统大屏演示，听取有关情况介绍，召开座谈会。

3 月 11 日，市建设交通工作党委书记、市住房城乡建设管理委主任、市“两旧一村”改造工作专班召集人胡广杰主持召开“两旧一村”改造工作专班 2023 年度第一次办公会议。

3 月 16 日，上海市政府办公厅发布《上海市城市更新行动方案（2023—2025 年）》，明确了开展综合区域整体焕新、人居环境品质提升、公共空间设施优化、历史风貌魅力重塑、产业园区提质增效、商业商务活力再造六大行动，推动城市更新迈上新台阶。

3 月 23 日，市住房城乡建设管理委、市规划资源局、市房管局联合印发《关于进一步明确旧改项目土地出让涉及相关建设管理要求的通知》。

3 月 26 日，胡广杰调研黄浦区住建领域重点工作。黄浦区委书记杲云参加座谈。

3 月下旬，市“两旧一村”改造工作专班城中村项目推进组牵头组织召开嘉定区新成路街道新成村城中村项目联合会审会。

四月

4 月 11 日，胡广杰做客《2023 上海民生访谈》，就城市更新等工作向市民作了介绍。

4 月 17 日，市委书记陈吉宁结合学习贯彻习近平新时代中国特色社会主义思想主题教育，围绕城市更新工作，在徐汇区的老旧小区深入调查研究，并开展下访活动。同日，杨浦区委副书记、区长薛侃调研 90 街坊旧改基地、129 和 130 街坊旧改基地、228 街坊项目，深入研究项目推进和收尾工作。

4月20日，市“两旧一村”改造工作专班、市房管局有关同志赴闵行区浦江镇开展主题教育基层调研。

4月20日，邓建平做客上海人民广播电台“2023上海民生访谈”节目，就加快建设环城生态公园带、着力打造公园城市、推进“美丽街区”建设、市容环境管理、环卫公厕适老化适幼化改造、装修垃圾收运新模式等民生热点话题与主持人交流互动。

4月23日，陈吉宁用一整天时间专题调研城市更新工作。陈吉宁深入闵行、静安、黄浦、浦东等区的旧住房小区、老城厢地块以及城中村调研。其间，陈吉宁主持召开座谈会，听取浦东、黄浦两区和市住房城乡建设管理委、市房管局、市城市更新中心等关于“两旧一村”改造、分类施策持续推进住房领域城市更新、探索可持续改善市民居住条件新路径等工作汇报，同与会同志深入研究讨论城市更新推进中的裉节问题。同日，市“两旧一村”改造工作专班临时党支部、浦东新区建设和交通委员会党组、市城市规划设计研究院党委围绕“两旧一村”改造工作举行三方党建联建签约。

4月27日，副市长吴清、张小宏、市政府副秘书长王为人、副秘书长顾军召开专题会议，研究降低城市更新成本有关事宜。同日，张小宏、王为人召开专题会议，研究城市更新可持续发展模式有关工作。

4月27日，市政府新闻办举行“五五购物节”新闻发布会，介绍“五五购物节”期间，将打造一批城市消费博览会、马路秀场、水岸秀带、公园秀台，满足市民游客对美好假日的多元文旅消费需求。

五月

5月8日，市人大常委会副主任徐毅松到虹口调研城市更新及北外滩开发建设工作。

5月11日，张小宏、王为人召开专题会议，研究落实市人大常委会《上海市城市更新条例》执法检查跟踪监督有关工作。

5月11日，市规划资源局有关同志到嘉定街区调研环境品质提升工作开展情况，了解典型案例的实践经验，以及存在的难点问题。

5月23日，陈吉宁召开市委主题教育领导小组会议，就推动联组学习、联手调研、联动整改、联推发展作了部署。

5月23日至6月25日，市建设交通工作党委牵头开展“上海城市更新可持续发展模式创新研究”重点调研课题联动工作，形成课题调研阶段性成果。

5月23日，在160街坊老市府大楼，上海市规划资源局党组与万科集团党委、外滩投资集团党委签署党建联建共建协议，推动解决外滩地区城市更新中的瓶颈难题。市规划资源局党组书记、局长张玉鑫出席签约仪式。

5月30日，由上海市商务委员会指导，上海中华老字号企业协会、上海豫园旅游商城（集团）股份有限公司主办的2023上海“老字号嘉年华”活动启动仪式暨上海老字号授牌仪式在上海豫园·海上梨园成功举办。

5月31日，市经济信息化工作党委和市规划资源局党组理论学习中心组通过专题调研、集体学习研讨方式开展联组学习。市经济信息化工作党委书记程鹏主持学习调研活动。张玉鑫，市经济信息化工作党委副书记、市经济信息化委主任吴金城出席并作重点发言。市委第十四巡回指导组到会指导。

5月底，全市16个区均已制定2023年度工作计划，并定期报送城市更新工作进度。

六月

6月3日，“2023上海夜生活节”启动仪式成功举行，华源，市政府副秘书长章雄，市商务委主任朱民以及商务部驻上海特派员办事处、市国资委、黄浦区、百联集团、东航等相关领导出席活动。经各区推选，围绕水岸、街区、邻里推出 100 个夜生活好去处，包括 35 个“一江一河”沿岸特色地标、35 个特色商业街区地标以及一批 15 分钟便民生活圈特色地标等。

6 月 5 日，张小宏、王为人召开专题会议，研究本市低效用地减量和更新转型有关工作。

6 月 7 日，陈吉宁召开市委主题教育调研课题联动会商会，聚焦共性问题、强化统筹联动、更好集思广益，把城市更新这项工作深入谋划好推进好。

6 月 9 日，王为人召开外滩“第二立面”工作推进会。同日，上海文化和自然遗产日“赓续历史文脉，提升城市品质”主题活动顺利举行。

6 月 10 日，结合《全力以赴推进住房民生领域城市更新研究》调研课题和住房领域城市更新工作，市房管局开展专题党课活动，市房管局党组书记、局长王桢做党课报告。市委第十五巡回指导组到会指导。

6 月 16 日，市绿化市容局有关同志赴静安区、虹口区和杨浦区调研口袋公园养护管理情况。

6 月 19 日，杨浦区组织召开区城市更新领导小组扩大会议。

6 月 20 日，胡广杰主持召开“两旧一村”改造工作专班办公会议。

6 月 27 日，市规划资源局有关同志赴浦东新区调研“15 分钟社区生活圈”建设推进工作情况。

6 月 28 日，时任副市长李政、市政府副秘书长庄木弟召开专题会议，研究“工业上楼”有关工作。

6 月底，全市有 11 个区定期召开城市更新工作例会。

七月

7 月 1 日，朱民至虹口区三角地虹湾菜市场，对智慧菜场建设落实情况进行实地调研。

7月5日，王华召开城市更新领导小组大会。

7月6日，松江区委书记程向民召开城市更新领导小组（扩大）会议暨旧城改造和城中村改造工作推进会议。

7月11日，副市长刘多、庄木弟召开专题会议，研究“工业上楼”有关工作。

7月11日，邓建平做客2023年“夏令热线”，就行道树遮挡交通标识牌、渣土扬尘问题、生活垃圾撤桶并点建议等内容接听市民来电，并现场督促相关部门落实整改。

7月12日，曹立强召开区委全体会议，审议通过《中共徐汇区委关于深入学习贯彻习近平新时代中国特色社会主义思想　全面推进现代化建设　全力做好中心城区高质量发展大文章的实施方案》。

7月14日，张小宏、王为人召开专题会议，听取关于加快推进外滩“第二立面”城市更新相关工作情况的汇报。同日，胡广杰主持召开“两旧一村”改造工作专班办公会议。

7月中下旬，嘉定区陆续印发《关于推进嘉定区城市更新工作的实施意见》、《嘉定区城市更新行动方案（2023—2025年）》和《嘉定区2023年城市更新重点推进任务计划表》，明确了嘉定区实施城市更新行动的目标和任务，进一步强化了城市更新工作的指导、推动和保障。

7月24日上午，市委副书记、市长龚正召开专题会议，研究外滩“第二立面”城市更新有关工作。同日下午，龚正召开专题会议，听取关于“研究推动“工业上楼”，打造‘智造空间’有关工作”的工作汇报。

7月29日，胡广杰主持召开研究加快推进“两旧一村”改造专题工作会议，专题研究零星旧改、旧住房成套改造、城中村今年推进计划及明年计划安排，了解全市征收安置住房建设和供应情况，听取更新中心旧改政企合作项目有关工作安排。

7 月 31 日，张小宏、副市长陈杰、王为人、庄木弟召开专题会议，听取关于本市产业用地综合绩效评估和分类处置行动工作方案的汇报。

7 月底，全市 16 个区和虹桥管委会、临港管委会均已建立辖区城市更新领导小组及其相应协调机制，区城市更新领导小组办公室已实体化运作；全市 16 个区均已按时间节点完成第一阶段“旧改地块范围内”以及第二阶段“中心城区和南北转型区域内”区属国企资源排摸任务。

八月

8 月 4 日，市商务委分管领导赴早餐工程网点调研，实地察看鸿瑞兴乐山路店、大富贵鲁班路店两家社区型早餐网点。

8 月 7 日，市政府参事室参事李安赴市住房城乡建设管理委调研国资国企参与推动外滩“第二立面”城市更新工作相关情况。

8 月 14 日，庄木弟召开专题会议，听取关于“智造空间”有关工作的汇报。

8 月 19 日，陈杰、庄木弟召开专题会议，听取关于打造“智造空间”有关工作的汇报。

8 月 21 日，青浦区委副书记、区长杨小菁主持召开城市更新领导小组扩大会议。

8 月 22 日，胡广杰听取关于近期城市更新工作推进情况的汇报。

8 月 25 日至 27 日，市规划资源局、市住房城乡建设管理委会同黄浦、徐汇、静安、虹口等四区政府，依托市城市更新促进会，举办“上海城市更新可持续发展论坛——重点更新单元‘三师联创’概念设计方案专家咨询会”。

8 月 28 日，龚正主持召开市政府常务会议，会议原则同意《关于推动“工业上楼”打造“智造空间”的若干措施》。

8 月 29 日，王为人召开专题会议，逐条审议会商《关于推进上海城市更新可持续发展的意见》初稿。同日，胡广杰召开“党建引领聚合力城市更新谱新章”城市更新党建联建工作会议。

8月30日，张小宏、王为人召开专题会议，听取关于《关于坚持高质量发展，加强城市第五立面规划建设的指导意见》《上海市历史文化名城保护专项规划》编制工作的汇报。同日，王为人召开专题会议，听取关于市属国企存量土地资源盘活工作的汇报。

8月30日，为充分发挥大调研成果效应，积极探索城市更新可持续发展，社会各界踊跃倡议成立《上海城市更新开拓者联盟》，市规划资源局官网发布倡议书。

8月30日，市商务委组织“政府开放月”活动之2023年示范性智慧菜场建设项目“开门办实事”现场会。市商务委副主任刘敏、副主任杜建刚出席。

8月，嘉定区印发《关于推进嘉定区城市更新工作的实施意见》《嘉定区城市更新行动方案（2023—2025年）》《嘉定区2023年城市更新重点推进任务计划表》等文件。

九月

9月1日，王为人召开专题会议，研究不成套职工住宅改造房型设计工作。同日，胡广杰主持召开“两旧一村”改造工作专班办公会议。9月19日，胡广杰再次召开“两旧一村”改造工作专班办公会议。

9月2日，青浦区城市更新论坛在国家会展中心（上海）举办。论坛以“提升人居品质、共筑美好生活”为主题，聚焦青浦区城市更新实践，致力于推动人居品质提升。

9月6日，陈吉宁会见了新加坡凯德集团首席执行官李志勤一行。

9月12日，市政府新闻办举行第34届上海旅游节市政府新闻发布会。

9 月 15 日，张小宏、王为人召开专题会议，听取关于政企合作旧改和资源项目土地出让金缴纳工作的汇报。

9 月 15 日，2023 金秋购物旅游季正式启动，启动仪式上发布了“2023 行・味城市生活榜十大商旅特色商业体”、首批建设入境人士境内支付便利化示范商圈名单、世纪广场区域升级改造亮点，以及重点企业主题营销活动。

9 月 21 日，朱民一行来到南翔印象城 MEGA 调研，嘉定区委副书记、区长高香等陪同调研。

9 月 25 日，陈杰、庄木弟召开推进“工业上楼”，打造“智造空间”推进会。

9 月 25 日，张玉鑫做客上海人民广播电台《市民与社会》节目，就城市更新等工作向市民做了介绍。

9 月 26 日，根据市委、静安区委主题教育工作安排，市规划资源局与静安区召开城市更新工作联动会商会。张玉鑫，静安区委书记于勇，市委第二巡回督导组副组长唐洪涛等有关领导出席。

9 月 26 日，崇明区委书记缪京召开崇明区城市更新推进大会。

9 月 28 日，张小宏、陈杰、王为人、庄木弟召开本市产业用地综合绩效评估和分类处置工作部署会。

9 月份，市政府新闻办举行“高质量发展在申城”系列市政府新闻发布会，包括“建设战略赋能区，打造数创新高地”青浦区专场、“上海北外滩都市新标杆”虹口区专场、“国际静安卓越城区——打造中国式现代化的城区样本”静安区专场。

十月

10 月 8 日，新华社上海分社、新华社新闻中心携手上海市住房和城乡建设管理委员会、上海市房屋管理局共同举办的“人民城市　有机更新”——2023 上海城市更新论坛在上海市历史博物馆举行。同日，徐汇区城市更新领导小组组长、区委书记曹立强，区城市更新领导小组组长、区长钟晓咏等召开 2023 年城市更新领导小组第二次会议。会议审议并原则通过了《徐汇区城市更新行动方案（2023—2025 年）》等议题。

10 月 11 日，松江区城市更新领导小组办公室正式发布《松江区城市更新行动方案（2023—2025 年）》。

10 月 12 日、31 日，外滩区域更新推进领导小组召开专题工作会议，市相关部门、外滩更新公司及黄浦区相关部门参会。

10 月 18 日，陈吉宁，龚正用一整天时间实地调研新城规划建设情况，召开现场推进会研究工作、分析问题、部署推动。

10 月 23 日，市政府新闻办举行“高质量发展在申城”系列市政府新闻发布会第十六场“勇担新使命，奋进‘北转型’”宝山区专场。上海市副市长、宝山区委书记陈杰介绍宝山区推动高质量发展有关情况。同日，闵行区城市更新领导小组办公室正式发布《闵行区城市更新工作方案（2023—2025 年）》。

10 月 24 日，张小宏、王为人召开专题会议，研究《关于深化实施城市更新行动加快推动高质量发展的意见》制订工作。

10 月 27 日，《人民日报》整版聚焦报道:《“城市，让生活更美好”的上海贡献》。

10 月 28 日，中共中央政治局委员、国务院副总理何立峰出席全球可持续发展城市奖（上海奖）颁奖活动暨 2023 年世界城市日中国主场活动开幕式，陈吉宁致辞。住房城乡建设部部长倪虹，联合国副秘书长、联合国人居署执行主任迈穆娜・穆赫德・谢里夫，龚正等领导出席活动。

10 月 29 日，2023 城市高质量发展市长论坛暨市长培训 40 周年活动在上海举行，倪虹出席论坛活动并讲话，张小宏致辞，住房城乡建设部党组成员、副部长董建国，张小宏、王为人，胡广杰陪同调研。同日，张小宏、住房和城乡建设部杨保军总经济师出席“守正创新　新时代历史文化风貌的保护传承与发展——上海历史文化风貌保护与城乡建设发展专家咨询会”并致辞，张玉鑫、中国城市规划设计研究院郑德高副院长等领导和专家作主旨报告。同日，王为人出席 2023“上海—东京”中日城市管理精细化研讨会。同日，2023 年世界城市日主题论坛在九棵树（上海）未来艺术中心举行，论坛主题为“传承历史文脉，创建科技新城”。奉贤区委书记袁泉，市科学技术委员会主任骆大进，奉贤区委副书记、区长王益群，区人大常委会主任张培荣，区政协主席陈勇章等出席。

10 月 30 日，张小宏，上海市政协副主席、党组副书记肖贵玉出席 2023 上海国际城市与建筑博览会开幕式，本届城博会主题为“绿色低碳城市，智慧转型发展”。

10 月 31 日，王为人召开市城市更新领导小组办公室主任会议，听取关于《上海市城市更新领导小组办公室工作职能方案》《上海市城市更新项目库管理办法》等四项政策文件制定工作情况的汇报，并对后续城市更新工作作了部署。同日，上海市建设交通“汇聚青春力量　赋能城市更新”青年知行微讲堂活动在虹口区雷士德工学院举行。

10 月 31 日，市绿化市容局分管领导出席嘉定区公共休憩座椅启动仪式并检查进博会市容环境保障提升工作。

10 月，虹口区委书记李谦，区委副书记、区长吕鸣多次召开城市更新工作推进会，专题研究瑞康里、保民新村、140 街坊等项目工作推进情况，加快虹口区零星旧改工作推进。

十一月

11 月 1 日，王为人召开专题会议，研究政企合作土地出让金缴纳工作。

11月8日，住房城乡建设部办公厅印发《实施城市更新行动可复制经验做法清单（第二批）》。

11月9日，王为人召开市更新办主任会议，专题研究城市更新大会筹备工作。同日，庄木弟召开奉贤区“智造空间”项目建设调研会。

11月10日，陈吉宁召开市委常委会，审议通过《关于深化实施城市更新行动加快推动高质量发展的意见》。同日，自然资源部办公厅印发《支持城市更新的规划与土地政策指引（2023版）》。

11月10日，上海市全面推进“15分钟社区生活圈”行动联席办公室（市规划资源局）组织召开了2023年上海“15分钟社区生活圈”行动季度工作调度会。

11月15日，张小宏、王为人召开专题会议，研究城市更新大会筹备工作。

11月20日至21日，市“智造空间”市级工作专班办公室（市经济信息化委）召开上海市首批“智造空间”优质项目审核会，对用地性质为工业、工业研发混合的119个项目进行首批评审。

11月21日，龚正、陈杰专题调研推进“工业上楼”、打造“智造空间”工作。同日，国家文物局党组成员、副局长陆进，刘多，市政府副秘书长尚玉英召开上海杨浦生活秀带国家文物保护利用示范区创建评估工作会。

11月22日，中共上海市委办公厅、上海市人民政府办公厅印发《关于深化实施城市更新行动加快推动高质量发展的意见》。

11月23日，市政府参事室与德国艾伯特基金会上海代表处共同主办召开“有机更新复合利用——老城区改造中的技术与规划”中德专家研讨会。

11月23日，市城管执法局执法总队牵头召开党建引领“一江一河”滨水公共空间基层治理推进会。

11 月 25 日，上海市住房城乡建设行业科技大会暨长三角建设科技发展论坛召开，由市住房城乡建设管理委与上海大学共同建设和运行的上海大学上海城市更新与可持续发展研究院揭牌。

11 月 28 日至 12 月 2 日，习近平总书记在陈吉宁和龚正陪同下，先后来到金融机构、科技创新园区、保障性租赁住房项目等进行调研。习近平总书记强调，在城市规划和执行上坚持一张蓝图绘到底，加快城市数字化转型，积极推动经济社会发展全面绿色转型，全面推进韧性安全城市建设，努力走出一条中国特色超大城市治理现代化的新路。

11 月 30 日，市绿化指导站联合长宁区绿委办、黄浦区绿委办以及虹桥南丰城组织开展“多维增绿　生态赋能”2023 上海立体绿化高质量发展主题分享活动。

十二月

12 月 1 日，《学习时报》刊发龚正署名文章《加快建设具有世界影响力的社会主义现代化国际大都市》。

12 月 3 日，市委常委会举行扩大会议，传达学习贯彻习近平总书记考察上海重要讲话精神和深入推进长三角一体化发展座谈会精神。

12 月 4 日，全市领导干部会议举行，对全市学习宣传贯彻习近平总书记重要讲话精神进行全面动员部署。

12 月 4 日，市道路运输局召开“改善慢行环境　提升商圈活力”专题研讨会。

12 月 7 日，张小宏、王为人召开专题会议，研究政企合作项目土地出让金缴纳方案。

12 月 8 日，龚正主持召开 2024 年城建领域工作思路座谈会。

12 月 11 日至 12 日，中央经济工作会议在北京举行。习近平总书记在重要讲话中强调实施城市更新行动，打造宜居、韧性、智慧城市。上海举行全市领导干部会议，传达中央经济工作会议精神。

12月12日，2023澎湃城市更新大会在张园举行。肖贵玉，张玉鑫，静安区委书记于勇，王华，上海报业集团党委书记、社长李芸等领导和嘉宾出席大会。

12月14日下午，为落实市委、市政府有关工作部署，深入了解本市商务办公楼宇市场基本情况、分析裉节问题、研究对策举措，张玉鑫带队专赴虹口区北外滩、静安区苏河湾地区调研。

12月15日，胡广杰主持召开市“两旧一村”改造工作专班办公会议。

12月18日，市委第十二届四次全会审议通过《中共上海市委关于深入学习贯彻落实习近平总书记重要讲话精神加快建成具有世界影响力的社会主义现代化国际大都市的决定》。全会指出要深入实施城市更新行动，加强社会治理和城市精细化管理，建设韧性安全城市，走出一条中国特色超大城市治理现代化的新路。

12月20日至22日，上海市全面推进“15分钟社区生活圈”行动联席办公室组织召开季度沟通协调会，全市16区牵头部门分管局领导、联络员参会。

12月底，全市已有14个区及2个管委会召开年度城市更新领导小组大会。

12月，上海大调研·澎湃新闻携手上海人民广播电台共同推出《2023对话区委书记》系列融媒访谈，曹立强、李谦、杨浦区委书记薛侃等参与对话。

图书在版编目(CIP)数据

上海城市更新发展报告. 2024 / 上海社会科学院，上海市城市更新促进会编 ；赵德和，万勇主编. -- 上海 ：上海人民出版社，2024. --（上海城市更新蓝皮书）.

ISBN 978-7-208-19152-5

Ⅰ. F299.275.1

中国国家版本馆 CIP 数据核字第 2024Y5K021 号

责任编辑 郑一芳
封面设计 汪 昊

上海城市更新蓝皮书

上海城市更新发展报告(2024)

上海社会科学院
上海市城市更新促进会 编
赵德和 万 勇 主编

出 版 上海人民出版社
（201101 上海市闵行区号景路159弄C座）
发 行 上海人民出版社发行中心
印 刷 上海中华印刷有限公司
开 本 720×1000 1/16
印 张 19
插 页 2
字 数 263,000
版 次 2024年11月第1版
印 次 2024年11月第1次印刷
ISBN 978-7-208-19152-5/F·2894
定 价 135.00元